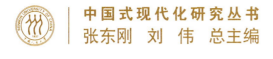

中国式现代化研究丛书

张东刚　刘　伟　总主编

高质量教育体系与人的全面发展

刘复兴　等◎著

中国人民大学出版社
·北京·

总　序

在漫长的历史长河中，中国曾经长期处于人类文明的中心，在思想文化、社会制度、经济发展、科学技术等许多方面都居于世界领先地位。然而，近代以来，在西欧国家纷纷搭上工业革命的快车、迈入现代化进程的同时，中国却远远地落后了，甚至出现了被侵略和被殖民的落后挨打局面。自 1840 年鸦片战争以降，中华民族饱经沧桑、备受屈辱，中华儿女渴望走出一条现代化的道路，重新屹立于世界强国之林。

经过无数仁人志士的变法图强，甚至流血牺牲，中华民族在中国共产党的带领下，终于在曲折的探索中开启了现代化征程，逐渐摆脱积贫积弱的状态，实现了从站起来、富起来到强起来的伟大飞跃，中国现今已经成为世界第二大经济体。即使是站在历史的长河中去审视，这种现代化进程中的飞跃式进步也可以被称作一个"奇迹"。

无疑，我们正处在最接近中华民族伟大复兴的历史时刻，而将这种"接近"转变为"实现"，就需要进一步筑牢现代化的基石，构建现代化强国。正是在这样的背景下，党中央明确将"把我国建成富强民主文明和谐美丽的社会主义现代化强国"确定为"当前和今后一个时期确定发展思路、制定经济政策、实施宏观调控的根本要求"。这就意味着，我们必须通过现代化体系的建设，推进中国式现代化进程，实现中华民族伟大复兴的中国梦。

同时，我们也必须清醒地看到，构建和完善现代化体系依然任重而道远。当前，百年变局和世纪疫情交织叠加，各种安全挑战层出不穷，世界经济复苏步履维艰，全球发展遭遇严重挫折，给构建现代化体系带来了巨大挑战。从国际上看，国际局势云谲波诡，世界经济逆全球化势力抬头，大国博弈日趋复杂，构建现代化体系的外部环境压力和不确定性不断增大。从国内来说，劳动力成本提升、人口老龄化进程加快、"刘易斯拐点"出现、居民储蓄率下降等客观形势一定程度上制约了构建现代化体系的步伐。社会主要矛盾的变化倒逼我们必须对长期存在的难题和未来的可能变化进行充分研判，及早认识并解决构建现代化体系的各类障碍。

有鉴于此，围绕《中华人民共和国国民经济和社会发展第十四个五年规划和 2035 年远景目标纲要》明确的主要战略任务，锚定 2035 年和 2050 年远景目标，基于国内外发展趋势和我国社会经济发展现状，坚持目标导向和问题导向相结合，以"现代化"为关键词，理顺社会主义现代化发展的历史经验、理论逻辑、实践问题、未来方向之间的关系，全方位、多角度解读中国式现代化从哪来、怎么走、何处去的问题，就异常紧要而迫切。

中国人民大学作为中国共产党亲手创办的第一所新型正规大学，始终与党同呼吸、共命运，服务党和国家重大战略需要和决策是义不容辞的责任与义务。基于在哲学社会科学领域"独树一帜"的学科优势，我们凝聚了一批高水平哲学社会科学研究团队，围绕《中华人民共和国国民经济和社会发展第十四个五年规划和 2035 年远景目标纲要》提出的主要目标，认真分析研究"十四五"时期以及 2035 年甚至更长时间内的 6 大经济社会发展目标、9 大远景目标、12 大具体举措，围绕新发展、新理念、新格局，组织策划了这套"中国式现代化研究丛书"。"丛书"既深入研究关系推进国家治理体系和治理能力现代化的重大问题，又积极探索关系人类前途命运的重大问题；既准确判断中国式现代化的未来发展趋势，又继承弘扬中国改革开放和现代化进程中的基本经验；既对具有中国特色的国家治理体系和治理能力现代化进行深入总结，又对中国式现代化的未来方向和实现路径提出可行建议。

组织撰写出版这套"丛书"旨在全面贯彻党的十九届五中全会精神，全面贯彻习近平总书记在哲学社会科学工作座谈会上的重要讲话精神和考察中国人民大学时的重要讲话精神，以开启全面建设社会主义现代化国家新征程为主要出发点，着力探索构建以自主知识体系为内核的中国特色哲学社会科学学科体系、学术体系、话语体系，努力回答好中国之问、世界之问、人民之问、时代之问，积极彰显中国之路、中国之治、中国之理，充分体现中国特色、中国风格、中国气派。同时，"丛书"也旨在通过客观深入的解剖，为构建和完善中国式现代化体系添砖加瓦，推动更高起点、更高水平、更高层次的改革开放和现代化体系建设，服务于释放更大规模、更加持久、更为广泛的制度红利，激活经济、社会、政治等各个方面良性发展的内生动力，在高质量发展的基础上，保障实现现代化强国和中华民族伟大复兴目标。

当前，中国正在迈向一个"人口规模巨大、全体人民共同富裕、物质文明和精神文明相协调、人与自然和谐共生、走和平发展道路"的现代化。实现这一现代化的中国将"拥有高度的物质文明，经济实力、科技实力和社会生产力将大幅跃升，核心竞争力名列世界前茅，成为综合国力和国际影响力领先的国家"，"拥有高度的政治文明，法治国家、法治政府、法治社会全面建成，实现国家治理体系和治理能力现代化，中国特色社会主义民主政治制度成熟定型并将充分发挥其优势和特点"，"拥有高度的精神文明，国民素质显著提高，践行社会主义核心价值观成为全社会自觉行动，中国精神、中国价值、中国力量成为中国发展的重要影响力和推动力"，"拥有高度的社会文明，城乡居民普遍拥有较高的收入、富裕的生活、健全的基本公共服务，享有更加幸福安康的生活，全体人民共同富裕基本实现，公平正义普遍彰显，社会充满活力而又规范有序"，"拥有高度的生态文明，天蓝、地绿、水清的优美生态环境成为普遍常态，开创人与自然和谐共生新境界"。

未来，在这样的现代化道路上，也一定能够将中国建设成为"富强民主文明和谐美丽的社会主义现代化强国"，实现中华民族伟大复兴的中国梦！让我们一起展望这一天早日到来！

目　录

新时代教育改革创新的新要求

　　党的十九届五中全会提出"建设高质量教育体系"的重大要求。广义上，我们可以将教育结构体系界定为教育总体各个部分的相互关系及组合方式，包括教育层次结构、科类或专业结构、教育类型结构、办学形式结构、教育布局结构、教育管理体制结构等多个要素与维度。我们应侧重从人才的层次、类型结构和教育的层次、类型结构、学科结构、地域布局等维度把握教育结构体系这一概念，特别注重把握各个维度之间的相互关系，以及各级各类教育机构的设置及横向与纵向的衔接沟通问题。

　　教育体系的核心是教育结构，教育体系的质量首先直接取决于教育结构，教育结构体系是影响甚至决定教育体系质量的最根本、最关键、最核心的因素。第一，教育结构是阐释"建设高质量教育体系"的最根本、最关键、最核心的视角。第二，研究"建设高质量教育体系"问题，必须贯彻整体性、系统性思维，系统分析决定和影响"十四五"时期乃至实现2035年远景目标期间我国高质量教育体系建设中的重大结构性问题。第三，研究"建设高质量教育体系"问题，必须关注新技术革命带来的技术结构、社会结构、产业结构变化，研究互联网、物联网、人工智能、区块链等新技术领域在教育中的应用及其对教育质量的贡献，以及由此带来的人才结构新要求与教育结构的关系。第四，研究"建设高质量教育体系"问题，必须在结合我国改革开放四十多年来教育结构体系特点的基础上，综合运用多种研究方法，以宏观研究与微观研究相结合的方式，对面向新发展阶段的高质量教育结构体系变革问题进行系统研究，提出一个中国特色的高质量教育体系的理论模型，并针对建设中国特色高质量教育结构体系重大问题提出相关的政策建议。

一、面向以第四次工业革命为背景的百年未有之大变局谋划建设高质量教育体系

以人工智能技术为代表的第四次工业革命，使得人们的生产、生活产生了质的变化。第四次工业革命主要以人工智能技术、新材料技术、量子信息技术、生物技术等为技术突破口，技术革命催生出很多新的教育学研究主题，也必然对现存的教育结构产生革命性改变，正在形塑教育的结构。人工智能对学科结构、专业结构、人才结构、课程结构等提出了新的变革要求。就学科结构而言，人工智能时代要求更多交叉学科形式的研究合作，来解决现实问题。人工智能给工业技术、社会治理所带来的巨大变革，对专业结构也会提出新的要求，新的专业设置及招生计划会应运而生。正如1952年院系调整后工科专业的迅速增长，以及改革开放后贸易、财经、法律、外语等专业的迅猛发展一样，人工智能时代的人才培养对高等教育中的学科和专业结构势必产生巨大影响。

高质量教育体系的建设必须重视研究新技术革命背景下技术变革导致的技术结构、产业结构、社会结构趋势性变化，并探索这些重大结构性变化可能对教育结构体系产生的重要影响。要把握教育结构体系与产业结构、技术结构和人力结构的相互关系，研究新技术对不同行业在技术结构、人才结构方面的未来需求及发展趋势，探讨新技术条件下不同层次职业岗位对人才知识、能力结构的要求及变化，探讨同一层次或相关专业人才岗位替代性、知识能力迁移性与教育结构适应性的关系。

二、瞄准第二个百年奋斗目标推进高质量教育体系建设

党的十九大明确了第二个百年奋斗目标，即到新中国成立一百年的时候，把我国建成富强民主文明和谐美丽的社会主义现代化强国。建设高质量教育体系，必须从第二个百年奋斗目标的要求出发。

现代化的核心首先是人的现代化。教育本质上是培养人的社会实践活动，实现人的现代化必须要有现代化的教育，首先就要建设现代化的教育体系。什么是现代化的教育体系是我们必须要回答清楚的问题。此外，目前，我国全面完成了脱贫攻坚任务，基本实现了全面建成小康社会的奋斗目标。未来 30 年基本实现现代化与建设现代化强国的过程中，实现教育现代化，建设教育强国，要求我们必须不断探索新的历史条件下教育结构体系建设新的规律性问题。

我国教育总体水平已经进入世界中上行列，面向建设制造业大国和世界工厂的需求，初步建立起有中国特色的社会主义教育体系。形成了学前教育至高等教育、普通教育与职业教育、学历教育与非学历教育、线下教学与在线教育等多种层次、类别和形式的教育格局，并正在向终身教育的方向发展。但是，由于历史的、体制的和观念上的原因，我国现行教育结构体系还不适应经济发展和社会进步的需要，不能满足人民不断提高的对受教育机会的多种选择和要求。为实现 2035 年远景目标与本世纪中叶第二个百年奋斗目标，高质量教育体系建设必须解决教育体系中的一些重大结构性问题。

三、立足新发展阶段、贯彻新发展理念、构建新发展格局，深化教育体系的改革创新

党的十九大报告中指出，"中国特色社会主义进入新时代，我国社会主要矛盾已经转化为人民日益增长的美好生活需要和不平衡不充分的发展之间的矛盾"。标志着我国进入一个新的发展阶段，必须要贯彻创新、协调、绿色、开放、共享的新发展理念，建设国内国际双循环的新发展格局。从制造业大国转变为制造业强国，从人力资源大国转变为人力资源强国，从世界工厂转变为创新强国。

高质量教育体系建设必须立足新发展阶段，贯彻新发展理念，构建新发展格局。重点关注立德树人、培养创新人才、科技自立自强等重大问题，抓住提升国家核心竞争力的目标、全面提高人才培养能力这个核心点以及与之相关的重大结构性问题，处理好教育结构体系建设中的若干重大关系，补足教育结构的薄弱环节，抓住关键领域，满足重大需求。

建设高质量教育体系，必须抓住薄弱环节做好政策安排与制度创新，面向关键领域做好政策安排与制度创新，满足重大需求做好政策安排与制度创新，建构重大支撑保障做好政策安排与制度创新。系统解决好改革学制系统、培养本土创新人才、实现德智体美劳五育融合并举、建设信息化教育体系、实现面向制造业大国教育结构体系与面向创新强国教育结构体系的叠加与融合、党的全面领导体制机制、面向新型产业结构的人力资本开发、教育治理体系与治理能力现代化等重大结构性问题。

第一章

中国教育现代化面临的机遇挑战与主要任务

第一节

实现教育现代化：全球共识与中国话语

所谓现代化是指以现代工业、信息与技术革命为推动力，以物质文化生活水平不断提高为标志，以环境优化和民生改善为着力点，实现从传统农业社会向工业社会转变，再从工业社会向现代信息社会转变，对经济、社会、政治、文化、环境、思想等各个领域产生革命性的影响，并引起社会组织与社会行为的深刻变革的过程。教育事业发展涉及社会经济生活的方方面面，作为深嵌于社会之中的一种构件，教育既受制于社会、服务于社会，又表征着社会、型构着社会，是国家现代化全局中的一个具有关键作用的组成部分，也是现代化一般内涵适用在教育领域的具象化体现。

从广义上看，教育现代化是指由现代生产力的发展所导致的包括教育生产力、教育制度体系、教育思想观念在内的教育形态由传统向现代转化的发展进程，这种转化并非把传统教育抛弃掉，在空中楼阁的基础上去构建一个现代教育，而是通过对传统教育的选择、改造、继承和发展来实现的①。

---

① 顾明远. 实现教育现代化的宏伟蓝图：学习贯彻《国家中长期教育改革和发展规划纲要》[J]. 新华文摘，2010（24）：111-114.

同时，教育现代化也是全球范围内教育结构逐渐分化、教育功能逐渐丰富、教育现代性逐步显现的历史过程①。其主要特征是以现代工业、科学和技术革命为推动力，教育与经济、政治、文化、思想各个领域紧密结合，在国家的支持下走向世俗化、普及化、大众化②。其实质和核心是人的素质现代化③。从狭义上看，教育现代化主要指后发国家采取适合自己的途径，通过有计划的教育改造和学习世界先进国家，在物质、制度、精神等多个层面④，缩小与发达国家教育现代化差距的过程⑤。

可以说，教育现代化是对传统教育的批判、继承和发展，不仅要求教育理念、教育体制、教育内容及方法、办学条件、师资队伍、教育管理等方面持续满足全球性与时代性标准，还要求发展战略、政策模式、资源投入、机会分配等与特定国家和地区的经济社会发展需要相适应，是一个不断追求卓越、不断满足全体人民需求与社会发展需要的动态性、渐进性过程。

改革开放以来，实现教育现代化是当代中国推进教育事业发展的总体目标。1983年，邓小平基于我国国情，从党的总路线总任务出发，适应世界新的技术革命的发展趋势提出了极具国家战略发展导向性的"三个面向"，即"教育要面向现代化，面向世界，面向未来"⑥，对改革开放新的

---

① 诸宏启．教育现代化的性质与分析框架［J］．教师教育研究，1998（3）：9－13．
② 朱旭东，蒋贞蕾．国家发展与教育发展模式探讨：教育现代化的视角［J］．比较教育研究，2001（1）：13－19．
③ 谈松华，王建．教育现代化区域发展模式研究［M］．北京：北京师范大学出版社，2011：24－25．
④ 邬志辉．推行教育现代化的三个理论前提［J］．教育理论与实践，1998（6）：6．
⑤ 冯增俊．比较教育学与教育现代化［J］．华南师范大学学报（社会科学版），1996（5）：65－72．
⑥ 邓小平．邓小平文选：第3卷［M］．北京：人民出版社，1993：35．

历史时期我国教育工作的指导思想进行了精辟概括，成为指导我国教育事业改革发展的长期战略方针。其中，"面向现代化"在"三个面向"中处于统领与核心地位。而后，1985 年中共中央提出的《关于教育体制改革的决定》、1993 年中共中央和国务院印发的《中国教育改革和发展纲要》、2001 年国务院制定的《关于基础教育改革与发展的决定》、2010 年出台的《国家中长期教育改革和发展规划纲要（2010—2020 年）》等重要政策文件无不以实现教育现代化作为总体目标，并根据不同时代条件下世情、党情、国情的深刻变化赋予教育现代化新的时代内涵。

近年来，教育现代化议题受到了多个主要国际组织的高度关注。例如联合国发起"教育第一"全球倡议行动，世界教育论坛发布《教育 2030 仁川宣言和行动框架：迈向包容、公平、有质量的教育和全民终身学习》，联合国大会通过《变革我们的世界：2030 年可持续发展议程》，经济合作与发展组织启动"教育 2030：未来的教育和技能"项目。上述行动对今后一个时期内全球教育现代化的总体愿景与发展方向进行了阐释，表明国际社会将发展教育事业视作多个方面的可持续发展议程中的核心议题，高度重视教育现代化对于实现其他方面可持续发展目标的重要引领与支撑作用[①]。而要想实现这些教育发展目标，就需要制定并执行教育规划。教育规划这一概念是联合国教科文组织 20 世纪 60 年代提出的重要教育思想之一。所谓教育规划是一个持续、系统的过程，涉及社会研究方法的应用与协调。教育、管理、经济和财政各个领域的原则和技术，需要社会公众、私人企业与国家政府的参与和支持，以确保为人们提供目标明确、阶段清

---

① 朱益明，王瑞德．中国教育现代化 2035：从规划到实践［M］．上海：上海教育出版社，2020：1 - 4.

晰的充足教育，为每一个人提供发展自身潜能，并为国家社会、文化和经济的发展做出有效贡献的机会。一般认为，教育规划应根据社会发展的需求，基于特定社会在特定发展阶段可调动的人力、财力和物力资源，尽可能全面地覆盖包括教育、文化、人口、经济、政治等在内的社会的方方面面，结合专家主导与公众参与，运用科学的方法确定短期、中期和长期目标①。虽然教育规划对于实现教育现代化而言仅仅具有工具意义，却从一个侧面诠释了教育现代化在价值目标层面具有的时代性与进步性、在影响范围层面具有的全球性与综合性、在实践逻辑层面具有的过程性和情境性②。

2019 年 2 月，中共中央、国务院印发《中国教育现代化 2035》，以到2035 年总体实现教育现代化，迈入教育强国行列，推动我国成为学习大国、人力资源强国和人才强国，为到 21 世纪中叶建成富强民主文明和谐美丽的社会主义现代化强国奠定坚实基础为战略目标，提出了建成服务全民终身学习的现代教育体系、普及有质量的学前教育、实现优质均衡的义务教育、全面普及高中阶段教育、职业教育服务能力显著提升、高等教育竞争力明显提升、残疾儿童少年享有适合的教育、形成全社会共同参与的教育治理新格局等系统化教育现代化目标③。《中国教育现代化 2035》在教育规划思想的基本原则基础上，构建起涵盖科学、民主、法治、公平和开放五个价值维度的理论体系④，在充分考量国内外经济和社会发展形势的基础上，基于中国教育发展已有的经验和基础，直面中国教育面临的挑

---

① 顾明远，滕珺.《中国教育现代化 2035》与全球可持续发展教育目标实现［J］. 比较教育研究，2019，41（5）：3-9.

② 陈柳钦. 现代化的内涵及其理论演进［J］. 经济研究参考，2011（44）：15-31.

③ 中共中央、国务院印发《中国教育现代化 2035》［EB/OL］.（2019-02-23）［2021-11-21］. http：//www.gov.cn/xinwen/2019-02/23/content_5367987.htm.

④ 冉华，高娅敏. 中国教育现代化指标五大价值维度［J］. 师资建设，2019（7）：14-15.

战，提出了未来十五年切实可行的发展目标。可以说，《中国教育现代化2035》不仅体现了中国教育未来 15 年发展的基本方向和宏伟蓝图，而且对于国际社会努力推进教育现代化进程提供了价值、目标、方法等多个层面的示范价值。

第二节

我国实现教育现代化恰逢战略机遇

一、改革开放以来党领导教育事业取得的历史性成就，为实现教育现代化奠定了坚实基础

改革开放以来，中国共产党作为执政党坚持把教育摆在优先发展的战略地位，充分彰显了自身在把方向、谋大局、定政策、促改革方面的能力和定力，发挥了"统揽全局、协调各方"的领导核心作用，有力地保证了教育优先发展、科教兴国、人才强国等教育发展战略与相关政策措施的连续性与资源支持的充分性。具体来说：全面落实教育优先发展战略，在经济社会发展规划上优先安排教育、财政资金投入上优先保障教育、公共资源配置上优先满足教育和人力资源开发需要。通过深化教育领域"放管服"改革，强化教育经费保障机制，改善学校办学条件，提升运用信息化

手段的能力和水平，加强乡村师资队伍建设，前瞻规划布局城镇学校，优化高校区域布局，改革课程体系，调整学科与专业结构等多措并举，有力地促进了区域、城乡和各级各类教育均衡发展和协调发展，显著地提升了教育服务创新发展能力，培养了大量适应高质量发展的优秀人才。

通过不懈努力，我国教育现代化进程加速推进，教育总体发展水平进入世界中上行列，取得了全方位、开创性的历史性成就，教育面貌实现了历史性变化。截止到 2019 年，全国学前三年毛入园率达到 83.4%，小学学龄人口入学率达到 99.94%，初中、高中、高等教育阶段的毛入学率分别为 102.6%、89.5% 和 51.6%，高等教育进入普及化阶段[①]，我国已建成了世界上最大规模的教育体系；我国财政性教育经费支出占当年国内生产总值比例长期稳定在 4% 以上，2020 年国家财政性教育经费达到 5.3 万亿元，经费投入体制得到进一步优化；推进义务教育均衡发展和基本公共教育服务均等化持续推进，中小学幼儿园学校办学条件与教师待遇得到显著改善；从"211 工程"、"985 工程"到"双一流"工程，我国高校特别是研究型高校办学水平持续提升，在国际主流大学排行榜名次逐年提高，高等教育内涵式发展取得显著成效，现代职业教育体系加快构建，产教融合、校企合作取得积极进展，为国家的经济转型、科技创新、文化繁荣、民生改善、社会和谐提供了有力支撑；我国教育治理体系与治理能力建设实现跨越式发展，学校办学活力得到进一步激发，民办教育对公立教育的补充作用得到进一步凸显；全面依法治教向纵深推进，教育法立改废释工作加快推进，中国特色社会主义教育法律体系基本建成，伴随着教育督导

---

① 教育部："十三五"规划确定的主要目标任务将如期实现 [EB/OL]. (2020 - 12 - 01) [2021 - 11 - 12]. http://www.moe.gov.cn/fbh/live/2020/52692/mtbd/202012/t20201201_502747.html.

体制改革与教育行政执法体制改革的加速推进，中国特色社会主义法治体系日趋成熟①。可以说，教育事业为社会主义现代化建设开发了人力资源，为增强综合国力和国际竞争力贡献了积极力量，为国民素质逐渐提高提供了重要支持，亿万人民通过受教育实现了完善自身、改变命运、创造美好生活的愿望，人民群众的获得感、幸福感、安全感不断增强②。

二、习近平总书记关于教育的重要论述为实现教育现代化提供了根本遵循和理论指引

教育是国之大计、党之大计，是民族振兴、社会进步的重要基石，是功在当代、利在千秋的德政工程，对提高人民综合素质、促进人的全面发展、增强中华民族创新创造活力、实现中华民族伟大复兴的中国梦具有决定性意义。党的十八大以来，以习近平同志为核心的党中央在领导全党全国各族人民推进党和国家事业的实践中，立足世界百年未有之大变局和中华民族伟大复兴战略全局，着眼民族复兴伟大梦想，坚持优先发展教育事业，高度重视教育在国家发展、民族复兴、人民幸福总体战略中的基础性、全局性、先导性作用。

在对改革开放 40 余年来党领导教育事业改革发展成功实践的科学总结和对教育发展内在规律的深刻洞察的基础上，习近平总书记多次通过讲话、座谈、答问、批示、贺信等方式对教育事业发展提出了一系列新理念、新思想、新观点，围绕"为谁培养人、培养什么人、怎样培养人"的

① 申素平，等．从法制到法治：教育法治建设之路［M］．上海：华东师范大学出版社，2018：288；"数"看"十三五"：教育改革发展成就概述［EB/OL］．（2020-12-01）［2021-11-12］．http://www.moe.gov.cn/fbh/live/2020/52692/sfcl/202012/t20201201_502591.html.

② 陈宝生．建设高质量教育体系［J］．中国民族教育，2020（12）：4-6.

根本问题，从政治导向、价值取向、改革方向三个方面深刻回答了一系列方向性、全局性、战略性重大问题，形成了系统完备、内涵丰富的思想体系，把党对中国特色社会主义教育事业建设规律的认识提升到了新高度，彰显了新时代我国深入推进教育领域综合改革、加快推进教育现代化、努力建设教育强国的理论自觉与理论自信。

习近平总书记关于教育的重要论述既根植于中华民族崇文重教的优良传统，又体现了中国特色社会主义进入新时代的鲜明特征，是马克思主义基本原理与中国教育实践相结合的重大理论结晶，是习近平新时代中国特色社会主义思想的重要组成部分，为加快推进教育现代化、建设教育强国提供了强大思想武器和行动指南，对于加快推进教育现代化，建设教育强国，写好教育"奋进之笔"，办好人民满意的教育，具有重要的理论意义和实践意义[①]。

三、新技术、新手段为实现教育现代化提供了有利的技术环境，赋予智慧教育更多可能

教育现代化是一个动态发展的过程，是为了构建与智慧社会的发展相适应的现代教育新生态再造以及与智慧社会经济、政治、科技、文化等发展相适应的现代教育体系。当前新一轮科技革命和产业革命正在孕育兴起，新兴技术与传统行业领域的融合进入了一个前所未有的活跃期，这对全球经济、社会进步和人类生活都将产生深刻影响。近年来，大数据、人工智能、虚拟现实技术（VR）、增强现实技术（AR）等领域取得突破性

---

① 孙春兰. 深入学习贯彻习近平总书记关于教育的重要论述 奋力开创新时代教育工作新局面 [J]. 人民教育，2018（20）：7-10.

进展，不仅极大地推动了经济社会各领域从数字化、网络化向智能化的加速跃升，同时也为运用新兴智能化技术对教育创新提效赋能提供了技术可行性，有力地推动了教育形态与教育业态的迭代创新。特别是新冠肺炎疫情暴发引发的教育教学样态变革，在客观上为新技术、新手段在教育领域中的运用提供了一个生动的演示机会，引发了人们对技术推动教育变革广阔可能性的畅想与对"智慧教育"未来前景的无限憧憬。我们必须正视万物互联条件下教育与学习实践的变化。包括智慧校园在内的万物互联网当中，人类的学习、机器自主学习、人机交互学习成为教育和学习的常态。互联网、物联网、区块链、5G通信技术甚至量子科学决定着未来社会与教育的结构关系。教育面临着以第四次工业革命为背景的发展范式的结构性变革①。

新技术、新手段与教育的深度融合已成为国家教育现代化建设的战略制高点和创新增长点。《教育部关于印发〈教育信息化 2.0 行动计划〉的通知》规划了"智慧教育创新发展行动"，支持设立"智慧教育示范区"，开展智慧教育探索与实践。智慧教育指向学习者的高级思维发展、创新能力培养，利用智能技术加快推动人才培养模式、教学方法改革，建立以学习者为中心的教育环境，提供精准推送的教育服务，实现日常教育和终身教育定制化，进而实现对工业社会教育的重组与再造，缔造智慧教育新体系②。智能技术与教育的深度融合无疑将引发知识获取方式和传授方式、教和学关系的深刻变革，将促使强调标准化、程序化、批量化的传统工业化教育向突出个性化、定制化、多元化的新型智慧化教育转变，进而实现

---

① 刘复兴. 论教育与机器的关系 [J]. 教育研究，2019，40（11）：28-38.
② 郭绍青. 教育信息化缔造教育新生态 [N]. 学习时报，2019-12-13.

教育环境、教学模式、师生关系、学校管理、治理体系、产业形态等多个维度的颠覆性变革，对于在新时代推进教育领域供给侧结构性改革和教育治理体系与治理能力现代化，建设高质量教育体系，更好地满足国家发展与民族复兴对人才的需要，办更有质量、更加公平、人民满意的教育具有至关重要的战略意义。

| 第三节 |

我国实现教育现代化面临严峻挑战

一、我国教育事业发展水平总体上同世界先进水平尚有一定差距

教育是事关国家发展和民族未来的千秋基业，也是个体实现自身价值、追求美好生活的基本途径。坚持以人民为中心发展教育事业，就是要使教育事业为提高人民思想道德素质、科学文化素质和身心健康素质提供可靠保证，切实做到发展为了人民，发展依靠人民，发展成果由人民共享，不断满足人民日益增长的美好生活需要。我国已经全面建成小康社会，第一个百年奋斗目标顺利实现，正阔步迈向全面建设社会主义现代化国家新征程，向第二个百年奋斗目标进军。而这个"两个一百年"奋斗目

标的历史交汇期，恰恰也是我国经济社会发展遇到的深层次、结构性问题的集中爆发期。当前，中国特色社会主义进入新时代，我国社会的主要矛盾已经转化为人民日益增长的美好生活需要和不平衡不充分的发展之间的矛盾。如果说在改革开放初期，我国教育事业发展主要是以满足人民群众"有学上"为目标，那么在经历40多年改革开放带来的经济社会高速发展之后，人民群众对"上好学"，接受更高质量、更多样化、更个性化的教育服务提出了迫切要求，对更加公平地分享教育资源，特别是相对稀缺的优质教育资源有了更大期待。但现阶段优质教育资源总量稀缺且区域间、城乡间、学校间差异明显，人民日益增长的对获得更公平、更有质量教育的需求和教育事业不平衡、不充分的发展之间的矛盾日益突出，教育在实现个体社会阶层流动、防止社会阶层固化方面的基础性作用存在被弱化的风险，不少具体教育问题触及全社会的敏感神经。例如，我国普惠性学前教育资源供给不足，入园难、入园贵、大班额等问题较为突出；普通高中特色不足，中等职业教育缺乏吸引力，高中类型单一等问题仍然存在。又如，教育评价体系存在简单化、指标化、功利化、片面化、绝对化等问题，造成了教育价值观的扭曲和教育行为的异化，严重背离了教育教学规律、人才培养规律和科学研究规律，引发了教育领域内卷化现象，校外培训市场乱象丛生，中小学生校内外学业负担过重，家长经济与精力负担过重，严重对冲了教育改革发展成果，削弱了人民群众的获得感与幸福感。

不仅如此，我国教育事业服务国家重大战略的能力有待进一步提升。当前我国正在深入实施科教兴国战略、人才强国战略、创新驱动发展战略、乡村振兴战略、区域协调发展战略、可持续发展战略、军民融合发展战略等一系列重大国家战略，国家对创新人才的渴求比以往任何时候都显得更加迫切和紧要，创新人才培养已经成为国家战略需求①。习近平总书记指出，"当今世界的综合国力竞争，说到底是人才竞争，人才越来越成为推动经济社会发展的战略性资源，教育的基础性、先导性、全局性地位和作用更加突显。'两个一百年'奋斗目标的实现、中华民族伟大复兴中国梦的实现，归根到底靠人才、靠教育。源源不断的人才资源是我国在激烈的国际竞争中的重要潜在力量和后发优势"②。"我国要在科技创新方面走在世界前列，必须在创新实践中发现人才、在创新活动中培育人才、在创新事业中凝聚人才，必须大力培养造就规模宏大、结构合理、素质优良的创新型科技人才。"③ 长期以来，我们统筹国内、国际两个大局，在创新人才培养方面充分利用国际优质教育资源，培养了一批具有国际视野和扎实学识的骨干人才。然而，伴随着国际经济、科技、文化、安全、政治等格局的深刻调整，保护主义、单边主义思潮泛起，全球化进程遭遇逆流，以美国为首的西方国家在以 STEM 学科为代表的教育领域和以集成电路为代表的科技领域对我国进行打压，迫切需要我们立足本国教育资源，合理调整创新人才培养结构与培养路径，集中力量打破人才围堵，突破"卡脖子"技术。此外，"在畅通国内大循环、打造开放的国内国际双循环的各个环节，在促消费惠民生、调结构增后劲的多个领域，都需要教育体系源源不断输送高质量的人力资源，坚持不懈提供高质量的研究开发支持"④。然而，我国高等教育总体大而不强，具有引领性的一流大学、一流学科较

① 李伟涛. 完善教育创新体系服务国家战略 [N]. 中国教育报，2020 - 12 - 08.
② 习近平. 做党和人民满意的好老师 [M]. 北京：人民出版社，2014：3.
③ 习近平. 在中国科学院第十七次院士大会、中国工程院第十二次院士大会上的讲话 [N]. 人民日报，2014 - 06 - 10.
④ 陈宝生. 建设高质量教育体系 [N]. 光明日报，2020 - 11 - 10.

少，高等教育内各类型各层次的人才培养结构与水平同社会发展的实际需求还不够契合，科研管理体制仍显僵化，人才激励机制尚不健全，主动服务国家战略需求的能力还有待提升，亟须实现教育体系与科技体系、产业体系、社会体系之间的有机衔接，进一步优化教育结构、学科专业结构、人才培养结构，实现跨学科、跨学校、跨行业、跨区域的系统性教育创新。

二、教育改革面临日益强烈的价值与利益冲突，教育改革的复杂程度显著提升

教育改革的本质就是尽可能地求同存异、凝聚共识，通过不断调整教育资源与教育利益的配置，以更大程度地满足不同时空条件下不同利益相关群体的差异化偏好，更好地满足人民对多样化优质教育的需求。历史地看，同世界其他国家一样，我国的教育改革也经历了一个由浅入深、由易到难的发展过程，在多种改革路径之中选择阻力最小、最有利于推进的改革方式，在给某个群体带来好处的同时，不损害其他任何群体利益。随着教育改革进入攻坚期和深水区，教育领域与市场经济领域、公共民生领域、社会公平领域的关系日益紧密且错综复杂，许多具体教育问题的解决涉及多种话语体系以及多个利益相关方之间深层次的矛盾，遇到的阻力越来越大，面对的暗礁、潜流、漩涡越来越多，"容易的、皆大欢喜的改革已经完成了，好吃的肉都吃掉了，剩下的都是难啃的硬骨头"①。教育改革的基本样态不得不从传统的帕累托改进变为卡尔多改进，即以牺牲部分群体利益为代价而获取更大

---

① 习近平. 习近平谈治国理政：第1卷［M］. 2版. 北京：外文出版社，2018：101.

的总改革收益，并对利益受损的群体进行补偿。这种改革很多是利益关联度高、牵涉面广的重大改革，也就是要动"奶酪"的改革，往往涉及强烈的价值与利益冲突，会极大地触动既得利益格局，形成改革共识的难度以及实施过程中面临的阻力与风险都大大增加。

进入新时代，我国教育改革发展也进入了公平问题和质量问题并存、巩固基础与追求卓越并重的新阶段，教育事业发展的总体目标呈现复杂化与共时性的阶段性特征。教育事业的改革发展需要有效回应区域间、城乡间、群体间对教育事业发展的差异化诉求。新时期我国教育事业改革发展在保证教育资源供给总量，实现基本公共教育服务均等化的同时，还要不断优化教育供给结构，提供多样化的优质教育资源供给；在维护受教育者合法权益的同时，还要持续提高人民群众对于教育事业发展的获得感、满足感、幸福感。考虑到我国教育事业发展仍然不平衡不充分，在可预见的未来，"保基础""优结构""提质量""促公平"四大问题将会长期共存，教育资源的供求矛盾的共时性特征也将更加凸显。这就要求深入推进教育领域供给侧结构性改革，扩大有效供给，提高供给质量，提高供给结构对需求变化的适应性和灵活性，更好地满足广大人民群众对教育公共服务的差异化需求①。

三、破解制约教育改革全局关键性问题的能力还有待进一步提高

坚持鲜明的问题导向，不断通过理论创新与实践创新回应和解答具有独特历史与文化传统的国家和地区所面临的重大时代性问题，是世界各国

---

① 高杭，余雅风. 坚持深化教育改革创新［J］. 中国高等教育，2019（7）：13－15.

寻求实现现代化的普遍路径。从某种意义上看，社会改革就是一个内部结构复杂、组成要素众多、相互联结耦合的系统。要用系统思维认知改革，用统筹兼顾的方法深化改革，将全面深化改革视作一个由若干领域的改革组成的复杂系统工程，并能有效处理各个部分之间的关系，在解构局部谋划改革的过程中又能保证各个部分的结构在整体中保持平衡[①]。教育领域综合改革是一场全面、系统、多维的庞大改革实践，而教育改革内部各组成部分之间并不是孤立的，各部门在教育改革全局中的重要性也不尽相同。应当承认，过去的教育改革啃下了不少硬骨头，闯过了不少险滩，改革呈现出高歌猛进的态势，但同时也存在关键环节突破不够、出台方案落实不力等问题。只有抓住矛盾的主要方面，集中力量破解制约教育事业发展的制度性瓶颈才能打通实现教育现代化的"任督二脉"。例如，习近平总书记在 2018 年全国教育大会上明确提出，要"扭转不科学的教育评价导向，坚决克服唯分数、唯升学、唯文凭、唯论文、唯帽子等顽瘴痼疾，从根本上解决教育评价指挥棒问题"，凸显了教育评价体系的现代化作为关键环节对于实现教育现代化的重要作用。

与此同时，实现教育现代化还面临来自碎片化的挑战。实现教育现代化工程极为宏大，零敲碎打调整不行，碎片化修补也不行，必须是全面的系统的改革和改进，是各领域改革和改进的联动和集成，形成总体效应、取得总体效果。作为具有基础性、先导性作用的关键部分，教育事业在党和国家整体战略布局中应当居于优先地位，其他相关领域应当服务于教育事业的改革发展，应当尊重教育发展规律，并为教育事业改革发展创造有

[①] 王培洲．充分认识全面深化改革的整体性、系统性、协同性［J］．求知，2015（7）：7-9．

利条件。这迫切需要进一步完善跨部门的统筹机制，构建教育改革多方协同体系。然而，在我国"条块分割，以条为主"的行政管理体制之下，各领域普遍形成"1+1+N"的工作格局，即由超越部门的议事协调机构统筹协调，承担日常工作的办公室设在主管部门，成员单位在各自职责范围内负责分工管理。由于每个部门都基于自身职能定位开展决策和执行，统筹协调的制度设计往往异化为权责模糊时的被动兜底，从而构建起不协同甚或相冲突的政策体系，严重影响教育改革的有效、持续推进①。可以说，要想实现教育现代化就必须以更大的政治勇气和智慧，不失时机、蹄疾步稳深化重要领域和关键环节改革，更加注重改革的系统性、整体性、协同性，提高改革综合效能。

| 第四节 |

建设高质量教育体系是中国教育现代化
现阶段的主要任务

作为中长期宏大目标之下的短期阶段性目标，党的十九届五中全会通过的《中共中央关于制定国民经济和社会发展第十四个五年规划和二〇三

---

① 胡颖廉．"中国式"市场监管：逻辑起点、理论观点和研究重点［J］．中国行政管理，2019（5）：22－28.

五年远景目标的建议》（以下简称《建议》），提出了"建设高质量教育体系"这一时代命题，并明确了政策导向和重点要求。可以说，在迈向中国教育现代化征程中，教育高质量发展是新时代教育现代化发展的阶段性目标，为推进教育现代化提供了富有时代性的路径指引。在新的历史起点上建设高质量教育体系，立足于贯彻落实新发展理念，把高质量摆在更加突出的位置，把高质量作为检验标准，已经成为今后一个时期加快推进教育现代化、建成教育强国、办人民满意的教育的核心议题。

一、建设高质量教育体系是实现高质量发展在教育领域的内在要求

高质量发展是发展经济学的核心概念，是一种立足根本、掌控全局、着眼未来的发展理念，是为了应对复杂的内外环境、破解当前的发展难题，在全面判断时代环境、充分发挥制度优势的基础上，旨在优化经济结构、转换发展模式、提升发展动力的宏观战略。2021 年 3 月 7 日，习近平总书记在参加十三届全国人大四次会议青海代表团的审议时指出，"高质量发展不只是一个经济要求，而是对经济社会发展方方面面的总要求；不是只对经济发达地区的要求，而是所有地区发展都必须贯彻的要求；不是一时一事的要求，而是必须长期坚持的要求"。

教育高质量发展既是经济社会发展新模式、新理念在教育领域的延伸，也是教育系统对于社会公众所要求的优质教育和更多教育获得感的现实回应。一方面，教育高质量发展要直面人民群众对高质量教育服务的正向需求，探索增值的、突破性的、创新的、系统的教育事业发展举措；另一方面，教育高质量发展也必须着力破除教育事业发展中制约高质量发

展、高品质生活的体制机制障碍，提高教育资源配置效率，激发师生积极性和学校办学活力。在 2019 年发布的《中国教育现代化 2035》中，首次提出了教育"高质量发展"的概念，强调在教育现代化实施路径上，要"形成充满活力、富有效率、更加开放、有利于高质量发展的教育体制机制"。2020 年 10 月《建议》出台，对教育高质量发展的定位用了更为精准的概念——建设高质量教育体系，强调健全学校家庭社会协同育人机制，坚持教育公益性原则，促进教育公平，推动义务教育均衡发展和城乡一体化，提高高等教育质量，提高民族地区教育质量和水平，完善终身学习体系，建设学习型社会，等等。由此可见，高质量教育旨在满足人民群众的高质量教育需求，最终形成彼此关联、相互贯通的宏观教育体系[①]。这充分体现了以习近平同志为核心的党中央对"十四五"乃至一个更长时期完善中国特色社会主义教育体系的最新要求。

二、新时代建设高质量教育体系的目标体系与实践逻辑

（一）在政治导向上，要坚持党对教育事业的全面领导，坚持把立德树人作为根本任务

作为中国特色社会主义事业的一个组成部分，教育事业的改革发展要服务于党和国家总体发展战略，需要遵循整体和全局所秉持的内在要求与价值准则。这就要求教育事业的改革发展必须坚持正确的政治方向，坚持党的领导，坚持以马克思主义为指导，坚持社会主义办学方向，全面贯彻党的教育方针，扎根中国大地办教育。习近平总书记在 2018 年全国教育

---

① 张新平，佘林茂. 对教育高质量发展的三重理解［N］. 中国教育报，2021 - 03 - 18.

大会上明确提出，"教育必须把培养社会主义建设者和接班人作为根本任务，培养一代又一代拥护中国共产党领导和我国社会主义制度、立志为中国特色社会主义奋斗终身的有用人才"。我国的教育发展方向要同我国发展的现实目标和未来方向紧密联系在一起，为人民服务，为中国共产党治国理政服务，为巩固和发展中国特色社会主义制度服务，为改革开放和社会主义现代化建设服务。要教育、引导学生热爱和拥护中国共产党，立志听党话、跟党走，立志扎根人民、奉献国家。要紧抓高校党建与思想政治工作，坚持不懈传播马克思主义科学理论，树立为共产主义远大理想和中国特色社会主义共同理想而奋斗的信念和信心，增强学生对中国特色社会主义事业的道路自信、理论自信、制度自信、文化自信，立志肩负起民族复兴的时代重任，要坚持不懈培育和弘扬社会主义核心价值观，引导广大师生做社会主义核心价值观的坚定信仰者、积极传播者、模范践行者。

制度的生命力在于执行。发展教育是一项需要多样且充足的战略性资源支撑的复杂系统性工程，因此社会动员能力和资源整合能力对于能否实现教育现代化至关重要。联合国教科文组织总干事松浦晃一郎在 2007 年发布《2015 年全民教育：我们能达成目标吗?》时就曾指出："我们的方向是正确的，但今后的工作需要坚定不移的政治意志，始终确保从早期幼儿教育开始的各级教育工作是国家的重中之重，调动政府、民间社团和私营部门缔结创造性的合作伙伴关系，形成动态协调，争取国际社会的支持。"① 建设高质量教育体系，实现教育现代化必须坚持党对教育工作的全面领导。党的领导是中国特色社会主义制度的强大生命力和巨大优越性最

---

① UNESCO. Education for all by 2015：will we make it? ［R/OL］. (2007 - 05 - 20) ［2022 - 02 - 12］. https：//unesdoc. unesco. org/ark：/48223/pf0000154743.

集中的体现。党的十九届四中全会《中共中央关于坚持和完善中国特色社会主义制度 推进国家治理体系和治理能力现代化若干重大问题的决定》阐明了我国国家制度和国家治理体系 13 个方面的显著优势，其中"坚持党的集中统一领导，坚持党的科学理论，保持政治稳定，确保国家始终沿着社会主义方向前进的显著优势"处于统领地位。党政军民学，东西南北中，党是领导一切的。习近平总书记指出："在国家治理体系的大棋局中，党中央是坐镇中军帐的'帅'，车马炮各展其长，一盘棋大局分明。"①党的十八大以来，以习近平同志为核心的党中央高度重视党对教育工作的全面领导，始终确保党在教育工作方面总揽全局、协调各方。只有坚持党对教育工作的全面领导，才能够有效应对建立高质量教育体系过程中遇到的重大挑战、抵御重大风险、克服重大阻力、解决重大矛盾，将教育现代化进程推向深入②。

《建议》要求建设高质量教育体系，首要标准是教育系统必须增强"四个意识"、坚定"四个自信"、做到"两个维护"，要在建设高质量教育体系过程中，深入贯彻习近平总书记关于坚守为党育人、为国育才的总体要求，全面贯彻党的教育方针，坚持马克思主义指导地位，坚持中国特色社会主义教育发展道路，坚持社会主义办学方向，在实践中增强教育系统各级党组织政治功能和组织力，确保党中央决策部署有效落地落实③。

---

① 中共中央文献研究室. 习近平关于全面建成小康社会论述摘编［M］. 北京：中央文献出版社，2016：96.

② 中共天津市委党校课题组. 党的领导是中国特色社会主义制度的最大优势［N］. 天津日报，2020－07－07.

③ 陈宝生. 建设高质量教育体系［J］. 中国民族教育，2020（12）：4－6.

（二）在价值取向上，要坚持以人民为中心办教育，坚持把服务中华民族伟大复兴作为教育的重要使命

坚持以人民为中心办教育是建设高质量教育体系的价值指引。坚持以人民为中心，是党的根本宗旨的集中体现，是马克思主义群众路线的精神实质，是党领导人民战胜各种艰难险阻取得一个又一个伟大胜利的力量源泉，是习近平新时代中国特色社会主义思想的价值内核，是社会主义经济、政治、文化、社会、生态文明等各方面建设的价值导向和根本遵循，是办好中国特色社会主义教育必须要始终坚持的重要价值准则。

首先，坚持以人民为中心办教育就是要把人民的需要作为发展教育事业的根本出发点和落脚点，不断提高学校办学质量，更好地满足人民群众对教育服务的需要。教育高质量发展的根本评价尺度，在于是否真正满足和服务于人民的高质量教育需求，是否持续提升人民群众的教育获得感、教育满足感和教育幸福感。

其次，坚持以人民为中心办教育就是要充分发挥教职工代表大会、学生代表大会、家长委员会等民主形式的积极作用，更好地发挥教职工和学生（及家长）的主体地位和首创精神，主动从广大师生员工中吸收营养、汲取力量，促进民主决策、科学决策，吸收公众参与与人民群众利益密切相关的重大教育行政决策活动，切实保障公众的知情权、参与权、表达权、监督权，共同谋划学校的发展。

再次，坚持以人民为中心办教育就是要培养具有家国情怀、文化自信和人民立场的中国特色社会主义事业的建设者和接班人，绝非丧失文化自信，凡事必先做西方的洋奴，更不是为了培养精致利己的"官老爷""人上人"。

中国教育的现代化具有鲜明的人民性特征，要坚持"人"的中心地位，以凝聚人心、完善人格、开发人力、培育人才、造福人民，实现人在德智体美劳各个方面的全面发展为工作目标。2021 年 3 月 6 日，习近平总书记看望参加全国政协十三届四次会议的医药卫生界、教育界委员，并参加联组会，听取意见和建议时表示，对群众反映强烈的诸如学区房、唯分数论、过度培训、沉迷网络游戏等热点难点问题，对打着教育旗号侵害群众利益的行为，要紧盯不放，坚决改到位、改彻底①。实践中，建立高质量教育体系要坚持以人民为中心，高度重视和大力加强学校体育，健全学校体育工作机制，确保学生体育课程和课外锻炼活动时间，开展学生健康体质状况监测，完善学校、家庭、社区相结合的青少年体育网络，培养青少年良好体育锻炼习惯和健康生活方式。要强化艺术教育，加强艺术教师队伍建设，改善美育教学条件，重点加强农村学校艺术教育，提高学生审美能力和人文素养。要以小学生减负为重点，标本兼治，减轻学生课业负担②。

（三）在改革方向上，把供给侧结构性改革和需求侧管理有效结合起来，坚持深化教育改革创新

教育供给和教育需求是构成教育服务关系的两个不可或缺的方面。从供求关系的角度看，高质量教育体系就是教育供给要能够更充分地满足、更精准地契合教育需求的教育体系。

一方面，没有高质量的产品和服务供给，人民对美好生活的需要就得

---

① 微镜头·习近平总书记两会"下团组"："我们来共同关心这些教育问题"［N］. 人民日报，2021 - 03 - 07.

② 张力. 深化教育领域综合改革目标重点和主要任务［N］. 人民日报，2014 - 06 - 04.

不到满足。构建高质量教育体系必须推进教育领域供给侧结构性改革，着力构建高质量的教育结构体系。所谓教育结构体系，指教育总体各个部分的相互关系及组合方式。从宏观的角度看，主要有教育层次结构、科类或专业结构、教育类型结构、办学形式结构、教育布局结构、教育管理体制结构等[①]。虽然我国教育总体水平已经进入世界中上行列，初步建立起有中国特色的社会主义教育体系，形成了学前教育至高等教育、普通教育与职业教育、学历教育与非学历教育、线下教学与在线教育等多种层次、类别和形式的教育格局，并正在向终身教育的方向发展。但是，由于历史的、体制的和观念上的原因，我国现行教育结构体系还不适应经济发展和社会进步的需要，不能满足人民不断提高的对受教育机会的多种选择和要求。对此，时任教育部副部长宋德民在 2021 年 3 月 31 日的国新办新闻发布会上介绍，我国将构建优质均衡的基本公共教育服务体系、构建支撑技能社会建设的职业技术教育体系、构建开放多元的高等教育体系、完善服务全民终身学习的教育体系。另一方面，我们需要看到，没有需求侧的牵引，供给也无法实现。长期以来，我们秉持基于供给侧视角的教育质量观，侧重于通过制定教育标准等方式引导经费、师资等教育要素的整合。却相对忽视了需求侧改革对供给侧结构性改革所能够产生的潜在积极影响。例如，我们固然可以通过推进学校标准化建设，使最偏远、最薄弱的学校在校舍、师资、教学仪器设备、图书、体育场地等方面能够基本达标，但如果基层学校和人民群众对教育的认知和需求仍然停留在唯分数、唯升学的应试教育阶段，那么再充足的资源投入也难以转化为真正高质量

---

① 郝克明. 当代中国教育结构体系研究［M］. 广州：广东教育出版社，2001.

的教育。

进入新发展阶段，把需求侧管理和供给侧结构性改革结合起来是大势所趋。具体来说，就是要把需求侧管理与长期性制度安排有机结合，启动中长期、涉及制度变迁的需求侧管理工作，以缓解需求与供给之间的错配问题，增强需求侧对供给侧的牵引力①。具体到教育领域的需求侧改革，就是要以教育评价改革为牵引，统筹推进育人方式、办学模式、管理体制、保障机制改革。教育评价体系既是高质量教育体系的组成部分，又是高质量教育体系建设的驱动。教育评价改革能否有力促进教育各领域、各环节、各要素深化改革是衡量改革成效的重要标准。建设高质量教育体系，无论是把立德树人融入思想道德教育、文化知识教育、社会实践教育各环节，还是增强教育服务创新发展能力以及健全学校家庭社会协同育人机制等，都亟待教育评价改革的匹配支撑②。建设高质量教育体系要以宽阔视野、未来眼光、系统思路，完善评价标准，创新评价方式，探索分类评价、综合评价，构建体现中国特色和世界水平，立足国情、基于中国人心理和思维的教育评价体系，着力引导各学段育人方式更加符合教育规律和人才成长规律，引导各级各类学校办学模式创新朝着优质特色多样方向发展，促进中小学生家庭作业、睡眠、手机、读物、体质五项管理改革，促进学生德智体美劳全面发展。

---

① 张占斌，杜庆昊. 把"需求侧管理"与供给侧结构性改革结合起来 ［N］. 光明日报，2021-01-05.

② 李伟涛. 以教育评价改革为牵引建设高质量教育体系 ［N］. 中国教育报，2021-03-10.

第二章

建设高质量教育体系的基本内涵与根本任务

2020 年《中共中央关于制定国民经济和社会发展第十四个五年规划和二〇三五年远景目标的建议》中，对高质量教育体系的建设做了较为明确的构想。"建设高质量教育体系。全面贯彻党的教育方针，坚持立德树人，加强师德师风建设，培养德智体美劳全面发展的社会主义建设者和接班人。健全学校家庭社会协同育人机制，提升教师教书育人能力素质，增强学生文明素养、社会责任意识、实践本领，重视青少年身体素质和心理健康教育。坚持教育公益性原则，深化教育改革，促进教育公平，推动义务教育均衡发展和城乡一体化，完善普惠性学前教育和特殊教育、专门教育保障机制，鼓励高中阶段学校多样化发展。加大人力资本投入，增强职业技术教育适应性，深化职普融通、产教融合、校企合作，探索中国特色学徒制，大力培养技术技能人才。提高高等教育质量，分类建设一流大学和一流学科，加快培养理工农医类专业紧缺人才。提高民族地区教育质量和水平，加大国家通用语言文字推广力度。支持和规范民办教育发展，规范校外培训机构。发挥在线教育优势，完善终身学习体系，建设学习型社会。"①

教育是国之大计、党之大计，在国家发展和民族繁荣的进程中具有基础性、先导性、全局性地位和作用②，高质量教育体系的建设也是贯彻科教兴国战略、建设教育强国、全面建设社会主义现代化国家的必要步骤和重要措施。正如习近平总书记在十九大报告中所说："中国特色社会主义进入新时代，我国社会主要矛盾已经转化为人民日益增长的美好生活需要

---

① 中共中央关于制定国民经济和社会发展第十四个五年规划和二〇三五年远景目标的建议［EB/OL］.（2020 - 11 - 03）［2021 - 07 - 15］. http：//www.qstheory.cn/yaowen/2020 - 11/03/c_1126693429.htm.

② 刘复兴，朱月华. 教育是国之大计、党之大计［J］. 中国高等教育，2019（Z3）：21 - 23.

和不平衡不充分的发展之间的矛盾。"① 当前，我国人民对于教育的要求已经从"有学上"演变为"上好学"，对于"公平而有质量的教育"提出了更高的要求，建设高质量教育体系是我国教育事业继续发展的必由之路。

第一节

建设高质量教育体系的基本内涵

一、坚持党的全面领导

"中国共产党领导是中国特色社会主义最本质的特征，是中国特色社会主义制度的最大优势。党政军民学，东西南北中，党是领导一切的。"② 教育是国之大计、党之大计。坚持党的全面领导是建设高质量教育体系的总体要求，更是其根本保证。

一方面，要坚定不移地走中国特色社会主义教育发展道路。中国特色社会主义教育发展道路是中国特色社会主义道路的重要组成部分，也是在

---

① 习近平. 决胜全面建成小康社会 夺取新时代中国特色社会主义伟大胜利：在中国共产党第十九次全国代表大会上的报告［EB/OL］.（2017 - 10 - 27）［2021 - 07 - 20］. http：//news. cnr. cn/native/gd/20171027/t20171027 _ 524003098. shtml.

② 习近平. 在庆祝改革开放 40 周年大会上的讲话［EB/OL］.（2018 - 12 - 18）［2021 - 07 - 28］. http：//www. xinhuanet. com/politics/leaders/2018 - 12/18/c _ 1123872025. htm.

教育领域对中国特色社会主义制度的伟大实践。坚持党对教育事业的领导是中国特色社会主义教育发展道路的实践特征，是中国特色社会主义教育发展道路的历史经验，也是中国特色社会主义教育道路科学发展的根本保障①。

另一方面，要加强和改进思想政治教育。在各级各类教育中，尤其是基础教育阶段、高等教育阶段，展开不同主题和形式的思想政治教育，加强党史、新中国史、改革开放史、社会主义发展史教育，加强爱国主义、集体主义、社会主义教育，开发丰富多彩的思想政治课程，培养政治上立场坚定是非分明、思想上积极进取向党靠拢、行为上以身作则知行合一的高素质人才，推动提升我国国民总体的政治素养、道德品质和心理素质。

二、坚持立德树人，在新的历史征程中培养时代新人

人才培养过程中，首先要明确三个基本问题："为谁培养人""培养什么人""怎样培养人"。党的十九大旗帜鲜明地回答了这一系列问题："要全面贯彻党的教育方针，落实立德树人根本任务，发展素质教育，推进教育公平，培养德智体美全面发展的社会主义建设者和接班人。"② 这一系列论述成为我国教育事业培养人的根本目标和基本原则。

首先，要坚持把立德树人作为人才培养的中心环节。人无德不立，育人的根本在于立德。立德树人任务的实现包括知识、能力、价值三个层次。第一，学校、家庭、社会要为学生提供系统完善的道德与法治知识，

① 刘复兴. 中国特色社会主义教育发展道路的几个基本问题 [J]. 教育研究，2014，35（7）：4-8.
② 习近平. 决胜全面建成小康社会 夺取新时代中国特色社会主义伟大胜利：在中国共产党第十九次全国代表大会上的报告 [EB/OL].（2017-10-27）[2021-07-20]. http：//news.cnr.cn/native/gd/20171027/t20171027_524003098.shtml.

并设立相应的考核评价机制；第二，认识指导实践，引导学生能够在现实生活中应用相关知识，做到"知行合一"；第三，引导学生吸收、内化、认同相关知识，帮助学生树立正确的世界观、人生观、价值观，以此确保学生为人处世基本原则的确立与实践，在"知行合一"的基础上做到"慎独"。

其次，要坚持为党育人、为国育才，在新征程中培养时代新人。人才培养的目标和过程要能够与国家和社会的发展道路紧密契合，培养能够为中国共产党领导下的新时代中国特色社会主义事业添砖加瓦的人，能够以实现中华民族的伟大复兴为根本使命的人，能够"把自己的理想同祖国的前途、把自己的人生同民族的命运紧密联系在一起，扎根人民，奉献国家"①，"在实现中国梦的伟大实践中创造自己的精彩人生"②。

最后，要培养德智体美劳全面发展的人。教育不仅仅是传授知识的事业，人才的培养更不是仅仅依靠知识的传递就可以完成，我国的人才培养目标强调了"五育并举"，即要求学生在德智体美劳五个方面能够全面发展。随着我国经济社会发展水平的不断提升、教育观念的更新和教育体制的改革，包括人文底蕴、科学精神、学会学习、健康生活、责任担当、实践创新在内的六大核心素养越来越成为人才培养的关键点③。尤其是我国教育正处于从应试教育向素质教育转型的时期，对学生自主发展和社会参与方面的素养提出了更高的要求，包括对文明素养、社会责任意识、实践本领的培养，对于青少年的身体素质和心理健康也更加关注。

---

① 习近平 . 在北京大学师生座谈会上的讲话［N］. 人民日报，2018 - 05 - 02.
② 习近平 . 青年要自觉践行社会主义核心价值观：在北京大学师生座谈会上的讲话［N］. 人民日报，2014 - 05 - 05.
③ 核心素养研究课题组 . 中国学生发展核心素养［J］. 中国教育学刊，2016（10）：1 - 3.

三、坚持培养创新人才，提升自主创新能力

教育培养人才，教育的持续发展更需要人才。"人才是创新的根基，创新驱动实质上是人才驱动，谁拥有一流的创新人才，谁就拥有了科技创新的优势和主导权。"[①] "教育是培养人才和增强民族创新能力的基础，必须放在现代化建设的全局性战略性重要位置。"[②]

释放高校基础研究科技创新潜力。高质量教育体系要求创新人才的大量涌入，尤其是在高等教育学段，科研创新人才既是激活我国创新战略的重要力量，推动我国科技事业稳步向前发展，更是高等教育开展的坚实基础，直接引导培养新一代创新人才的成长成才。高校应当着眼于基础研究，基础研究中取得的收获能够用于应用研究及作为其他相关研究的创新源头，增强创新的活力和能力。

聚焦国家战略需要。当今世界综合国力的比拼，是经济与科技实力的比拼，而这有赖于人才和技术的发展。"创新是引领发展的第一动力，是建设现代化经济体系的战略支撑。"[③] 一个国家的科技创新能力是与国家安全密切相关的。因此科技创新要聚焦国家战略需要，服务于国家重大需求，贯彻科教兴国战略。

瞄准关键核心技术，加快技术攻关，特别是集中力量解决"卡脖子"问题。"卡脖子"问题与产业安全紧密相关，当前我国产业结构优化升级，

---

① 习近平在参加上海代表团审议时强调：当好改革开放排头兵创新发展先行者 为构建开放型经济新体制探索新路 [N]. 人民日报，2015 - 03 - 06.

② 江泽民．在庆祝北京师范大学建校一百周年大会上的讲话 [N]. 人民日报，2002 - 09 - 09.

③ 习近平．决胜全面建成小康社会 夺取新时代中国特色社会主义伟大胜利：在中国共产党第十九次全国代表大会上的报告 [EB/OL]. （2017 - 10 - 27）[2021 - 07 - 20]. http：//news. cnr. cn/native/gd/20171027/t20171027 _ 524003098. shtml.

但部分产业中仍存在核心技术依赖其他国家的问题，这使我国的产业安全乃至国家安全都存在隐患。核心技术攻关需要大量科技创新人才的努力，需要人才培养制度、人才选拔制度、人才考核与评价制度等的同步更新，也有赖于国家创新体系的建立和相关社会支持的完善。

四、优化教育结构

教育结构指的是各级各类教育之间的横向和纵向的比例关系[①]，一般包括类型结构、层次结构、学科专业结构等。教育结构是否合理，对于各级各类教育事业能否持续健康发展具有重要意义。因此，高质量教育体系的建立需要在优化教育结构的基础上进行，也就是要建立与我国当前新发展格局相适应的教育结构、学科专业结构和人才培养结构。

新中国成立以来尤其是改革开放以来，我国的各级各类教育事业都进入了高速发展的时期，"效率优先、兼顾公平"的政策取向也在逐渐暴露我国教育事业发展中不均衡、不协调的问题。教育结构的优化也势必要以此为切入点，在改善城乡二元教育结构、发展学前教育和职业教育上集中发力，集中力量解决我国教育事业发展中的"短板"，推动教育公平作为教育政策的关键价值，并以此推动社会公平正义。

教育结构，尤其是高等教育中的学科专业结构与人才培养结构直接影响着人才的就业结构，对我国产业结构的进一步发展有着深远影响。学科专业结构与人才培养结构的调整也是我国产业结构发展、调整、转型、升级的基础，这二者的优化调整必须与我国当今的经济社会发展相适应，解

---

① 张焕庭. 教育辞典［M］. 南京：江苏教育出版社，1989：764.

决大学生就业难和企业招工难之间的结构性矛盾，为国家经济科技发展的关键领域培养和输送人才。

五、深化教育领域综合改革

改革是新时期教育事业发展的强大动力，而教育改革在新的历史起点上是全面深化改革的重要组成部分，深化教育领域综合改革更是满足人民群众对多样化高质量教育需求的可靠保障[①]，因而深化教育领域综合改革既具有重要性，又具有紧迫性。

其一，要增强教育改革的系统性、整体性、协同性。教育领域综合改革涉及多方面制度和政策，包括办学体制、管理体制、经费投入体制、考试招生及就业制度、学校内部管理制度、人事薪酬制度、教学管理制度、人才培养模式、教学内容与方法等等，但一切教育领域内的变革，都要以"培养德智体美全面发展的社会主义建设者和接班人"[②] 为根本目标，以推动教育公平、提升教育质量为基本方向，以客观规律为基本遵循，"使各级各类教育更加符合教育规律、更加符合人才成长规律"[③]。广泛征集专家、教师、学生、家长等利益相关者的意见，变革更要建立在政策的试点—反馈机制基础上，有条不紊地逐步推进。

其二，要构建具有世界先进水平的教育评价体系。教育评价是教育发

[①] 袁贵仁. 深化教育领域综合改革（学习贯彻十八届三中全会精神）[N]. 人民日报，2013 - 12 - 17.

[②] 习近平. 决胜全面建成小康社会 夺取新时代中国特色社会主义伟大胜利：在中国共产党第十九次全国代表大会上的报告 [EB/OL]. （2017 - 10 - 27）[2021 - 07 - 20]. http：//news. cnr. cn/native/gd/20171027/t20171027 _ 524003098. shtml.

[③] 习近平在北京市八一学校考察时强调：全面贯彻落实党的教育方针 努力把我国基础教育越办越好 [N]. 人民日报，2016 - 09 - 10.

展的指挥棒。要根据《深化新时代教育评价改革总体方案》的总体精神，结合我国的国情、学情，改革党委和政府教育工作评价、学校评价、教师评价、学生评价、用人评价，构建既符合中国实际又具有世界先进水平的教育评价体系，从而对我国教育事业的发展和教育改革的进行起到牵引和导向作用。

其三，要更新教育理念，变革教育模式，尤其是疫情当中新的教育模式。教育领域的综合改革要建立在教育理念革新的基础上。2019 年末以来，新冠肺炎疫情席卷全球，对外开放和全球交流的难度陡增，同时也为线上教育的发展带来更多机会，线上教育和网络教育等新的教育模式同样也拓宽了教育事业发展的可能性。但同时，新模式的诞生、稳定、丰富和发展还需要更多新观念、新技术、新文化的推动。

其四，优化教育开放全球布局。教育改革要坚持文化自信，以文化人，以教育丰富、传递和发扬中华文化，以文化孕育、激活、推动教育事业的进一步发展。但同时，教育更是文化交流与文明对话的重要一环，更是推动人类命运共同体建设与发展的重要动力，因此，教育改革也要顺应全球化趋势，不断优化教育开放全球布局，以教育开放推动文明交流与对话、推动文化的革新与发展。

其五，守住安全底线，包括教育安全底线、政治安全底线等。教育是培养人的事业，教育的制度、理念、内容、方式等都会在潜移默化中影响人，因此要守住安全底线，尤其注意在教育对外开放、文化交流中的教育安全与文化安全。教育领域综合改革要向着符合国情、推动发展的方向展开，不能盲目崇拜和移植国外教育制度和政策。积极引导学生和教师群体拥护党的全面领导，教育领域综合改革要以中华民族优秀传统文化、革命文化和社会主义先进文化为依托，使学生树立以爱国主义为核心的民族精神和以改革创新为核心的时代精神，培养德智体美劳全面发展的社会主义建设者和接班人。

六、坚持评价引领

教育评价事关教育发展方向，有什么样的评价指挥棒，就有什么样的办学导向。《深化新时代教育评价改革总体方案》中提出要改进结果评价，强化过程评价，探索增值评价，健全综合评价。

围绕党委和政府、学校、教师、学生、社会五类主体进行教育评价改革，形成富有时代特征、彰显中国特色、体现世界水平的教育评价体系。《深化新时代教育评价改革总体方案》将教育评价改革落实到五类主体，从而探索建立多主体、全方位、多维度的教育评价体系，包括：改革党委和政府教育工作评价，推进科学履行职责；改革学校评价，推进落实立德树人根本任务；改革教师评价，推进践行教书育人使命；改革学生评价，促进德智体美劳全面发展；改革用人评价，共同营造教育发展良好环境[①]。

坚持评价引领，充分发挥教育评价的指挥棒作用，确保教育正确发展方向。科学合理的教育评价体系的建立有利于科学、健康的教育发展观、人才成长观、选人用人观在大众和社会中的推广和普及。多维度、全方位评价体系的建设为评估教育事业的发展质量和水平提供了参考，能够有效减轻对分数、排名、升学率等指标的盲目追求，为确保教育正确发展方向、探索教育系统的健康可持续运转提供更多可能性。健全的教育评价体

---

① 中共中央国务院印发《深化新时代教育评价改革总体方案》[EB/OL].（2020-10-13）[2021-07-25]. http://www.moe.gov.cn/jyb_xxgk/moe_1777/moe_1778/202010/t20201013_494381.html.

系能够反映国家和社会的教育目的、教育制度、教育发展原则等，坚持评价引领的前提是坚持社会主义办学方向，落实立德树人根本任务，培养德智体美劳全面发展的社会主义建设者和接班人。评价体系的建立需要依据这样的原则，评价引领发展更需要始终坚持这些基本原则。

七、健全学校家庭社会协同育人机制

教育是一个广泛的概念，不仅仅发生在学校中、课堂上，更发生在家庭中、社会中，对下一代的教育不仅仅是学校的责任，更是家庭和社会的责任。健全学校、家庭、社会协同育人机制要求强化家庭教育的基础作用，释放社会育人活力，实现家校社互融互通、同心同向，形成"大教育"格局①。

一方面，学校教育、家庭教育和社会教育应当各司其职，在各自的专业领域内履行教育责任。学校教育应当发挥其体系化、专业化的优势，德智体美劳五育并举，依靠专业的教师与工作人员强化对学生各方面知识与能力的教学。"家庭是人生的第一所学校，家长是孩子的第一任老师。"②家庭教育贯穿人的一生，尤其是在学前教育阶段，对个体的成长具有至关重要的基础性作用，也是学校教育的重要补充，能够真正因材施教、个性发展。社会教育既包括面向父母的教育，也包括面向儿童的教育，社会能够为儿童提供生产、生活等各方面的知识和技能，也能够利用教育市场为儿童提供各方面的优质课程。

另一方面，要推动学校、家庭和社会教育之间的联动，推动协同育人

---

① 本刊编辑部. 破题"大教育"新格局［J］. 人民教育，2021（8）：18.
② 习近平在全国教育大会上强调：坚持中国特色社会主义教育发展道路 培养德智体美劳全面发展的社会主义建设者和接班人［N］. 人民日报，2018－09－10.

机制的建立健全。一是强化学校教育中的家长和家庭参与，如建立家长委员会参与到学校与班级事务中，开展父母讲座，建立有效可行的家校互动机制等，使家长能切实了解学校的教育教学情况，并针对不同儿童个体展开各有侧重的家庭教育；二是倡导社会企事业单位与学校合作育人，如博物馆、科技馆进校园和消防讲座等，学校根据教育教学的重点，与校外单位合作，强化学生对知识的全面了解与掌握，增强学生与社会的联系；三是社区有效利用资源，开发教育活动项目，鼓励以家庭或儿童个人为单位的参与互动，在社区乃至社会范围内营造教育交流的氛围。

学校、家庭、社会三者既有分工，又有合作。协同育人机制的建立既需要三者教育职责的切实履行，更需要建立有效的沟通、联络、合作通道，成为教育的"共同体"。而协同育人机制的健全，关键在于培养目标的明确与统一，即"培养德智体美全面发展的社会主义建设者和接班人"①，需要三者向着这一目标共同发力、通力合作。

八、提升教师教书育人能力素质

"师者，所以传道授业解惑也。"教师是立教之本、兴教之源，是学生成长过程中的引路人，学生知识能力的增长、道德情操的培养、价值观的确立与成熟，都离不开教师的教与育。好老师要"有理想信念、有道德情操、有扎实知识、有仁爱之心"②。在互联网和现代科技飞速发展、各类信

---

① 习近平. 决胜全面建成小康社会 夺取新时代中国特色社会主义伟大胜利：在中国共产党第十九次全国代表大会上的报告 [EB/OL]. (2017 - 10 - 27) [2021 - 07 - 20]. http：//news. cnr. cn/native/gd/20171027/t20171027 _ 524003098. shtml.
② 习近平在北京师范大学考察时号召全国广大教师：做党和人民满意的好老师 [N]. 人民日报，2014 - 09 - 10.

息化技术应用于学校与课堂的今天，教师仍然是教育事业健康发展的基础元素，是学校和课堂不可剥离的关键要素。高素质教师队伍是高质量教育体系的重要组成部分，是实现全员、全程、全方位三全育人的核心力量，更是培养德智体美劳全面发展的社会主义建设者和接班人的坚实基础。

教书的能力素质要求教师在学科教学中具备良好的专业素养，既包括教的资格，更包括教的能力，也就是说，教师既要拥有对本学科专业知识的扎实基础，能够积极主动学习以更新知识体系，还要能够以准确、生动的方式将知识传达给学生，帮助学生学习和掌握知识。育人的能力素质直接对标立德树人的根本任务，在教育教学过程中，教师首先应当以身作则，"其身正，不令而行；其身不正，虽令不从"（《论语·子路》）。要严于律己，以高道德标准要求自己，成为学生学习的首要典范。其次，教师应当具备进行道德教育的基本能力，如何将道德教育融入学校的日常学习生活中、如何采用有效的德育手段和措施成为教师育人过程中的关键问题。

提升教师教书育人能力素质要贯穿教师培养、选拔、管理的全过程。在教师培养中，要求师范学校将教书育人能力素质纳入培养方案和课程体系，增强师范专业学生的专业知识和技能。在教师选拔中，教书育人能力素质应当作为关键考核标准，提高教师准入的专业素质门槛。在教师管理中，一方面政府和学校应当以提高教师教书育人能力素质为目的，建立教师培训的长效机制，推动教师专业上的不断成长；另一方面，教书育人能力素质也应当纳入考核体系，建立多元化、全方位的考核标准，营造和维护良好的教育教学实践生态[①]，为教师的专业成长与晋升提供良性的政策空间。

---

① 李宜江．提升教师教书育人能力素质［J］．教育发展研究，2021，41（12）：3.

建设高质量教育体系的根本任务

建设高质量教育体系、培养高素质时代新人，需要进一步普及教育并提高教育质量，包括全面普及高中阶段教育、提高高等教育普及程度、扩大研究生教育规模、构建服务全民终身学习的终身教育体系等，推动全民受教育程度的不断提升，促进教育适应当代中国经济社会的发展状况，为国家和社会的协调、可持续发展提供源源不断的内生动力。

一、健全优质均衡的基本公共教育服务体系

基本公共教育服务是指在教育领域提供的基础性公共服务，具有公共性、普惠性、基础性、发展性四个主要特征，主要由政府提供，涵盖了普惠性学前教育、九年义务教育和高中阶段教育[①]。基本公共教育服务体系是高质量教育体系建设的起点，是完善高等教育体系和终身学习体系的基础，与个体的切身利益和成长成才，以及国家和民族的繁荣发展紧密相关。

---

① 教育部. 基本公共教育服务体系［EB/OL］. （2012 - 09 - 03）［2021 - 07 - 30］. http：//www. moe. gov. cn/jyb＿xwfb/moe＿2082/s6236/s6811/201209/t20120903＿141491. html.

首先，要推动基本公共教育服务的均衡性，使教育发展成果惠及全民，以教育公平推动社会公平正义。教育的发展为了人民、依靠人民，其成果也应当由人民共享。尤其是要集中力量缩小基本公共教育服务的差距，推动教育资源向农村地区、革命老区、民族地区、边疆地区、集中连片特困地区倾斜，在学校基础设施、教师配置等方面提供扶助，关注薄弱学校，关注处境不利的家庭与儿童，包括进城务工人员随迁子女、家庭经济困难学生和残疾学生等。同时，以义务教育为核心，大力发展学前教育和高中阶段教育。一方面推动普惠性幼儿园的建立发展，完善相关的管理监督机制，从制度上保障"幼有所育"；另一方面着力提高高中阶段教育的普及率，优化教育结构，推动普通高中和中等职业教育协调发展。

其次，要提升基本公共教育服务的质量，提高新时代基础教育的育人质量。基本公共教育服务的质量直接影响到后续教育阶段的质量和国民素质，提升基础教育质量是教育事业发展的必由之路。当前，"人民群众'有学上'问题基本解决，'上好学'的需求日益强烈，提升质量成为基础教育面临最紧迫最核心的任务"[①]。高质量的教育必须以人为中心，以培养德智体美劳全面发展的社会主义建设者和接班人为育人目标，在学校、家庭、教师、教材、教法等多个方面集中下功夫，深化基础教育领域的综合改革，利用信息网络技术开发新型教育资源和教学模式，"努力让每个孩子都能享有公平而有质量的教育"[②]。

---

① 教育部部长陈宝生：提升质量是基础教育面临最紧迫最核心的任务 [EB/OL]. (2020 - 10 - 23) [2021 - 07 - 30]. http://edu.people.com.cn/n1/2020/1023/c367001 - 31902633.html.

② 习近平. 决胜全面建成小康社会 夺取新时代中国特色社会主义伟大胜利：在中国共产党第十九次全国代表大会上的报告 [EB/OL]. (2017 - 10 - 27) [2021 - 07 - 20]. http://news.cnr.cn/native/gd/20171027/t20171027 _ 524003098.shtml.

二、构建支撑技能社会建设的职业教育体系

2014 年《国务院关于加快发展现代职业教育的决定》明确提出了"形成适应发展需求、产教深度融合、中职高职衔接、职业教育与普通教育相互沟通，体现终身教育理念，具有中国特色、世界水平的现代职业教育体系"① 的发展目标。完善成熟的职业教育体系直接影响到一个社会的产业结构和行业发展，更是技能型社会建设的关键和基础。

第一，加大人力资本投入，增强职业技术教育适应性。职业教育的适应性包括两个方面：一是增强职业教育对经济社会发展的适应性，支撑产业发展；二是增强职业教育对人的发展的适应性，让人民满意②。这要求职业教育体系在建设过程中，既能对接社会和产业发展的需要，培养和输送高质量的专业技术技能人才，又能够合理规划设计职业教育的学校、课程和制度体系，以人为本，关心个体的成长、成才，而不仅仅是浮于技术与技能。

第二，深化职普融通、产教融合、校企合作。职业教育与普通教育分属两种不同的教育类型，具有同样的地位，两者并不是并肩而行的两条轨道，而应当是为学生多样化选择、多路径成才搭建的"立交桥"③。产教融合、校企合作是职业学校开展教育的基本要求，能够将学校、企业、产业相联结，

---

① 国务院关于加快发展现代职业教育的决定［EB/OL］.（2014－05－02）［2021－07－31］. http：//www.scio.gov.cn/ztk/xwfb/2014/gxbjhzyjyggyfzqkxwfbh/xgbd31088/Document/1373573/ 1373573.htm.

② 李玉兰.职业教育体系距离"现代"还有多远？［N］.光明日报，2021－04－27.

③ 国务院关于加快发展现代职业教育的决定［EB/OL］.（2014－05－02）［2021－07－31］. http：//www.scio.gov.cn/ztk/xwfb/2014/gxbjhzyjyggyfzqkxwfbh/xgbd31088/Document/1373573/ 1373573.htm.

用企业和产业的实际情况和发展状况助力学校教育，推动知识转化为技能应用于实践，同时也不断向企业和产业中注入新鲜血液，保持行业活力。

第三，探索中国特色学徒制，大力培养技术技能人才。职业教育以培养职业技能为教学目标，持续向社会输入技术技能人才。现代学徒制是教育部根据《国务院关于加快发展现代职业教育的决定》，借鉴西方学徒制经验在我国职业教育领域推行的一项试验，以校企双重主体育人为根本，以"学生""学徒"双重身份为保证，以岗位成才为路径，是一种全新的深层次职业教育的工学结合人才培养形式①。探索中国特色学徒制对于建设中国特色职业教育体系具有重要意义，能够最大限度上使职业教育的人才培养形式契合于我国的国情、发展目标和特点、现实需要以及我国的人才培养路径，提升职业教育的质量，推动技术技能人才的成长成才。

三、构建世界一流的高等教育体系

我国现代意义上的高等教育发源于清朝末期，改革开放以来，我国的高等教育属于精英化教育，21世纪后方进入大众化阶段。毛入学率由2015年的40.0%提升至2019年的51.6%，在学总人数达到4 002万人，已建成世界规模最大的高等教育体系②。2012年，教育部出台《教育部关于全面提高高等教育质量的若干意见》，提出要"坚持稳定规模、优化结构、强化特色、注重创新，走以质量提升为核心的内涵式发展道路"③。此

① 包美霞. "探索中国特色学徒制" [N]. 光明日报，2020 - 12 - 04.
② 教育部高教司长吴岩："十三五"高等教育实现突破性进展 [EB/OL]. (2020 - 12 - 03) [2021 - 07 - 29]. http://www.moe.gov.cn/fbh/live/2020/52717/mtbd/202012/t20201203_503290.html.
③ 教育部. 教育部关于全面提高高等教育质量的若干意见 [EB/OL]. (2012 - 03 - 16) [2021 - 07 - 29]. http://www.moe.gov.cn/srcsite/A08/s7056/201203/t20120316_146673.html.

后，我国高等教育走上了内涵式发展的道路。《统筹推进世界一流大学和一流学科建设总体方案》提出要推动一批高水平大学和学科进入世界一流行列或前列，到本世纪中叶，基本建成高等教育强国①。

构建世界一流的高等教育体系，首先要提高高等教育质量。树立正确的质量观，强化本科教学，重视社会实践和道德教育；加强高等学校教师队伍的建设，推动研究型、创新型大学的建设，充分激发高校人才从事科学研究的动力和活力；同时要探索体制机制改革，扩大教育对外开放。其次要分类建设一流大学和一流学科。完善高等教育管理体制，对高校和学科实行分类管理。高等学校要根据自身历史和特点，积极探索合适的一流大学和一流学科建设路径，加强创新型、应用型、复合型人才培养，既要向国外高校学习宝贵经验，也要审视自身，挖掘中国特色和自身特色。再次要加快培养理工农医类专业紧缺人才。高等学校要与社会和就业市场密切联系，紧密结合社会和现实的需求，培养学生的专业技术能力以及应用知识的能力，为社会输送急需的专业技术人才，推动产学研深度融合。尤其是在理工农医等专业领域，要加大投入，重点培养，改善目前我国在这些领域的人才短缺现象，推动产业和行业健康持续发展。

四、构建服务全民终身学习的教育体系

高质量教育体系不但要惠及学龄儿童与青少年，更要惠及包括行业从业者、老年人等在内的广大人民群众。2020年9月，习近平总书记在教育

---

① 国务院关于印发统筹推进世界一流大学和一流学科建设总体方案的通知［EB/OL］. （2015－11－05）［2021－07－30］. http://www.gov.cn/zhengce/content/2015－11/05/content_10269.htm.

文化卫生体育领域专家代表座谈会上指出："要完善全民终身学习推进机制，构建方式更加灵活、资源更加丰富、学习更加便捷的终身学习体系。"[1]

其一，要推动终身学习观念在全社会的树立。现如今，我国的主要矛盾已经演变为"人民日益增长的美好生活需要和不平衡不充分的发展之间的矛盾"[2]，人民的日常生活所需已经基本能够得到满足，为终身学习观念的树立提供了物质基础。观念革新引导行为变化。长期以来，儒家"学而优则仕"的观念深入人心，但随着教育普及率与全民受教育程度的不断提升，"入仕"不再是、更不应是教育唯一的目的，不断求知、终身学习也能带给人持续的成长和幸福。同时，当今世界，新问题、新变化、新知识在不断涌现，现代科学技术的发展也使得社会面貌日新月异，客观上需要个体知识体系的不断更新，以适应社会的发展变化。

其二，要加强顶层设计，建立终身学习的法律和政策体系。终身学习体系和学习型社会的建设必须由党和国家宏观把控，建立政府主导，学校、企业、行业、机构等共同参与的运行机制，明确以终身学习为目标的发展战略框架和社会各方权责义务，为构建终身学习体系提供制度保障[3]。相关政策和法律的出台一方面能够调动各企事业单位的积极性，激活教育行业和市场；另一方面，也能够约束市场的不当行为，为终身学习体系和

---

① 习近平. 在教育文化卫生体育领域专家代表座谈会上的讲话 [N]. 人民日报，2020 - 09 - 22.

② 习近平. 决胜全面建成小康社会 夺取新时代中国特色社会主义伟大胜利：在中国共产党第十九次全国代表大会上的报告 [EB/OL]. (2017 - 10 - 27) [2021 - 07 - 20]. http：//news. cnr. cn/native/gd/20171027/t20171027_524003098. shtml.

③ 张立迁. 构建适应新发展格局的终身学习体系 [EB/OL]. (2020 - 12 - 09) [2021 - 07 - 29]. http：//www. moe. gov. cn/jyb_xwfb/moe_2082/zl_2020n/2020_zl62/202012/t20201209_504330. html.

学习型社会的建立和发展营造良好的环境与氛围。

其三，要紧密结合现代信息技术的发展，有效利用"互联网＋"技术、大数据等开发教育资源、提高各类学习资源的利用率。在信息化、网络化、数字化、智能化以及5G技术的支持下，教育呈现为一种新的形态[①]。传统的授课和学习方式都在发生变革，人们获得知识、习得技能的渠道和方式越来越多样化，尤其是新冠肺炎疫情暴发以来，基于互联网技术的线上教育优势凸显，此类新型课堂进入校园，也为更多人熟知和认可。技术的发展增加了各类学习资源的可获得性，同一堂课，可以以直播、录播、线下观看等多种方式，在时间和空间上被延展；同时，新技术的诞生和应用会改变现有的学科结构和产业结构，本身就能够作为一门新的学科或是激活一类新产业，在提高学习资源利用率的同时，也可依据其本身的属性和特点，开发出新的教育和学习资源，为大众终身学习提供更多内容、方式上的选择。

五、促进民办教育持续健康发展

改革开放以来，我国的民办教育事业获得了长足的发展，有效增加了教育服务供给，满足了人民群众多层次、个性化的教育需求；改变了政府办学的单一教育体制，为教育改革实践提供了新鲜经验；培养了数以千万计的各类人才，为推动教育现代化、促进经济社会发展做出了历史性贡献[②]。高质量教育体系的建设必须将高质量民办教育的建设纳入

---

① 刘复兴. 论教育与机器的关系 [J]. 教育研究，2019，40（11）：28-38.
② 钟秉林. 贯彻实施条例 推进民办教育高质量发展 [EB/OL]. （2021-05-18）[2021-07-31]. https://news. eol. cn/xueshu/hui/202105/t20210518_2110530. shtml.

其中，完善民办教育相关法律与政策体系，促进民办教育持续健康发展。

首先，民办教育要坚持中国共产党的领导，坚持社会主义办学方向，坚持民办教育公益性。民办教育事业属于公益性事业，育人仍然是第一宗旨，社会效益仍然是第一位的①。作为我国社会主义教育事业的组成部分，也是我国建设社会主义教育强国不可或缺的力量，民办教育必须要"正本清源"，以培养德智体美劳全面发展的社会主义建设者和接班人为目标，以立德树人为根本任务，坚持走中国特色社会主义教育发展道路。

其次，分类管理，支持和规范民办教育发展。民办学校包括营利性和非营利性两类，应当依法登记，依其特性和类别服从分类管理。国家鼓励社会力量参与办学，高度重视保护和激励民办学校举办者的办学积极性，在财政资助、税收优惠、用地划拨等方面，加大了对非营利性民办学校的支持力度，有明确的政策安排，重点支持内涵建设和质量提升②。但对于部分民办学校不当逐利的行为也提出了定期公示公开相关信息、接受教育监督与督导的要求，维护教育秩序和受教育者的合法权益。对于民办学校中的违规违法行为，也设立了相应的惩处措施。

最后，构建公办教育与民办教育协调发展的新格局。尽管属性有所不同，但二者共同构成了我国的社会主义教育事业，基于民办教育的公益性

① 秦和.坚定公益方向 引领推动新时代民办教育持续健康发展［EB/OL］.（2021-06-30）［2021-07-31］. http://www.moj.gov.cn/pub/sfbgw/fzgz/fzgzxzlf/fzgzlfgz/202106/t20210630_429459.html.

② 秦和.坚定公益方向 引领推动新时代民办教育持续健康发展［EB/OL］.（2021-06-30）［2021-07-31］. http://www.moj.gov.cn/pub/sfbgw/fzgz/fzgzxzlf/fzgzlfgz/202106/t20210630_429459.html.

属性，二者在办学方向、办学目标、人才培养目标等方面都具有相当的一致性。民办教育同样也是公办教育的重要补充，尤其是在学前教育、高等教育方面，社会力量办学对于开发教育资源、增加教育服务、培养多样化人才做出了重要贡献，能够有效激发我国教育事业的发展活力与动力。构建公办教育与民办教育协调发展的新格局，需要完善相关管理和激励机制，形成良性竞争、互相促进的新关系，从而推动我国教育事业蓬勃发展。

第三章

马克思主义的全面发展理论与新时代人的全面发展

第一节

马克思主义关于人的全面发展
理论的基本观点

关于人的发展与社会进步之间的关系，马克思和恩格斯采用的是历史唯物主义的观点。他们认为，人的发展是一个社会历史过程。受生产力与生产关系的制约，人们总是在现有的生产力和生产关系的基础上从事着认识世界和改造世界的活动，在创造物质文明和精神文明的同时，也使个体得到发展与进步。概言之，人的发展与社会的进步实际上是同向而行、齐头并进的。即没有高度发展的社会生产力，就不可能实现人的全面发展和自由进步；而人的综合素质的不断提升和发展，又会推动社会文明的发展与进步。今天，在中国特色社会主义进入新时代的历史背景下，脱贫攻坚已经取得圆满成功，我国正在向社会主义现代化强国迈进。因此，当下对马克思主义关于人的全面发展理论进行全方位的审视，对于推进社会和谐进步，完善党的教育方针，落实党的教育政策，实现教育强国建设和教育现代化都具有非常重要的现实意义和时代价值。

从人作为社会实践的主体视角来理解，人类社会历史的变迁也可以看作人的活动的历史过程。正如马克思所指出的那样："人创造环境，同样，环境也创造人。"① 人与环境之间的双向互动关系表明，人的发展离不开社会环境，是社会环境的被动产物，而离开了人的创造性和能动性，历史活动将不复存在。1844 年，马克思曾提出了一个意义极为深刻的命题："历史是人的真正的自然史"②，即历史是人的"个体发展的历史"③。从历史活动的场域看，除了人和社会之外，教育是另外一个侧面和主要形式。教育作为人类特有的一种社会实践活动和形态，存在和发展的意义就在于它根据社会发展规律和需求去培养和造就社会所需要的各种人才。这些被教育培养的各种人才，则通过各种形式和途径来认识世界和改造世界，改变教育存在的环境和各种社会条件，从而推动社会的进步与人的发展。由此，在这个过程中，教育、社会与个体三者之间就形成了一个相互联系、相互影响并相互制约的运行网络，每一个组成部分既相对独立地存在着又彼此关联影响着。正是在这个意义上，马克思指出，为了建立科学、正确的教育制度，就必须改变社会条件和社会环境，而为了改变社会条件和社会环境，又必须依赖于相应的教育制度。因此，正确把握人与社会、教育之间的互动关系，有助于我们准确把握马克思主义关于人的全面发展理论的基本精神和主要观点。

回顾人类思想史，特别是西方教育思想发展史，我们不难发现：关于人的发展问题，是从古希腊和谐教育论者到近代人文主义教育家，从马克思以前的空想社会主义者到当代人本主义心理学家，始终思考并试图回答的基本问题之一。即使今天，我们仍然坚持认为，只有马克思在人的发展

---

① 马克思恩格斯文集：第 1 卷 [M]．北京：人民出版社，2009：545．
② 马克思恩格斯全集：第 3 卷 [M]．2 版．北京：人民出版社，2002：326．
③ 马克思恩格斯文集：第 10 卷 [M]．北京：人民出版社，2009：44．

问题上第一次做出了全面的科学的解释，并创立了科学的关于人的全面发展的理论，这一理论/学说是他全部理论思想体系的基本内容之一。

马克思和恩格斯站在历史唯物主义和辩证唯物主义的高度上，揭示了人的全面发展是一个社会历史过程这一科学真理。由此，他们从历史唯物主义的视角对人的发展的社会进程进行了全面考察，并确立了他们所理解的人的全面发展观——以现实的个人为发展主体的人的全面发展思想。他们认为，社会状况是由人们所达到的生产力的总和决定的。因此，在探讨人的全面发展的过程中，就必须把人类的发展历史同社会的发展进步历程密切结合起来。为此，为了让人更好地理解马克思主义关于人的全面发展理论，马克思就将人类历史的发展进程分为古代社会、现代社会和共产主义社会三种形态，并从这三种社会形态的更替规律中来全面考察和论述人的发展进程。

在古代社会，人的依赖关系（个人必须依附于群体、部落和国家）是最初的社会形态。在这种形态下，人的生产能力和发展进步是孤立的、片面的，个人没有人身自由，没有独立性和个性。

在现代社会里，以物的依赖性为基础的人的独立性，是第二大形态。这种社会形态的突出特点是：大机器的使用，生产力的加速增长，市场经济的迅速发展、扩大与繁荣。个人随之摆脱了人的依赖关系，获得了人身的独立自主和自由，但人的关系又表现为物的关系，因而人的依赖转化为物的依赖关系。追求个人的利益、发展与享受，个人在社会中的地位与作用日益显露，因而也必然会产生对个体全面发展的客观要求，促进个人独立人格与个性的发展。然而，在资本主义社会，由于资本主义生产的社会化和生产资料的私人占有之间存在着不可调和的矛盾，个人是不可能实现自由而全面的发展的，而只能为个人的全面发展创造条件和奠定基础。

第三种形态是共产主义社会。在这种形态中，私有制被废止和消灭，分工也不复存在，人们既摆脱了人的依赖关系，又摆脱了物的依赖关系，个人将得到全面而自由的发展，而"每个人的自由发展是一切人的自由发展的条件"①，这就是人的解放和社会的解放。

从马克思对三种不同社会形态下人的历史发展的科学考察，不难看出，在马克思看来，人的社会实践的历史，是在生产力发展的基础上个人不断走向解放的历史过程。只有在第三种社会形态下，真正意义上的人的全面发展才能成为现实。那么，马克思主义关于人的全面发展理论的内涵究竟是什么？关于这一点，理论界的看法多元，但将之仅仅理解为人的劳动能力的全面发展或人的智力和体力的统一发展是不确切的，或者说是不全面的。尽管马克思认为，"我们把**劳动力**或**劳动能力**，理解为一个人的身体即活的人体中存在的、每当他生产某种使用价值时就运用的体力和智力的总和"②，但我们不要忘记，具有丰富社会关系的现实个人，他绝不仅仅是作为谋生的手段而存在着，而是在满足生存需要的基础上，不断向着满足自身的发展需要和享受需要的方向递进，人的全面发展实际上是在人的劳动能力全面发展的基础上各种能力的和谐统一发展。如果从这样的高度去理解人的全面发展，我们就不难理解为什么资本主义社会人的发展难以消除片面性、为什么人的全面发展是建立在高度发达的社会生产力基础上的、为什么共产主义的实现与人的全面发展的真正实现是互为条件的等一系列问题。

① 马克思恩格斯文集：第 10 卷［M］. 北京：人民出版社，2009：666.
② 马克思恩格斯全集：第 42 卷［M］. 2 版. 北京：人民出版社，2016：156.

可见，马克思关于人的全面发展理论是马克思主义教育思想的重要组成部分，其基本思想是：人的发展与社会生产发展是同向而行的。古代社会的劳动分工导致人的片面发展；现代社会的大工业机器生产要求人的全面发展，并为人的全面发展提供了物质基础；共产主义社会将私有制和劳动分工消除后，个人凭借教育与生产劳动相结合这一根本途径来实现人的全面发展。

马克思主义关于人的全面发展理论的内涵丰富，具体表现在以下几个方面：指人的自身劳动能力的全面发展，既表现为人的体力和智力的全面发展，又表现为人的才能和志趣的全面发展；指人的才能的全面发展；指人自身的全面发展；指人的个性与潜质的自由发展。

第二节
中国共产党对人的全面发展理论的继承和发展

马克思主义关于人的全面发展理论是一种科学的人的发展观，不仅为我们揭示了人的全面发展的历史必然性，还为我们科学地认识人的全面发展提供了方法论指导，也为中国特色社会主义教育事业的持续发展和人才培养质量与规格指明了方向。中国共产党始终坚持马克思主义人的全面发展理论的指导，结合中国实际，又不断继承和发展着马克思关于人的全面发展理论，并逐渐形成了具有中国特色的人的全面发展思想①。

中国共产党成立一百年来，始终高度重视人的全面发展问题。然而，中国共产党并不是在 1949 年中华人民共和国成立以后才开始重视人的全面发展问题的，而是早在中国共产党成立之初和新民主主义革命时期就开始关注了②。例如，中国共产党第一次全国代表大会通过的《中国共产党的第一个纲领》明确指出，"承认无产阶级专政……消灭资本家私有制……归社会公有；……并承认党的根本政治目的是实行社会革命"③。这表明自成立之日起，中国共产党就立志要带领中国的劳苦大众（包括农民、工人阶级等）消灭剥削，实现社会革命和自由解放，维护人民群众的根本利益。1937 年 10 月 23 日，毛泽东在为陕北公学成立而作的题词中指出，"要造就一大批人……具有政治远见……充满着斗争精神和牺牲精神……不谋私利，唯一的为着民族和社会的解放"④。这一主张实际上就是中国共产党在革命时期对个人之于国家兴亡和民族大义所提出的现实要求，代表了当时的中国共产党人对人的全面发展的一种解读、民族责任和时代担当。

在中华人民共和国成立之后，中国共产党更加重视人的全面发展问题，并且主动根据不同时期的国内外发展形势和发展实际，不断深化对人的全面发展思想的认识，逐步丰富了人的全面发展的具体内涵。

---

① 夏付斌，孙迪亮. 中国共产党关于人的全面发展思想的历史考察［J］. 实事求是，2021（2）：31-37.

② 夏付斌，孙迪亮. 中国共产党关于人的全面发展思想的历史考察［J］. 实事求是，2021（2）：31-37.

③ 中共中央文献研究室，中央档案馆. 建党以来重要文献选编（1921—1949）：第 1 册［M］. 北京：中央文献出版社，2011：1.

④ 中共中央文献研究室. 毛泽东思想年编（一九二一——一九七五）［M］. 北京：中央文献出版社，2011：172.

一、德智体全面发展阶段

在社会主义过渡时期和社会主义建设两个时期，中国共产党对人的全面发展的解读集中体现为德智体全面发展，并通过"五爱"标准、"三好"要求，有社会主义觉悟、有文化，以及又红又专等提法加以具体阐释。

（一）"五爱"标准与"三好"要求

首先是"五爱"标准的提出。1949 年 9 月《中国人民政治协商会议共同纲领》提出了作为一名公民的"五爱"标准，即爱祖国、爱人民、爱劳动、爱科学、爱护公共财物。自此，"五爱"标准就成为一名合格公民实现个人全面发展的具体体现。可以说，"五爱"标准是中国共产党人在取得革命胜利后，对人的全面发展理论的一次理论探索和具体解读。1953 年 6 月 30 日，毛泽东首次对广大青年提出了"身体好、学习好、工作好"的"三好"要求。这实际上也就成为党和国家对当时中国全体社会主义建设者所提的要求。

（二）有社会主义觉悟、有文化

1956 年底，随着社会主义改造的基本完成，新的发展条件对教育提出了新的要求。由此，培养一批有社会主义觉悟、有文化的专业人才和社会主义建设者，就成为当时推动社会主义建设的客观要求。为了实现教育之于社会主义建设的需要，1957 年 2 月，毛泽东在《关于正确处理人民内部矛盾的问题》一文中指出："应该使受教育者在德育、智育、体育几方面都得到发展，成为有社会主义觉悟的有文化的劳动者。"[1] 这种论断的提

---

[1] 中共中央文献研究室. 毛泽东文集：第 7 卷 [M]. 北京：人民出版社，1999：226.

出，就标志着中国共产党开始正式将德育、智育和体育纳入人的全面发展思想之中，并将之作为解读人的全面发展的三个维度。

（三）又红又专

随着社会主义建设的不断发展，现实环境的变化对教育又提出了新的要求。为此，以毛泽东为代表的中国共产党又对社会主义建设者的精神面貌和政治立场做了新的阐释——又红又专成为新的行动指南。1957 年 7 月，毛泽东在党的八届三中全会上的讲话中正式提出又红又专的干部要求。随后，毛泽东又对又红又专做出了更加具体的解释——"红"是指政治上合格，是对之前社会主义过渡时期"有社会主义觉悟"的总结和升华；"专"是指学有专长、有专业知识，是对之前社会主义过渡时期"有文化"的总结和升华。尽管又红又专在当时的适用对象只是广大领导干部，但这种标准实际上拓展到全社会，成为当时衡量和评价一位社会主义建设者是否合格的重要参考和标准。1958 年 8 月，毛泽东再次结合又红又专的标准，对人的全面发展做出了更加具体的阐释："我们所主张的全面发展，是要使学生得到比较完全的和比较广博的知识，发展健全的身体，发展共产主义的道德。"[①] 这就标志着中国共产党人开始从更加具体的维度来阐释人的全面发展所包含的德智体的具体内涵，同时也进一步明确了在社会主义建设时期，一名合格的社会主义建设者应当达到什么标准。

二、德智体美全面发展阶段

进入改革开放的历史新时期，中国共产党持续深化与发展了关于人的

---

① 中共中央文献研究室．毛泽东文集：第 7 卷 ［M］．北京：人民出版社，1999：399.

全面发展思想，集中表现为拓展了人的全面发展思想的维度，将美育列入其中，德智体全面发展拓展到德智体美全面发展。在这一时期，人的全面发展的具体内涵主要通过"四有"新人、培养德智体美全面发展的社会主义建设者和接班人、"四个统一"和"四个新一代"等标准得以阐释和深化。

（一）"四有"新人

1978 年 4 月 22 日，邓小平在全国教育工作会议的开幕式上指出在历史新时期所要培养人才的新标准，以及实现该培养目标所要依靠的力量主体，即"造就具有社会主义觉悟的一代新人……关键在教师"[①]。由此，培养新人就成为历史新时期人才培养的新目标，教师就成为实现该目标主要依赖的力量主体。后来，邓小平又进一步对"新人"的要求做了阐释，集中体现为"四有"新人的培养要求——即有理想、有道德、有文化和有纪律。然而，"四有"新人的提法并不是一蹴而就的，有其演进的历程，主要经历了由最初的"有理想、有道德、有知识、有体力"到"有理想、讲道德、有文化、守纪律"再到"有理想、有道德、有文化、有纪律"的变迁过程。可以说，培养"四有"新人就成为这一阶段中国共产党对人的全面发展思想的具体内涵阐释，以及对培养全面发展的人的基本要求。

（二）培养德智体美全面发展的社会主义建设者和接班人

为了迎接 21 世纪的到来，结合国内外发展形势，中国共产党又在"四有"新人和德智体全面发展的基础上将人的全面发展思想的内涵进一

---

① 邓小平. 在全国教育工作会议上的讲话［EB/OL］.（1978 - 04 - 22）［2021 - 11 - 12］. http://www.jyb.cn/zyk/jyzcfg/200602/t20060227 _ 55358. html.

步拓展，并于 1999 年 6 月在《关于深化教育改革全面推进素质教育的决定》中正式提出要"造就'有理想、有道德、有文化、有纪律'的、德智体美等全面发展的社会主义事业建设者和接班人"①。至此，中国共产党就把人的全面发展思想的具体内容由德智体三个维度拓展为德智体美四个维度，由此也就标志着中国共产党将人的全面发展思想推到了一个新阶段。接着，2001 年 7 月，江泽民在庆祝中国共产党成立八十周年大会上指出，"努力促进人的全面发展……是马克思主义关于建设社会主义新社会的本质要求……我们要……不断推进人的全面发展"②。这是中国共产党首次将人的全面发展作为全面建设小康社会的重要目标写进党的纲领性文件中，因而将培养全面发展的人上升到了一个新的战略高度。同时，江泽民还强调了人的全面发展与社会物质文化财富之间的关系，二者是紧密联系、相互促进的辩证关系，即"人越全面发展，社会的物质文化财富就会创造得越多……物质文化条件越充分，又越能推进人的全面发展"③。后来，党的十六大、十七大报告都重申了必须"培养德智体美全面发展的社会主义建设者和接班人"④ 的发展要求；同时，党的十七大报告还首次提出了"育人为本、德育为先"⑤ 的人的全面发展的要求，进一步强调"德"在人的

---

① 中共中央国务院关于深化教育改革全面推进素质教育的决定［EB/OL］.（1999 - 06 - 13）［2021 - 11 - 12］. http：//www. moe. gov. cn/jyb_sjzl/moe_177/tnull_2478. html.

② 江泽民. 在庆祝中国共产党成立八十周年大会上的讲话（全文）［EB/OL］.（2001 - 07 - 01）［2021 - 11 - 12］. http：//www. chinanews. com. cn/2001 - 07 - 02/26/101847. html.

③ 江泽民. 在庆祝中国共产党成立八十周年大会上的讲话（全文）［EB/OL］.（2001 - 07 - 01）［2021 - 11 - 12］. http：//www. chinanews. com. cn/2001 - 07 - 02/26/101847. html.

④ 江泽民. 在中国共产党第十六次全国代表大会上的报告［EB/OL］.（2002 - 11 - 08）［2021 - 11 - 12］. http：//www. gov. cn/test/2008 - 08/01/content_1061490_7. htm；胡锦涛. 在党的十七大上的报告（全文）［EB/OL］.（2007 - 10 - 15）［2021 - 11 - 12］. http：//www. scio. gov. cn/tp/Document/332591/332591_7. htm.

⑤ 胡锦涛. 在党的十七大上的报告（全文）［EB/OL］.（2007 - 10 - 15）［2021 - 11 - 12］. http：//www. scio. gov. cn/tp/Document/332591/332591_7. htm.

全面发展过程中的先导地位和重要价值。

（三）"四个统一"与"四个新一代"

进入 21 世纪以后，随着国内外局势的变化，我国在发展面临机遇的同时也迎来了诸多挑战。为了更好地推进中国特色社会主义现代化建设，培养全面发展的人被提到更为重要的地位。围绕如何实现德智体美全面发展，党中央先后提出了"四个统一"（即"坚持学习科学文化与加强思想修养的统一，坚持学习书本知识与投身社会实践的统一，坚持实现自身价值与服务祖国人民的统一，坚持树立远大理想与进行艰苦奋斗的统一"）和"四个新一代"（即"努力成为理想远大、信念坚定的新一代，品德高尚、意志顽强的新一代，视野开阔、知识丰富的新一代，开拓进取、艰苦创业的新一代"），进一步丰富和具体了人的全面发展思想的内涵，由此也就为 21 世纪我国人才培养的方向、质量与规格提供了重要指引。事实上，"四个统一"和"四个新一代"之所以重要，是因为这两个提法不仅强调德才兼备和知行合一，还阐明了个人与国家、理想与奋斗的关系，包含着人的德智体美全面发展的基本内涵和具体要求，是进入 21 世纪后中国共产党关于人的全面发展思想的集中体现、鲜明表达和生动描述。

三、德智体美劳全面发展阶段

党的十八大以后，中国共产党继续深化和拓展关于人的全面发展思想的具体内涵和发展维度，即在德智体美四个维度的基础上，又增加了劳动维度，并通过习近平总书记的"十六字箴言""六个下功夫""六点新要求"等重要论述，提出要培养担当民族复兴大任的时代新人的人的全面发展的时代目标。

（一）培养德智体美劳全面发展的社会主义建设者和接班人

党的十八大以来，以习近平同志为核心的党中央强调在发展中不断推进和丰富人的全面发展思想的内涵，即坚持将人的全面发展与发展中国特色社会主义事业和全面建成小康社会相结合，同时特别强调人的全面发展不能仅局限于德智体美四个维度，应更加注重教育与劳动相结合这一人才培养的根本途径。因此，在这一阶段，中国共产党人更加重视劳动以及劳动教育之于人的全面发展以及培养社会主义建设者和接班人的价值和意义，并深度阐发了劳动之于人的全面发展的重要价值以及劳动教育之于其他四育的促进作用及其辩证关系，进而确立了党对教育方针的最新诠释和解读——培养德智体美劳全面发展的社会主义建设者和接班人。在这个深化过程中，习近平总书记在多个场合发表了系列关于劳动的重要论述，强调整个社会要养成尊重劳动、崇尚劳动和热爱劳动的社会风气，并用劳动和实干创造未来，实现中华民族的伟大复兴。例如，2018年9月，习近平在全国教育大会上正式提出要培养"德智体美劳全面发展的社会主义建设者和接班人"的基本要求，并对具体内涵和要求做了更为细致的解读和界定，即全面发展的人应当是"拥护中国共产党领导和我国社会主义制度、立志为中国特色社会主义奋斗终身的有用人才"。同时还指出，开展劳动及劳动教育，不是单纯强调体力劳动，在新的形势下，劳动是"辛勤劳动、诚实劳动、创造性劳动"的统一①。2020年3月，中共中央、国务院发布的《关于全面加强新时代大中小学劳动教育的意见》，就为全国大中

---

① 习近平出席全国教育大会并发表重要讲话［EB/OL］.（2018-09-10）［2021-11-12］. http://www.gov.cn/xinwen/2018-09/10/content_5320835.htm.

小学开展和实施劳动教育提供了行动指导。由此，培养德智体美劳全面发展的社会主义建设者和接班人，就成为当下乃至接下来很长一段时间指引我国教育事业发展和人才培养方向的重要指南。因此，可以说，德智体美劳全面发展是我国进入中国特色社会主义新时代以后，中国共产党人对马克思主义关于人的全面发展理论的再次继承与弘扬。

（二）"十六字箴言""六个下功夫""六点新要求"

为了进一步落实党的新的教育方针政策，培养德智体美劳全面发展的时代新人，习近平总书记先后通过"十六字箴言""六个下功夫""六点新要求"等一系列重要论述，对一代新人的时代责任、使命和担当做了进一步的明确和要求。习近平总书记于 2014 年和 2018 年先后两次到北京大学与师生展开座谈，并对青年提出了希望和嘱托，于是就形成了鼓励和激励青年发展的"十六字箴言"——勤学、修德、明辨、笃实、爱国、励志、求真、力行。"十六字箴言"与中华民族优秀传统文化紧密相连，强调应从中华优秀传统文化中来汲取养分，为培养德智体美劳全面发展的人提供力量和源泉。这种探索和提法，实际上表明新时代中国共产党对人的全面发展思想认识的再深化，摒弃了以往过分借助外力和西方思想的弊端，开始从中华民族的历史传统和优秀文化中探寻人的全面发展的现实路径，不仅是一种文化自信的有力彰显，也是形成具有中国特色社会主义话语体系的重要基石。2018 年 9 月，习近平在全国教育大会上进一步明确了广大青年实现人的全面发展的具体路径——"六个下功夫"，即要求广大青年要"坚定理想信念、厚植爱国主义情怀、加强道德修养、增长知识见识、培养奋斗精神、增强综合素质"。2019 年 4 月，习近平在纪念五四运动一百周年大会上又对新时代的中国青年提出了"六点新要求"——"树立远大理想、热爱伟大祖国、担当时代责任、勇于砥砺奋斗、练就过硬本领、锤炼品德修为",进一步为以广大青年为代表的一代新人实现全面发展指明了进步方向和行动遵循。

(三) 担当民族复兴大任的时代新人

2017 年,党的十九大报告明确提出了促进人的全面发展的基本原则和具体目标,基本原则是"坚持以人民为中心的发展思想",具体目标是"培养担当民族复兴大任的时代新人"。这种原则和目标的设定,是由中国特色社会主义进入新时代的历史方位以及中国社会主要矛盾的变化所决定的。而这种变化实际上对新时代人的全面发展提出了更高的要求和挑战,即时代新人的培养目标要求培养什么样的人要与我国的实际情况相统一,培养的人才要能为我国社会主义现代化强国建设目标服务,人才培养与现代化强国建设要同频共振、同向而行。此外,习近平还在多个场合发表了关于培养时代新人的重要论述,从而为新时代人的全面发展提供了行动指南和方向指引。例如,2019 年 3 月,习近平在学校思想政治理论课教师座谈会上强调,"努力培养担当民族复兴大任的时代新人"必须要在全国大中小学校开设思想政治理论课——这是夯实立德树人根本任务的关键课程,也是培养德智体美劳全面发展的社会主义建设者和接班人的重要保障①。2019 年 4 月,习近平在纪念五四运动一百周年大会上进一步指明了培育全面发展的人的重要战略意义,他指出,"把青年一代培养造就成德智体美劳全面发展的社会主义建设者和接班人,是事关党和国家前途命运的重大战略任务,是全党的共同政治责任"②。

---

① 习近平. 习近平谈治国理政:第 3 卷 [M]. 北京:外文出版社,2020:328 - 329.
② 习近平. 在纪念五四运动 100 周年大会上的讲话 [M]. 北京:人民出版社,2019:12.

第三节

人的全面发展是党的教育方针的理论依据

中国共产党关于教育方针 100 年的演进与发展，先后经历了四次重大的根本性转变，实现了四次伟大的历史性飞跃[①]——党的教育总方针的总的演进趋势由新民主主义教育时期为工农服务到社会主义建设时期为社会主义生产建设服务，再到中国特色社会主义建设时期为提高全民族素质服务，最后到建设高质量教育体系的为党治国理政育才服务。但无论哪次转变和飞跃，均是在马克思主义关于人的全面发展理论的指导下与中国不同时期的具体实际相结合的产物。

一、为工农服务（1921—1949 年）：新民主主义教育及其实践

1921—1949 年，中国处于新民主主义革命时期。在这一历史阶段，中国共产党的教育实践主要围绕农民问题而展开，教育的对象主要是工农群众，党开展的一系列文化教育实践和教育活动，均旨在为工农服务。为了取得新民主主义革命的胜利，中国共产党制定并实施了主要面向工农的

---

① 杨天平，狄伟锋. 中国共产党教育方针 100 年：一部马克思主义教育思想中国化的创新发展史〔J〕. 浙江师范大学学报（社会科学版），2021，46（3）：9-18.

"民族的、科学的、大众的"教育方针，通过对广泛的工农大众开展各种教育，团结一切可以团结的力量，促进了新民主主义革命时期党领导下的文化教育事业的蓬勃发展[①]，推动了中国教育由传统向现代的艰难转型。

由表 3-1 可知，在新民主主义革命时期，中国共产党领导下的新民主主义教育及其实践主要经由党的七次代表大会和两次中华苏维埃全国代表大会所做的决议来推动，其总的教育方针是为工农服务。

在这一时期，党的教育实践及其教育内容又可以分为三个阶段：第一阶段是从党的一大到党的六大。在党的教育方针指引下，党在干部、工农、乡村、青年等群体的教育方面实现了较大的发展，团结了更多的工农群众。

第二阶段是中华苏维埃政府时期。在前期"施行完全免费的普及教育"这一党的教育方针领导下，苏区的红军、干部、社会、扫盲、小学等类型的教育都得到了很大的发展。随后，党坚持"以共产主义的精神来教育广大的劳苦民众"这一总方针来指导苏区的教育实践，逐步形成了相对独立、统一而完善的苏区教育体系。然而，由于这一总方针照搬苏联教育经验，其发展理念具有一定的理想性，与中国革命的实际并不相符，因而红军长征以后，党对此方针进行了反思和检讨。

第三阶段起始于 1940 年，结束于 1949 年。在这一阶段，毛泽东有两篇重要文献发表——《新民主主义论》和《论联合政府》。在《新民主主义论》中，毛泽东区分了两种类型的革命性质，并旗帜鲜明地指出实施"民族的科学的大众的"完全新型的文化教育是党在新民主主义革命时期

---

① 杨天平，狄伟锋. 中国共产党教育方针 100 年：一部马克思主义教育思想中国化的创新发展史 [J]. 浙江师范大学学报（社会科学版），2021，46（3）：9-18.

的文化教育纲领。在此文化教育纲领的带领下，党在陕甘宁边区政府和各抗日根据地开展了包括干部教育、成人教育和小学教育等多种类别的教育实践活动与探索。《论联合政府》进一步重申了"民族的、科学的、人民大众的……教育"这一教育方针。

表 3-1　新民主主义革命时期党的教育方针的变化趋势

时间	重大事件	重要决议/重要人物发言	教育方针和教育内容
1921 年 7 月	中国共产党第一次全国代表大会	《中国共产党第一个决议》	教育工人，使他们在实践中去实现共产党的理想
1922 年 7 月	中国共产党第二次全国代表大会	《中国共产党第二次全国代表大会宣言》	改良教育制度，实行教育普及
1923 年 6 月	中国共产党第三次全国代表大会	《中国共产党党纲草案》	实行义务教育，教育与宗教绝对分离。全国教育经费应严重保证
1925 年 1 月	中国共产党第四次全国代表大会	《对于青年运动之议决案》	平民教育……应当极端注意的……乡村教育是……最要注意的
1927 年 5 月	中国共产党第五次全国代表大会	《对于共产主义青年团工作决议案》	共产主义青年团须……发展农村中教育文化工作……教育成为无产阶级争斗的后备军
1928 年 7 月	中国共产党第六次全国代表大会	《政治决议案》	加紧党员群众的教育
1931 年 11 月	中华苏维埃第一次全国代表大会	《中华苏维埃共和国宪法大纲》	中华苏维埃政权……施行完全免费的普及教育
1934 年 1 月	中华苏维埃第二次全国苏维埃代表大会	《在第二次全国苏维埃代表大会上的报告》	以共产主义的精神来教育广大的劳苦民众……教育为革命战争与阶级斗争服务……使教育与劳动联系起来
1940 年 1 月	/	《新民主主义论》	民族的科学的大众的文化，就是人民大众反帝反封建的文化

续表

时间	重大事件	重要决议/重要 人物发言	教育方针和教育内容
1945 年 4 月	中国共产党第七次全国代表大会	《论联合政府》	中国应当建立自己的……新文化与新教育

注：表中涉及的主要内容由笔者从"中国共产党历次全国代表大会数据库"摘取，详情请见 ht-tp://cpc. people. com. cn/GB/64162/64168/index. html。

二、为社会主义生产建设服务（1949—1978 年）：社会主义教育实践及其探索

1949 年，中华人民共和国的成立，就标志着中国社会主义建设的探索实践的开始[1]。在这一历史背景下，党的教育方针和教育政策必须有所改变，即要在继续面向工农教育的基础上，教育还要为新生的社会主义生产建设服务。面对国民经济百废待兴的建设任务，马叙伦在第一次全国教育工作会议上明确提出"两个充分"，即"我们要充分认识全国的环境和条件，密切配合整个国家的建设……我们要充分认识全国教育……复杂的情况，并正确估计我们的力量"[2]。由此，教育实际上担负起了更多的政治使命、经济责任和社会责任。

党在社会主义建设时期的教育方针大致可以分为两个阶段：第一个阶段是社会主义过渡时期党的教育方针，明确了教育为工农兵服务和为社会主义生产建设服务的人民立场和国家立场。第二个阶段起始于中共八大的召开，一直延续到 1978 年十一届三中全会召开前夕。尽管这一阶段党的

---

[1] 王怀超，张瑞. 中国共产党领导中国革命与建设的基本经验 [J]. 华中师范大学学报（人文社会科学版），2021，60（3）：1-6.

[2] 《中国教育年鉴》编辑部. 中国教育年鉴（1949—1981）[M]. 北京：中国大百科全书出版社，1984：683.

教育方针在不同时期存在些许变化（主要是教育方式方法的转变），但总的教育方针并没有改变，最终于 1978 年 3 月通过《中华人民共和国宪法》固定下来（见表 3‒2）。实践证明，在社会主义教育实践及其探索阶段，党的教育方针的服务面向的主线始终是为社会主义生产建设服务①，而且党的社会主义办学方向一直未变。

表 3‒2　社会主义建设时期党的教育方针的变化趋势

时间	重大事件/重要决议	教育方针/教育内容
1949 年 12 月	第一次全国教育工作会议	教育必须为国家建设服务；教育应着重为工农服务
1950 年 1 月	《当前教育建设的方针》	为工农服务，为生产建设服务
1956 年 9 月	《关于发展国民经济的第二个五年计划的建议的报告》	努力扫除文盲，推行文字改革，保证工农群众文化水平的不断提高
1958 年 9 月	《关于教育工作的指示》	教育为无产阶级的政治服务，教育与生产劳动相结合，培养有社会主义觉悟的有文化的劳动者
1961 年 9 月	"高教六十条"	应该贯彻执行教育为无产阶级的政治服务、教育与生产劳动相结合的方针
1963 年 3 月	"中学五十条"和"小学四十条"	
1966 年 8 月	《中国共产党中央委员会关于无产阶级文化大革命的决定》	教育为无产阶级政治服务……成为有社会主义觉悟的有文化的劳动者
1975 年 1 月	《中华人民共和国宪法》	文化教育……必须为无产阶级政治服务，为工农兵服务，与生产劳动相结合
1977 年 8 月	科学和教育工作座谈会	我国的知识分子绝大多数是自觉自愿地为社会主义服务的

---

① 王亚晶．中国共产党教育方针的百年演进与时代精神的教育追求［J］．当代教育科学，2021（6）：3‒14．

续表

时间	重大事件/重要决议	教育方针/教育内容
1978 年 3 月	《中华人民共和国宪法》	教育必须为无产阶级政治服务，同生产劳动相结合，使受教育者在德育、智育、体育几方面都得到发展，成为有社会主义觉悟的有文化的劳动者
1978 年 4 月	全国教育工作会议	学校是为社会主义建设培养人才的地方，人才的标准是德、智、体几方面都得到发展，成为有社会主义觉悟的有文化的劳动者

三、为全民族素质提升服务（1978—2012 年）：中国特色社会主义建设时期的教育及其实践

1978 年，随着十一届三中全会的召开，改革开放基本国策的议定，建设中国特色社会主义开启了新纪元。在此影响下，教育思想得到大解放，由此也带来了中国共产党对教育方针的大讨论，之后的教育方针也随之发生了重大转向。总体而言，这一时期党的总教育方针是随着国家经济发展重心的转移和中国特色社会主义市场经济体制的变化而变化的，总的趋势是发展中国特色社会主义教育。在此过程中，党的教育方针始终体现着马克思关于人的全面发展理论与中国发展实际的统一和融合：（1）在服务对象上，从服务国家的立场看，从教育为社会主义建设服务转变为教育为社会主义现代化建设服务；从服务人民的立场看，从依靠教育提高全民族的素质转变为通过提高教育质量，办人民满意的教育。（2）在教育目标上，由培养德智体全面发展的有社会主义觉悟的有文化的劳动者转变为培养德智体美全面发展的"四有"社会主义建设者和接班人。（3）在教育方式上，由坚持教育与生产劳动相结合转变为坚持教育与生产劳动和社会实践相结合。（4）在分类发展上，由国家政策文本或根本大法的笼统规定转变

为分别出台了不同教育层次的法律法规，并将各级各类教育的基本方针以法律文本的形式固定下来（见表3-3）。

表3-3　中国特色社会主义建设时期党的教育方针的变化趋势

时间	重大事件/重要决议/人物发言	教育方针/教育内容
1981年12月	《政府工作报告》	使受教育者在德育、智育、体育几方面都得到发展，成为有社会主义觉悟的有文化的劳动者和又红又专的人才，坚持脑力劳动与体力劳动相结合，知识分子与工人农民相结合
1982年12月	《中华人民共和国宪法》	国家培养青年、少年、儿童……全面发展
1985年5月	《中共中央关于教育体制改革的决定》	教育必须为社会主义建设服务，社会主义建设必须依靠教育
1986年4月	《中华人民共和国义务教育法》	义务教育……努力提高教育质量……品德、智力、体质等方面全面发展
1987年10月	中国共产党第十三次全国代表大会	坚持教育为社会主义建设服务
1990年12月	《中共中央关于制定国民经济和社会发展十年规划和"八五"计划的建议》	教育必须为社会主义现代化服务，必须同生产劳动相结合，培养德、智、体全面发展的建设者和接班人
1992年10月	中国共产党第十四次全国代表大会	各级各类学校都要全面贯彻党的教育方针，全面提高教育质量
1993年2月	《中国教育改革和发展纲要》	教育必须为社会主义现代化建设服务，必须与生产劳动相结合，培养德、智、体全面发展的建设者和接班人
1995年3月	《中华人民共和国教育法》	教育必须……培养德、智、体等方面全面发展的社会主义事业的建设者和接班人
1997年9月	中国共产党第十五次全国代表大会	重视受教育者素质的提高，培养德智体等全面发展的社会主义事业的建设者和接班人
1998年8月	《中华人民共和国高等教育法》	高等教育……为社会主义现代化建设服务，与生产劳动相结合……成为德、智、体等方面全面发展的社会主义事业的建设者和接班人

续表

时间	重大事件/重要决议/ 人物发言	教育方针/教育内容
1999 年 6 月	《中共中央、国务院关于深化教育改革全面推进素质教育的决定》	以提高国民素质为根本宗旨……造就……德智体美等全面发展的社会主义事业建设者和接班人
2002 年 11 月	中国共产党第十六次全国代表大会	坚持教育为社会主义现代化建设服务……培养德智体美全面发展的社会主义建设者和接班人
2006 年 6 月	《中华人民共和国义务教育法》	义务教育……实施素质教育，提高教育质量……全面发展……培养……社会主义建设者和接班人
2007 年 10 月	中国共产党第十七次全国代表大会	坚持育人为本、德育为先……培养德智体美全面发展……办好人民满意的教育
2010 年 7 月	《国家中长期教育改革和发展规划纲要（2010—2020 年)》	坚持教育为社会主义现代化建设服务，为人民服务，与生产劳动和社会实践相结合，培养德智体美全面发展的社会主义建设者和接班人

四、为党治国理政育才（2012 年至今）：建设高质量的教育体系

党的十八大以来，我国的教育事业发展进入一个全新的发展阶段，更为注重向教育要质量，通过教育质量的不断提高，逐步建设高质量的教育体系。在此阶段，党的教育方针思想和内涵不断丰富——使人的全面发展思想再次拓展，加入了劳动教育维度；教育的地位更加凸显——突出教育在社会主义现代化建设过程中的基础作用、先导作用和战略意义，并旗帜鲜明地提出教育要为党育人和为国育才的目标要求；教育立场更加坚定——始终坚持社会主义的办学方向，培养德智体美劳全面发展的社会主义建设者和接班人（见表 3-4）。这都表明以习近平同志为核心的党中央对教育规律有了全新的认识，对人的全面发展思想有了再拓展，推动着我国的教

育事业实现创新发展和高质量发展。

表3－4 建设高质量教育体系阶段党的教育方针的变化趋势

时间	重大事件/重要决议/人物发言	教育方针/教育内容
2015年4月	《中华人民共和国义务教育法》	义务教育必须贯彻国家的教育方针……品德、智力、体质等方面全面发展……培养……社会主义建设者和接班人
2015年12月	《中华人民共和国教育法》	教育必须……培养……全面发展的社会主义建设者和接班人
2015年12月	《中华人民共和国高等教育法》	高等教育必须贯彻……使受教育者成为德、智、体、美全面发展的社会主义建设者和接班人
2017年10月	中国共产党第十九次全国代表大会	全面贯彻党的教育方针，落实立德树人根本任务……推进教育公平，培养德智体美全面发展的社会主义建设者和接班人
2018年9月	全国教育大会	在党的坚强领导下……培养德智体美劳全面发展的社会主义建设者和接班人，加快推进教育现代化、建设教育强国、办好人民满意的教育
2019年2月	《中国教育现代化2035》	在党的坚强领导下……培养德智体美劳全面发展的社会主义建设者和接班人……将服务中华民族伟大复兴作为教育的重要使命，坚持教育为人民服务、为中国共产党治国理政服务、为巩固和发展中国特色社会主义制度服务、为改革开放和社会主义现代化建设服务
2020年11月	中央全面深化改革委员会第十六次会议	紧扣落实立德树人根本任务深化教育改革，努力构建德智体美劳全面培养的教育体系

从党的教育方针的历史变迁图景可以看出，党的教育方针始终坚持以马克思主义关于人的全面发展为依据，其思想内涵随着中国革命、中国建设的实际而不断革新和丰富——在思维架构上，日趋缜密；在内容安排上，日趋完善；在框架结构上，前后贯通，一脉相承；在要素构成上，基本遵循"为谁培养人""培养什么人""怎样培养人"这三个基本要素，架

构起形式基本一致的教育方针体系。具体而言，党的教育方针由"一为"方针（教育为社会主义现代化建设服务）到"二为"方针（教育为社会主义现代化建设服务和为人民服务）再到"三为"方针（教育为人民服务、为中国特色社会主义服务、为改革开放和社会主义现代化建设服务），最终转变为"四为"方针（教育为人民服务、为中国共产党治国理政服务、为巩固和发展中国特色社会主义制度服务、为改革开放和社会主义现代化建设服务）；教育的途径由"一结合"（教育必须与生产劳动相结合）转变为"两结合"（教育必须与生产劳动和社会实践相结合）；在培养目标上，由"三位一体"（德、智、体）到"四位一体"（德、智、体、美）再到"五位一体"（德、智、体、美、劳）。这无不体现着中国共产党人关于人的全面发展思想的认识的深化和拓展，也表明中国共产党善于将马克思主义与中国实际相结合，坚持走中国特色社会主义发展之路。

第四节

提高国民素质促进人的全面发展

中国共产党在百年教育实践探索过程中，始终坚持以马克思主义关于人的全面发展理论为指导，尽管在不同的历史阶段，党的教育方针有所不同，但总的趋势是始终在践行教育为人民服务和为社会主义现代化建设服务的发展理念，坚持以人民为中心的教育发展思想，坚持社会主义的办学方向。总结党的百年教育方针和实践经验，不仅能够为我们勾勒出一幅清晰的中国共产党关于人的全面发展思想的变迁图景，也为我们理解和认识当下和接下来很长一段时间中国共产党的教育方针奠定了基础，提供了依据。接下来，我们需要思考的就是在新的历史方位下，如何在中国共产党的领导下更好地践行党的教育方针，丰富党的教育方针内涵，从而为提高国民素质和促进人的全面发展提供借鉴。

一、始终坚持和丰富党的教育方针，在党的领导下实现党性与人民性的统一

坚持教育为人民服务和为社会主义现代化建设服务的教育方针，从本质上反映着党的性质和社会主义教育的性质——集中体现为社会主义教育的人民性。在社会主义中国，人民是国家的主人，国家实施的各级各类教育都是为了满足人民的发展需求。简言之，就是社会主义教育的根本属性是人民性。具体到教育实践中，教育的人民性集中体现为从人民的根本利益出发，把为人民办教育与依靠人民办教育结合起来。从党的根本宗旨来看，为人民服务不仅是中国共产党的根本宗旨，也是共产党人的最高行动准则。因而，党的教育路线、方针、政策实际上就代表了中国最广大人民的教育发展需求和根本诉求。所以，在教育实践中坚持党性，实际上就是要始终坚持党对教育事业的领导地位不动摇。

从中国共产党领导的中国教育百年探索实践看，坚持党对教育事业的领导，是中国特色社会主义教育事业不断向前发展的根本保障。因为中国共产党始终秉持为人民办教育的初心，坚持社会主义的办学方向，领导着

我国教育事业披荆斩棘，开拓创新，与时俱进，根据社会主要矛盾的变化，适时转变教育方针，从而推动着我国教育事业不断发展进步。中国共产党百年的教育实践变迁图景也集中体现为由注重规模扩张走向注重结构调整、规模扩张、质量提高和效益提升相结合，由提升"全民文化素质"到"办人民满意的教育"再到"建立高质量的教育体系"。这种变迁体现出中国共产党人对办教育规律认识的深化，对人民发展需求认知的提升，以及对教育方针内涵的丰富。一言以蔽之，只有始终坚持中国共产党的领导，才能将以人民为中心的教育理念真正贯彻落实，才能为人民谋求更多的教育福祉和发展空间，为人的全面发展提供更多公平而有质量的教育资源供给。

二、始终恪守人民立场，不断推进人的全面发展

马克思主义的根本价值立场是人民立场，中国共产党人在办教育中始终恪守的人民立场，与马克思主义教育思想和马克思主义关于人的全面发展理论是一脉相承的。中国共产党始终坚持和恪守教育的人民立场，在教育实践中就集中表现为教育基于人民、教育依靠人民和教育为了人民，通过办教育，不断促进人的全面发展，满足人的教育需求。在"为什么人办教育"这一核心问题上，中国共产党的百年教育探索实践主要经历了由"教育为工农服务"到"教育为人民服务"再到"坚持以人民为中心发展教育"的历史变迁，这实际上也从另一个侧面反映了中国共产党办教育的立场与马克思主义的根本立场是一致的，即都始终坚守教育的人民立场。

在马克思主义关于人的全面发展理论思想中，其内涵指向的是个人的全面发展和社会群体的人的全面发展的统一，即要实现包括个体和群体的

所有人的自由全面发展。在中国共产党领导的百年教育实践中，从群体的人的全面发展来看，提高全民族的文化素质和教育水平是党办教育永恒不变的主题；从个体的全面发展来看，党的教育方针的内容构成上由"三位一体"到"四位一体"再到"五位一体"，就集中反映了党对人才培养规律认识的不断深化。在未来的教育实践中，我们只有始终恪守党办教育的人民立场，才能继续凸显党领导教育改革发展的鲜明底色，才能为促进人的全面发展奠定坚实基础和提供根本保障。

三、积极推进教育公平，建立人民满意的高质量教育体系

让人人都能接受教育、享受优质教育资源，一直是中国共产党孜孜追求的价值理想，也是中国特色社会主义国家的本质要求。中国共产党领导下的百年教育实践变迁过程，实际上也是一部中国共产党人不断推进教育公平的奋斗史。从让广大的工农群众都接受教育享有受教育权，到通过各种倾斜政策促进教育资源均衡发展，再到办人民满意的教育（人人都能得到享受优质教育资源的平等机会），无不反映了中国共产党对教育公平的追求。尽管当下距离人人都能平等地享受优质教育资源还有很长的路要走，但历史和实践均证明，一切正在向好的方向发展。而且，在中国共产党的领导下，缩小优质教育资源供给的城乡差距、校际差距和区域差距，已经在实施，并取得了很好的成效。

从促进人的全面发展的角度看，教育公平的实现无疑是至关重要的。因为在任何社会形态下，如果社会不能为每个个体提供公平的受教育机会，个体就很难通过受教育而实现自身的全面发展，教育也就难以实现其通过人才培养而促进社会发展的本体功能，也就实现不了教育对社会公平

正义的推动作用。与古代社会和资本主义社会不同，保障个体平等的受教育权是社会主义制度的基本要求，由此教育就成了促进社会公平正义的重要手段。在此意义上，积极推进教育公平实际上是中国共产党始终坚持党性和恪守人民立场的基本要求。

从教育公平与教育质量的辩证关系看，二者是相互依存、密切相关的统一整体。积极推进教育公平和提升教育质量水平，是新时代建立高质量教育体系的两翼。如果不以公平为基础推进教育质量提升，优质的教育资源就只能仍然由少数人占有和独享，从而会加剧社会的不公平；而低质量的教育公平的实现，最多只是低层次上的平均和共享，本质上并不符合中国特色社会主义教育公平的价值追求。因此，从这个角度看，人民满意的教育，必然是更加公平和更高质量水平的教育。新时代教育公平的推进和高质量教育体系的建立，必须在中国共产党的领导下，持续在教育公平和教育质量上下功夫，使全体人民在更高水平上实现幼有所育、学有所教，使每个人都获得发展自身、奉献社会和造福人民的能力①。

四、加强劳动教育，以劳动教育促进人的全面发展

将劳动教育纳入人的全面发展之中，是中国共产党人与时俱进发展马克思主义关于人的全面发展理论的必然结果。在这种新形势下，加强劳动教育，积极将劳动教育融入其他"四育"当中，就成为当下促进人的全面发展的重要载体。然而，在推进劳动教育的过程中，首先要明确当下的劳动发展的阶段性特征。在信息化和智能化社会，劳动本身的发展有了新的

---

① 李松楠，杨兆山. 以人民为中心教育发展思想的百年审思［J］. 国家教育行政学院学报，2021（6）：27-34.

形态和表现形式，总体而言，劳动的自主性、创造性和智慧性越来越凸显，劳动的数智化转型也为个体的创意劳动提供了更为广阔的自由时间和空间，由此也就为人的全面发展展现了可期的图景，劳动不再局限于体力劳动，脑力劳动、精神劳动和创意劳动将成为未来劳动的主要形态。所以，在劳动形态、教育形态和社会形态都日新月异的今天，教育与劳动的结合必须在个体性、全面性和创造性上实现交织融合发展，并使各种分化的教育形式服务于人的发展需求，如此才能为人的全面发展奠定坚实基础。换言之，劳动发展和社会发展都越来越具有促进个体全面发展的普遍教育意义，为劳动教育承载全面教育和个性教育不断展现了人类性的社会条件①。

鉴于此，我们必须直面劳动形态和社会形态的变革特征和发展趋势，将劳动教育的有效推进和实施置于更为宏观的社会背景当中，在教育变革中不断激活劳动教育的问题意识和创新意识，不断挖掘劳动教育之于人的全面发展的教育价值和现实意义，以实现通过加强劳动教育来促进人的全面发展的目标。

---

① 程从柱.劳动教育何以促进人的自由全面发展：基于马克思主义劳动观和人的发展观的考察〔J〕.南京师大学报（社会科学版），2020（3）：16-26.

第四章

坚持立德树人，培养时代新人

　　习近平总书记在全国教育大会上指出："培养什么人，是教育的首要问题。我国是中国共产党领导的社会主义国家，这就决定了我们的教育必须把培养社会主义建设者和接班人作为根本任务，培养一代又一代拥护中国共产党领导和我国社会主义制度、立志为中国特色社会主义奋斗终身的有用人才。这是教育工作的根本任务，也是教育现代化的方向目标。"[①]　党的十八大以来，以习近平同志为核心的党中央站在党和国家事业发展薪火相传、后继有人的战略高度，始终关注、关心青年学生成长，围绕"为谁培养人、培养什么人、怎样培养人"这一重要命题，系统回答了"为什么""做什么""怎么做""谁来做"等一系列理论和实践问题，为进一步推动教育事业发展，落实立德树人根本任务指明了方向，阐述了任务，明确了路径。

第一节

新时代立德树人的根本任务

一、新时代立德树人的核心内涵

　　新时代培养造就德智体美劳全面发展的社会主义建设者和接班人是

---

　　① 习近平在全国教育大会上强调：坚持中国特色社会主义教育发展道路 培养德智体美劳全面发展的社会主义建设者和接班人［N］. 人民日报，2018 - 09 - 11.

事关党和国家前途命运的重大战略任务，是全党的共同政治责任。如何认识和看待青年与青年人的培养，是马克思主义政党始终面临的理论与实践课题。在中国革命、建设、改革的各个历史时期，中国共产党始终高度重视青年、关怀青年、信任青年，对青年一代寄予殷切期望、提出严格要求。

2018年，习近平总书记在北京大学师生座谈会上强调："大学是立德树人、培养人才的地方，是青年人学习知识、增长才干、放飞梦想的地方。……'才者，德之资也；德者，才之帅也。'人才培养一定是育人和育才相统一的过程，而育人是本。人无德不立，育人的根本在于立德。……要把立德树人的成效作为检验学校一切工作的根本标准，真正做到以文化人、以德育人，不断提高学生思想水平、政治觉悟、道德品质、文化素养，做到明大德、守公德、严私德。要把立德树人内化到大学建设和管理各领域、各方面、各环节，做到以树人为核心，以立德为根本。"[①]

立德树人是"树有德之人"与"立育人之德"的有机统一。思考"立什么德"时，首先要考虑"树什么人"，即培养担当民族复兴大任的时代新人，培养有理想信念、爱国主义情怀、品德修养、知识见识、奋斗精神、综合素质的德智体美劳全面发展的人，培养一代又一代拥护中国共产党领导和我国社会主义制度、立志为中国特色社会主义奋斗终身的有用人才；接下来，"立什么德"需要重点关注构筑共产主义理想信念，牢固确立社会主义核心价值观，厚植中华传统美德，弘扬民族精神和时代精神，树立人类命运共同体的全球观念和生态意识。

---

① 习近平. 在北京大学师生座谈会上的讲话 [M]. 北京：人民出版社，2018：4-7.

青年一代的理想信念、精神状态、综合素质，是立德树人的关键，也是一个国家发展活力的重要体现和一个国家核心竞争力的重要因素。回首中国共产党创立以来的近百年历史，我们不难发现，青春理想、青春活力和青春奋斗恰恰是中国共产党与生俱来的优秀基因，也是中国共产党领导中国人民从胜利走向胜利的基本经验。

党的十八大之后，习近平总书记用"实现中华民族伟大复兴，就是中华民族近代以来最伟大的梦想"的"中国梦"概括了中国共产党领导中国人民走中国特色社会主义道路的奋斗目标。他曾明确指出："现在，我们比历史上任何时期都更接近中华民族伟大复兴的目标，比历史上任何时期都更有信心、有能力实现这个目标。"[①] "实现中华民族伟大复兴，教育的地位和作用不可忽视。我们对高等教育的需要比以往任何时候都更加迫切，对科学知识和卓越人才的渴求比以往任何时候都更加强烈。"[②]

党的十九大从新时代坚持和发展中国特色社会主义的战略高度，做出了优先发展教育事业、加快教育现代化、建设教育强国的重大部署。作为民族振兴、社会进步的重要基石，教育对提高人民综合素质、促进人的全面发展、增强中华民族创新创造活力、实现中华民族伟大复兴具有决定性的意义。习近平总书记反复阐述了为什么我们党要把全面贯彻党的教育方针摆在首位，要将培养社会主义建设者和接班人作为重大战略任务，把巩固和扩大党执政的青年群众基础作为政治责任。实现"两个一百年"奋斗目标，千千万万青年将参与其中，这是党和人民赋予青年一代的历史重

---

① 习近平. 习近平谈治国理政：第1卷 [M]. 2版. 北京：外文出版社，2018：35–36.
② 习近平. 习近平谈治国理政：第2卷 [M]. 北京：外文出版社，2017：376.

任，也是立德树人的根本任务。

二、新时代立德树人的主要内容

理想信念、精神风貌、全球视野、品德修为和真才实学共同构成时代新人的核心素养，缺一不可，相互支撑。每一代青年都有自己的际遇和机缘，都要在自己所处的时代条件下谋划人生、创造历史。党的十八大以来，习近平总书记率先垂范、身体力行，通过发表讲话、考察走访、回复信件、见面座谈等方式，用"五点希望""八字真经""十六字要诀""四点要求"，以及在纪念五四运动 100 周年大会上讲话提出的"六点新要求"，为可担当民族复兴大任的时代新人画像，为学校育人工作定调，从理想信念、精神风貌、全球视野、品德修为、真才实学等五个方面对时代新人的质量要求进行了系统论述，为学校落实立德树人根本任务、进一步加强人才培养工作明确了任务。

（一）关于理想信念

正如习近平总书记在纪念五四运动 100 周年大会上的讲话所说："青年的理想信念关乎国家未来。青年理想远大、信念坚定，是一个国家、一个民族无坚不摧的前进动力。"① 广大青年学子应该牢固确立的人生信念就是坚定对马克思主义的信仰、对中国特色社会主义的信念、对中华民族伟大复兴中国梦的信心，听党话，跟党走，将自己的小我融入祖国的大我、人民的大我之中，与时代同步伐、与人民共命运，让理想信念在创业奋斗中升华，让青春在创新创造中闪光。

---

① 习近平. 在纪念五四运动 100 周年大会上的讲话 [M]. 北京：人民出版社，2019：6.

（二）关于精神风貌

习近平总书记在多个场合中反复强调，中华民族从积贫积弱走到繁荣发展，靠的就是中华民族自强不息的奋斗精神；创新是民族进步的灵魂，是一个国家兴旺发达的不竭源泉。进行伟大斗争，建设伟大工程，推进伟大事业，实现伟大梦想，需要广大青年锲而不舍、驰而不息的奋斗；需要广大青年要有敢为人先的锐气，勇于解放思想、与时俱进、上下求索、开拓创新；需要广大青年立足本职、埋头苦干、攻坚克难。

（三）关于全球视野

"教育传承过去、造就现在、开创未来，是推动人类文明进步的重要力量"①。世界格局处在加速演进的历史进程中，各国之间的联系日益加深，也同时面临诸多共同挑战。在新的历史条件下，习近平总书记始终强调各国青年应该通过教育树立世界眼光、增强合作意识，推动人文交流、促进民间交往，共同开创人类美好未来。因此，社会主义的建设者和接班人既要扎根中国沃土，涵育家国情怀，也要立足全球发展，在交流互鉴中打造人类命运共同体。

（四）关于品德修为

坚定理想信念要从自觉践行社会主义核心价值观入手，从明大德、守公德、严私德做起，加强道德修养，注重道德实践。习近平总书记高度重视青年人品德的锤炼，始终强调"人无德不立，品德是为人之本。止于至善，是中华民族始终不变的人格追求"。"青年要把正确的道德认知、自觉的

---

① 首届清华大学苏世民书院开学典礼举行，习近平致信祝贺 [N]. 人民日报（海外版），2016-09-12.

道德养成、积极的道德实践紧密结合起来，不断修身立德，打牢道德根基，在人生道路上走得更正、走得更远"[1]。要成为"有大爱大德大情怀的人"[2]。

（五）关于真才实学

建设中国特色社会主义是一项前无古人的伟大事业。当今时代，知识更新不断加快，社会分工日益细化，新技术新模式新业态层出不穷。青年学生必须在增长知识见识上下功夫，在增强综合素质上下功夫，努力学习、苦练本领、增长才干既是实现个人理想的前提，也是堪当民族复兴大任的基础。

第二节

新时代立德树人的现实状况

一、新时代立德树人的主要形式

当前，我国正在积极探索全面落实立德树人根本任务，在拓展内容框架、健全长效落实机制、加强全员队伍建设、完善全过程人才培养体系、

---

① 习近平. 习近平谈治国理政：第 3 卷［M］. 北京：外文出版社，2020：337.
② 习近平在全国教育大会上强调：坚持中国特色社会主义教育发展道路 培养德智体美劳全面发展的社会主义建设者和接班人［N］. 人民日报，2018－09－11.

构建全方位工作格局等方面取得了显著效果，形成了课程教学、课后实践、"互联网＋"平台、队伍建设、"三全育人"综合改革、校园文化建设中带动等立德树人模式。

一是在课程教学中立德树人。加强思政课建设，强化专业课育人功能，完善立德树人课程体系建设，改革教学教材，革新教学设计。二是在课后实践中立德树人。在搭平台促进实践育人的同时，通过完善投入保障机制促进区域合作、校企共建机制促进实践合作、树立德育榜样促进实践育人、依托特色应用学科开展社会实践等举措建立长效激励机制促进实践育人工作。三是在互联网背景下立德树人。运用"互联网＋"搭建思想道德教育新平台和师生扁平化交流平台。四是在加强教师队伍建设中立德树人。努力提升理论水平，积极建设教学梯队，加强德育施教与师德师风建设。五是在"三全育人"综合改革下立德树人。基本形成良好的协同联动机制，将思想政治工作融入人才培养体系，贯穿人才培养全过程，构建"十大育人"体系全面统筹育人资源。六是在校园文化建设中立德树人。依托大学精神和历史传统营造校园文化，将区域人文资源转化为学校育人资源，响应国家政策弘扬服务社会精神，扎根传统文化以提升人文素养。

二、新时代立德树人的主要经验

（一）迎接挑战，坚定理想信念

应对全球政治经济格局变化和信息时代的社会变革，各学校在落实立德树人工作中严守意识形态阵地，努力做好价值定位与价值澄清，加强舆论引导，积极开展社会主义核心价值观等正确价值观的宣传工作，在校园内宣传主旋律、传播正能量，帮助学生树立和坚定理想信念。

（二）立足院校，打造特色德育

各学校以习近平新时代中国特色主义思想和党的十九大精神为指导，以立德树人为根本目标，立足于学校办学定位，结合实际制定立德树人落实方案，通过创建生产实习和实践基地等方式开展特色鲜明的立德树人活动。

（三）巩固主体，加强师德师风

各学校注重师德师风培育，在保障教师教学能力提升的同时，将师德师风和课程思政作为教师教学能力和教学质量的重要考量指标，师德师风成为教师聘任、晋升、评优、薪酬分配等考核和奖惩的重要内容。调查中，我们发现部分学校专门成立名师工作室与师德委员会等机构，强化了学校的相关教学研究与关于师德师风、教师思想政治素养的要求。

（四）坚守主阵地，改革思政课程

各学校以建设示范马克思主义学院为目标，推进思政课程改革，优化思政课程理论课教学内容，拓宽授课模式与方法，打造一批精品思政课程，壮大学校思政课教师队伍，切实提高思政课教师素质，对本、硕、博学生实行有针对性的培养方案，不断提高思政课教学实效性。

（五）文化建设，引领德育风尚

学校注重校园文化软硬件建设，打造符合社会主义核心价值观的校园文化景观，开展形式多样的思政建设专题活动，着力提升基层学生组织育人功能，发挥线上媒体舆论引导功能，对在德育方面表现突出的师生事迹进行宣传，营造全方位、立体式的育人环境，充分发挥文化育人作用。

（六）创新实践，丰富第二课堂

学校坚持实践与办学特色相结合，形成增强大学生思想政治教育、创新精神和实践能力相结合的育人模式，搭建实践育人平台，加强第二课堂育人功能，通过实践、社团活动、文化讲座等形式将理论与实践相结合，如有学校组织学生走进乡村做国情调查，在实践中引导学生树立家国情怀、培养使命感与责任感。

三、新时代立德树人的主要问题

（一）价值多元化背景下，应对不良舆论的能力有待加强

在全球化的时代背景下，大学生的价值观趋于多元化，并因受到西方个人主义、功利主义、拜金主义等腐朽思想的影响，使学校思想观念、校园文化氛围受到重大冲击。加之随着互联网发展，自媒体普泛化，学生的生活方式和交往方式受到深刻影响，国内外形势对学校立德树人工作提出更高要求，各学校有必要警惕国内外错误思想，加强立德树人的顶层设计。

（二）师生培养的德育目标不明确

面对建设世界一流大学和一流学科的新形势、新任务和新需求，各学校在人才培养方面片面强调智育工作的重要性，对教师教学能力与学生的学业素质提出较高要求，而在具体的办学目标和定位中未明确师生的德育发展目标，相对而言忽视了德育工作的重要性，导致知识传授与立德树人脱节，师生的德育观念有待加强。

（三）思政教师队伍建设有待加强

思想政治理论课教师队伍、专职辅导员队伍建设发展缓慢，数量上尚

未达到有关要求。缺少能将学科教学与现代教育教学理念和教学方式深度融合的高素质创新型青年教师队伍，在打造全面覆盖的德育培养教师队伍，建立健全学校思政工作队伍培养机制和激发专兼辅导员工作的积极性等方面仍需努力。

（四）思政课程体系有待完善

学校应加大思想性、理论性资源供给，进一步强化马克思主义理论学科，为思政课建设提供坚实学科基础。思政课程体系设置应及时更新，将最新的理论成果与育人思想带入到课程中，培养德智体美劳全面发展的社会主义建设者和接班人。

（五）课程思政有待深入

部分学校未将党的理论创新成果社会主义核心价值观融入到各类课程教学中，未实际挖掘各门课程蕴含的道德教育元素和承载的马克思主义理论教育功能，在推进课程思政方面有待进一步深入。需努力发挥所有课程的育人功能，构建全面覆盖、类型丰富、层次递进、相互支撑的课程体系，使各类课程与思政课同向同行，形成协同效应。

（六）部门协同育人机制有待探索

现有协同育人的全员育人、全过程、全方位机制壁垒严重，育人过程中的人员组织交流不顺畅，招生、培养与就业，教学与科研，本科生与研究生培养，德育与学业教育的各环节割裂，达不到理想的育人效果。因此，学校"三全育人"工作有待加强，应把思想价值引领贯穿教育教学全过程和各环节，深化协同合作，建立教书育人、科研育人、实践育人、管理育人、服务育人、组织育人长效机制。

（七）思政建设的反馈机制尚未建立

各学校将立德树人纳入教师考核与晋升的各个环节，德育教育成为学生培养目标的重要方面，在立德树人过程中学校教师与学生被严格要求。但各校普遍缺少立德树人实施的评估与反馈机制，未及时总结落实经验与不足，作为政策实施的主体，师生的意见及建议缺少向上反馈的渠道，师生的权益未被照顾。

（八）德育经费投入有待增加

提升教育质量成为学校办学主要目标，学校普遍注重教学与科研经费支持和资源配置，而忽视立德树人专项经费支出，学校经费投资结构不合理，另有被访学校提及由于学校教学经费分配的区域不均，中西部学校立德树人专项经费支持更有限，可见学校德育经费在空间、数量与质量投入方面仍有待加强。

（九）育人方式方法有待进一步创新

在立德树人工作中，各校确有采取措施创新育人方式，但总体上方法不够新颖，学生的接受度不高，甚至采取一些重形式、轻内容的活动形式，给师生德育学习错误指引，这与学校对立德树人内涵与外延的理解程度不深有关。学校在强调学术、研究成果、知识能力的储备与培养时，对学生综合素质的培养和重视程度不够，对教师道德培育成果的激励不够。只有正确认识立德树人工作的重要性，将智育与德育培养相结合，采取符合德育目标、深受师生喜爱的形式，德育工作才能取得理想效果。

培养时代新人的价值追求

首先，全面加强党对教育事业的领导，学校办学必须坚持正确的政治方向，解决学校教育"为了谁"的问题。习近平总书记在全国高校思想政治工作会议上强调，要牢牢掌握党对学校工作的领导权，学校党委要保证正确的办学方向，掌握思想政治工作的主导权。解决了"领导权"和"主导权"的问题，学校办学"为了谁"的问题才会有"正确答案"。各级党委都要牢固树立"四个意识"，坚持以马克思主义为指导，坚持扎根中国大地办教育，始终用马克思主义中国化的理论与实践成果武装青年、教育青年、引导青年，不断深化学生对马克思主义历史必然性和科学真理性、理论意义和现实意义的认识，教育学生学会运用马克思主义的立场观点方法观察世界、分析世界、解释世界，正确把握时代发展的主题和任务，认清中国和世界发展的大势，听党话，跟党走，练就过硬本领，将个人发展融入民族复兴的伟大实践之中，为实现伟大梦想而不懈奋斗。

其次，用习近平新时代中国特色社会主义思想铸魂育人，办好思想政治理论课，解决学校思想政治工作重点"做什么"的问题。一方面，青少年正处在人生的"拔节孕穗期"，最需要精心引导和栽培；另一方面，时代风云变幻，社会舆论纷繁，帮助青年辨明方向、校准航向尤为重要。思想政治理论课作为学校思想政治教育的"主渠道"，承担着重要的使命。推动思政课的改革创新，要不断增强"三性一力"、始终坚持"八个统一"，即不断增强思政课的"思想性、理论性和亲和力、针对性"，坚持"政治性和学理性""价值性和知识性""建设性和批判性""理论性和实践性""统一性和多样性""主导性和主体性""灌输性和启发性""显性教育和隐性教育"相统一，充分发挥学校学科专业优势、人才资源优势和理论研究优势，注重大中小学思想政治教育的一体化研究，将理论研究优势转化为人才培养优势，将理论研究成果转化为人才培养成果，构建更为完善的思想政治理论教育学科体系、思想政治理论教育课程体系、思想政治教育实践体系，在推进学校思想政治工作育人功能上实现资源集成、同频共振、共同发展。

再次，"围绕学生、关照学生、服务学生"，"因事而化、因时而进、因势而新"，形成高水平的人才培养体系；家庭、学校、社会、政府通力合作，解决培育时代新人"怎么做"的问题。形成高水平的人才培养体系，除了人才培养目标的政治规定性之外，重要的一点就是充分遵循思想政治工作的规律、教书育人的规律、学生成长与发展的规律，用思想政治工作体系贯通学校的学科体系、教学体系、教材体系、管理体系、服务体系，彻底解决思想政治工作与人才培养工作"两张皮"的问题。

"为学生点亮理想的灯、照亮前行的路"，帮助青年学生"扣好人生的第一粒扣子"，必须深入研究新时代青年学生群体的思想行为特点，找准他们成长发展中面临的痛点、难点、焦点、热点，转变传统学生思想政治工作"抓两头、带中间、防万一、保安全"的工作策略，将工作覆盖面转向"沉默的大多数"，将工作重心下移到学院、班级、宿舍，更加关注普通学生的学习生活表现和成长发展诉求，"两头""中间"一起抓，把思想政治工作做在日常、做在个人。

"因事而化、因时而进、因势而新"体现了我党实事求是的思想路线，为构建更高水平的人才培养体系，增强学校育人的亲和力和针对性提供了方法论的指导。各级各类学校均应从学生的实际出发，有效衔接课内课外，思想政治教育的主渠道和主阵地协同并进，运用学生喜闻乐见的方式，精心设计教育活动，使思想政治教育不再是枯燥乏味的说教，而是与学生生活紧密相关的身边事、身边人，在教育的过程中学生不再是被动地接受教育，而是通过积极的参与和真实的体验实现自我教育。

家庭教育、学校教育、社会教育三者必须步调一致、统筹推进，这是习近平总书记关于教育的重要论述的有机组成部分。家庭、学校、政府、社会共同负有教育责任，各司其职，有效推进才能取得好的效果。重视家庭教育、学校教育和社会教育的相互促进、相互配合，对提高育人效果至关重要。

最后，学校党委要承担管党治党、办学治校主体责任，着力加强教师队伍和思想政治工作队伍建设，解决立德树人"谁来做"的问题。培育担当民族复兴大任的时代新人，抓住全面提高人才培养能力核心点，学校党委是关键。全面加强党对学校工作的领导，学校党委把方向、管大局、做决策、保落实，承担管党治党、办学治校的主体责任；加强基层党组织的凝聚力、战斗力，增强教书育人的使命感、责任感，使每一个党员都做到在党爱党、在党言党、在党为党，自觉落实立德树人根本任务。

培育担当民族复兴大任的时代新人，要按照习近平总书记"政治素质过硬、业务能力精湛、育人水平高超"① 的要求推进高素质教师队伍的建

① 习近平. 在北京大学师生座谈会上的讲话［M］. 北京：人民出版社，2018：8.

设。同时，还要把师德师风建设放在首位，严格教师选用的思想品德"门槛"，注重理论素养与专业素养、学术研究与教学能力、科研成果与实践成果相统一，着力加强教师教育教学水平能力的建设。要着力加强学校育人的工作体系建设和人力资源配置，推动全员育人、全过程育人、全方位育人。加强"高校党政干部和共青团干部、思想政治理论课教师和哲学社会科学课教师、辅导员班主任和心理咨询教师"① 等队伍建设，为落实立德树人根本任务提供坚实的人力保障。同时，学校要积极营造人人都有育人责任的文化氛围，将全员育人落到实处。积极创造条件和平台，充分发挥学生参与学校管理和服务的积极性、主动性、创造性，使受教育者在参与学校管理与服务工作的实践中实现自我教育，落实全员、全过程、全方位育人的理念。

第四节
培养时代新人的实践创新

一、面向全员立德树人的组织制度建设

（一）建立教师师德师风考核与评价制度

首先，成立师德建设委员会、师德建设工作小组和教师工作部，健

---

① 习近平. 习近平谈治国理政：第2卷［M］. 北京：外文出版社，2017：380.

全院校两级师德工作体制，健全教师思政和师德师风的宣传教育、奖励评价等工作机制。其次，出台师德师风相关制度办法等规范性文件，把师德规范要求融入人才引进、课题申报、职称评审、教学活动等工作中，实施师德一票否决制。包括制定实施师德建设委员会章程、教师师德失范行为查处办法、全面落实研究生导师立德树人职责实施办法、教师心理健康教育方案以及教师思想政治和师德师风考察工作细则、师德师风考核办法、师德师风建设长效机制实施细则等系列文件，出台师德负面清单和失范行为处理办法，明确师德师风建设中应避免出现的问题，规划形成师德师风建设和考核的联动机制，实施教师发展及师德教育培训规划，建立师德教育与师德实践、业务能力提高相结合的师德建设体系。

（二）教师教学与课堂融入思政制度

第一，出台修订教师教学规范，明确思想政治教育的重要地位。修订完善教师本科教学工作规范，明确要求教师要认真学习、领会和贯彻习近平新时代中国特色社会主义思想，增强"四个意识"，坚定"四个自信"，以立德树人为己任，做"四有"好老师，坚持教书和育人相统一，坚持言传和身教相统一，坚持潜心问道和关注社会相统一，坚持学术自由和学术规范相统一，要以生为本，做好学生的"四个引路人"。第二，推动以课程思政为目标的课堂教学改革。优化课程设置，完善教学设计，加强教学管理，积极挖掘课程中所蕴含的思想政治教育元素，将社会主义核心价值观教育贯穿在教学过程中，把思想引导和价值观塑造融入课堂教学各环节。实现知识传授、价值引领和能力提升的有机统一。聚焦一批意识形态属性较强的学科，组织教研室力量研究梳理其所蕴含的思想政治教育元素，培育一批学科育人示范课程，充分发挥各门课程的思想政治教育功能。鼓励和支持教师通过教改项目创新教学理念、内容、方法和形式，运用现代多媒体技术及慕课、微课等资源，利用外校专家进课堂和高端思政讲座形式，丰富思政课教学内容，拓宽教学渠道，提高教学实效性。

（三）构建学风建设的规范与评价制度

一方面，充分重视学校学风建设，为改善学风提供制度性保障。将学风建设深度纳入大学章程，作为学校提高人才培养质量的重要组成部分。出台加强和改进本科生学风建设等实施方案。构建学风建设体系，以学生到课率、学业训练计划与创新创业训练计划参与情况、思政教育活动参与情况等为基础，以严格学生作息、严格课堂管理、严抓考风考纪、严把学业过程监管为抓手，切实提升分层次学风建设制度化、科学化水平，促进人的全面发展，进一步弘扬学校品牌。另一方面，规范学生考评制度，以德智体美劳全面发展为根本导向。制定大学生自我发展能力评价指标体系，出台本科生创新创业与素质教育学分管理办法，并制定详细的学生综合考评办法等，引导学生德智体美劳全面发展，实现科学文化知识与社交情感技能同步提升。

（四）推进学生就业创业指导与引领政策

制定学生就业创业工作实施意见，指导大学生树立正确的就业观、创业观，加强理想信念，增强道德感与社会责任感。坚持就业创业"一把手"工程，出台并落实加强大学生就业创业工作的实施意见，提升学生职业规划意识。下发引导毕业生到国家重点单位和基层就业的通知，邀请知名校友返校交流，引导学生做好生涯发展规划与职业选择，为社会贡献自己的力量，实现个人价值，获得人生出彩的机会。

（五）完善学校思政工作评价与改进制度

第一，制定系统性学校思政工作评价与考核方案。出台加强和改进教师思想政治教育工作的实施方案、学生思想政治工作质量提升工程实施意见、学生思想政治工作质量提升工程院系实施办法、思想政治理论课教学质量年专项工作方案、"四个正确认识"主题教育活动实施方案、学生党建工作标准等方案；出台学生工作发展规划大纲、马克思主义学院师资队伍建设专项计划、培育和践行社会主义核心价值观长效机制建设的意见等计划，打造具有中国特色、学校风格的思想政治教育体系。第二，建立健全学生思想政治状况调查制度。以需求为导向，建立"学生思想政治状况""学生学习与发展""学生自我发展能力"调查制度，研究学生的思想特点和行为特征。开展思想政治状况调查、时政热点关注情况调查、本科生学习与发展调查、少数民族学生综合发展情况调查、资助工作调研、学习与发展情况调查、毕业生就业质量调查等与学生思想政治状况相关的全覆盖、全范围调查，发布学校学生思想政治状况白皮书，把握学生成长成才规律，检验学校立德树人成效。

二、面向全过程立德树人的专题课程与项目打造

（一）打造符合学校特色的专题性思政课程

立足实际情况，发挥专业课程的特色，提炼爱国情怀、法治意识、社会责任、文化自信、人文精神等要素，组织开展集体备课，认真梳理党和国家重大理论创新成果，找准、找好与专业的结合点，让"思政元素"

"中国特色"融入到专业课教学大纲和课堂教案中。各学校可结合自身特色推出思政社会调查等品牌活动。开设相关课程重点讲授新精神、新思想。邀请校外嘉宾讲解时事和宣传工作。通过题目招标的形式，对专业课程大纲中全面融入思政内涵以及思想政治理论课程与专业课程两类教师的跨学科、跨院协同，进行课题委托。抓取一些典型，充分发掘专业课程中的育人功能。探索开设学生喜闻乐见的理想信念教育等通识教育必修课程，引导学生树立坚定理想信念。

（二）开展思政育人师生培训活动，规范学校第二课堂建设

制定并落实加强学校第二课堂建设的意见、领导干部听思想政治理论课制度，充分发挥校、院两级领导在思想政治理论课教学工作中的指导与监督作用，推动思想政治理论课教学改革，提高思想政治理论课教学质量，充分发挥思想政治理论课的主渠道作用。通过校内培训、角色体验、挂职锻炼等环节，扎实推进"青年马克思主义者培养工程"。紧密围绕时代旋律和重要节点，广泛开展各级各类主题教育活动，实现第一课堂和第二课堂的有效衔接。举办"中国特色社会主义热点问题大讲堂""国情时政大讲堂"等，邀请党政军企主要领导和社会知名人士走上讲堂。举办坚定理想信念师生主题演讲比赛、"诚信教育活动月"等系列活动，营造良好校园文化氛围。开展"思政课大练兵"系列活动，通过集体研讨、集体备课、全员展示、观摩活动等，全面推动思政课教学改革。

（三）加强学生学校教育过程"前后两端"思政教育

坚持党委书记、校长全校讲授思政课，为新生讲授"开学第一课"和

"毕业最后一课",为党员及其他师生解读时事、传达精神、剖析热点,充分发挥校领导对学校学生的思想引领作用。积极开展就业创业指导活动,为学生走出校园、走向社会建立一道道德素质防线。邀请基层就业毕业生现身说法,分享基层就业经验,解答基层就业问题,使学生形成适应复杂社会的基本素质技能,为学生走向岗位、步入社会保驾护航。确立"教育为主、预防为辅"的工作理念,把提升学生心理素质、培养学生健全人格作为心理健康教育工作的中心任务,通过做好心理知识宣传教育、新生心理健康测评、日常咨询辅导和心理危机预防干预等工作,助力学生健康成长,确保学生在校、离校都能具有较高的思想政治素质和道德素养。

(四) 开展师生共学互学的思政小组活动

继承优良传统,以马列理论读书社等为载体,打造深受学生欢迎的全校性社团,如成立马克思主义经典著作学习兴趣小组,组建习近平新时代中国特色社会主义思想青年宣讲团等。打造校、院、班、宿舍四级联动的思想政治教育工作体系,开展"每月一主题"主题班会展示活动。开展"师生共读一本书"、"感恩教师节"、优秀典型表彰等活动,推出研习坊、工作坊、答疑坊、一对一咨询、小班辅导、考前加油站等,将导师制与"三走进"相结合,开展家校联系活动,促进协同育人机制建设,积极营造围绕立德树人的校园文化氛围与教育环境。

(五) 做好学校立德树人宣传报道工作

加强德才兼备的优秀教师、优秀学子和校友的宣传报道工作,积极开展道德楷模学习表彰大会、优秀在校生表彰大会、毕业生返校讲座等,充分发挥榜样模范的带头作用。通过制作师德文化宣传片、开展相关文化项目、编写发放相关学习材料、组织新入职教师校长师德谈话等多重宣传手段，使职业操守、道德感与责任感深入人心。同时，利用多媒体、融媒体手段和新兴科学技术，将思想政治教育与舆论引导工作渗透到师生教育教学全过程，在落实立德树人中做好价值定位与价值澄清，建好宣传阵地。例如：在学校 APP 中设立思政在线学习课程、优秀榜样投票、思想政治知识网络竞赛等活动；加强对校园网、校报、电视台、广播台、两微一端等校内媒体的内容审核和指导。有效利用宣传阵地，积极开展公益广告宣传，牢牢把握正确导向，确保校内媒体成为弘扬主旋律、传播正能量的主阵地。

三、面向全方位立德树人的培养理念与模式变革

（一）形成各具特色的立德树人培养理念

坚持以学生为本，结合当代大学生的思想行为特点，构建以社会主义核心价值观为引领的学生思想教育体系、以学生自我发展能力提升为重点的学风建设体系、以解决学生思想问题和实际问题相结合的成才服务体系、以队伍建设和学生安全稳定为基石的保障体系，将大学生思想政治教育融入人才培养的全过程，构建培育和践行社会主义核心价值观的长效机制，提升学生自我发展能力。

（二）发展各具特色的立德树人培养模式

建立学生工作协同机制。在学生思想引领、行为规范、学业发展等三项主体责任工作上形成合作互补的工作局面。进一步加强学校党委对学生工作的全面领导和管辖，牢牢掌握意识形态工作领导权、话语权。以师生

为中心，把握师生思想特点和发展需求，全面统筹学校育人资源和育人力量，充分发挥课程、科研、实践、文化、网络、心理、管理、服务、资助、组织等方面工作的育人功能。

（三）构建各具特色的立德树人培养体系

构建"三位一体"立德树人教育教学体系。按照新时代对人才的需求，确立人才培养总目标，大力实施一流本科教育。坚持以学生发展为中心、以能力培养为导向、以过程管理为抓手、以持续改进为动力，将立德树人、能力导向和创新创业通过专业培养目标融为一体，构建"立德树人、能力导向、创新创业"三位一体的教育教学体系，克服长期以来学生能力培养方面不系统、无标准和难评价的问题，强化教学过程管理，实现可检测、可控制和可预期的教学质量持续改进体系。

第五章

坚持创新驱动，培养创新人才

创新是引领发展的第一动力

一、创新的基本含义

创新，顾名思义，即创造新的事物。在中国，创新一词出现得很早。在西方，英语中 innovation 一词起源于拉丁语。

早在 20 世纪初，就有学者对创新进行过系统的研究。1912 年，美籍奥地利经济学家约瑟夫·A. 熊彼特在《经济发展理论》一书中提出创新理论，认为创新是建立一种新的生产函数，在生产体系中引入新的生产要素和生产条件的"新结合"。熊彼特所提到的创新包含了是否涉及技术变化的两种创新模式，是非常广泛的创新概念。随后美国经济学家华尔特·罗斯托提出了"起飞"六阶段理论，伊诺思发表《石油加工业中的发明与创新》，迈尔斯和马奎斯发布《成功的工业创新》，等等，这些理论和著作拓宽了技术创新的界定范围，完善了技术创新的概念。除了技术创新之外，著名学者弗里曼在 1987 年提出"国家创新体系"。美国著名战略研究专家德伯拉·爱弥顿在《知识创新：共同的语言》中解释道：知识创新是就是指新思想产生、深化、交流并应用到产品（服务）中去，以促使企业获得成功，国家经济活动得到增强，社会取得进步。中国对于创新研究起步较晚，从 80 年代才开始相关方面的研究。傅家骥从企业角度给出了技术创新的定义：企业家抓住市场的潜在盈利机会，以获取商业利益为目标，重新组织生产条件和要素，建立起效能更强、效率更高和费用更低的生产经营方法，从而推出新的产品、新的生产（工艺）方法，开辟新的市场，获得新的原材料或半成品供给来源或建立企业新的组织，它包括科技、组织、商业和金融等一系列活动的综合过程。彭玉冰、白国红等学者也给出了相似定义。1994 年，陈伟提出创新的第三种不确定性、创新追赶陷阱模型、以工艺变化为中心的产业创新模型等。1996 年，陈伟出版中国第一部《创新管理》专著，成为该领域奠基之作。

进入 21 世纪，创新的概念不仅仅局限于技术创新，它可以分为理论创新、制度创新、科技创新、文化创新等等，创新也遍布人们生活的方方面面。而无论如何发展，创新的核心和关键之处都在于用创新思维引导人类向有益于自身发展的方向进行量和质的改变。

二、实施创新驱动发展战略，推进全面创新

创新是引领发展的第一动力，是推进社会发展的灵魂。在党的十八大上，创新驱动发展战略作为我国新时期改革发展的重大战略被首次提出。创新驱动发展战略不仅是对马克思主义政治经济学的继承与发展，还是坚持中国特色社会主义道路、推进经济社会发展、增强综合国力的重要举措。

如前所述，创新已不再简单指向技术创新，而是包含了理论创新、制度创新、知识创新、文化创新、方法创新等方面的综合创新概念。创新的

核心是改变，是进步，是引领人类发展的量和质的积累。创新驱动发展战略就是在知识经济的时代背景下，在国家社会发展的基础上，不断完善我国的经济社会发展模式，转变经济发展的结构，以科技创新为核心，以培养创新型人才为关键，全方位推进科技创新、企业创新、市场创新、品牌创新，推动实现有质量、有效益、可持续的发展。创新驱动战略要引导企业自主研发创新，以创新驱动来提高我国的社会生产力和综合国力，从而保障我国的国际竞争力。创新驱动发展战略具有长远性和时代性，是我国新时期的长期发展战略，因此必须坚定实施创新驱动发展战略，推进全面创新，把自主创新落实到我国社会主义现代化建设的方方面面，从而促进我国经济社会实现更高质量、更可持续的发展。

创新驱动发展战略是在知识经济时代背景下和全球化的大环境下应对国际竞争的重要战略。在经济领域，创新驱动发展战略可以提高社会生产力，改善生产力和生产关系的矛盾；在政治领域，创新驱动发展战略可以优化制度建设，提高政治制度的效益；在生态领域，创新驱动发展战略可以有效提高自然资源利用率，保护环境，加快我国生态建设进程；在文化领域，创新驱动发展战略可以推动文化的交流，促进文化间的包容发展，使文化能够推陈出新，适应时代发展潮流；在社会领域，创新驱动发展战略可以优化社会结构，减少社会矛盾，提高居民的舒适度和满意度。具体而言，创新驱动发展战略对我国经济社会发展具有如下重要意义：

加快转变经济发展方式，促进经济健康发展。在全球化的大背景下，各国经济和世界经济之间存在重要联系，一方面每个国家作为独立的个体影响着世界经济，另一方面每个国家又被世界经济影响着。面对日益复杂的国际形势和不断动荡的世界经济，中国势必要承担起大国的责任，同世界各国一同应对未来的形势和挑战。在经历了经济长期高速发展之后，中国逐渐加大了对经济发展的质量要求，力求在新常态下通过高质量的经济发展解决遗留问题和现有挑战。面对经济结构单一、不平衡，劳动力成本上升等巨大挑战，创新驱动发展战略能够通过提高社会生产力、转变生产方式将粗放型经济转变为集约型经济，从而大幅改善生态环境，减少就业压力，促进经济健康发展。

推进社会主义现代化强国建设，实现中华民族伟大复兴。社会主义现代化强国是综合国力的体现，涵盖了国家发展的方方面面。经济、文化、社会、生态等等都离不开创新的支撑，只有坚持创新驱动发展战略，推进全面创新，才能提高国家的整体实力和国际竞争力。在新时期，我国的社会主要矛盾发生变化，从人民日益增长的物质文化需要同落后的社会生产之间的矛盾转变成了人民日益增长的美好生活需要和不平衡不充分的发展之间的矛盾，可以看出，时代的发展带来了新的需求，也带来了新的矛盾。解决社会矛盾的武器就是创新驱动，依靠创新才能加快中国的发展，促进社会的和谐稳定。从农耕文明到现代化机器作业，从古老的驿站到现在的高铁飞机，从夜观天象到火星登陆，创新改变了社会的方方面面，解决了各种不平衡和社会矛盾，是建设社会主义现代化强国和实现中华民族伟大复兴的重要保障。坚定实施创新驱动发展战略要在中国特色社会主义制度理论上进行创新，要发展先进的科技、文化、经济、教育、军队等，只有在社会发展的各个层面都发挥作用，才是真正意义上推行创新驱动发展战略。

实施创新驱动发展战略，推进全面创新，需要在中国特色自主创新道路上加大科技投入，完善人才培养机制，提高科技成果转化率和市场应用效益。实施创新驱动发展战略需要全面深化各项体制机制改革：首先政府要加大对科技创新的投资力度，创建良好的科技创新环境。具体而言，政府要给予正确导向，引领国有企业、大型企业进行科技创新，从而带动中小型企业和民间资本积极参与到科技创新中去。此外，政府要建立以技术创新市场为导向的机制，提高科技创新成果的转化率和市场收益率，促进生产方式的转变。其次，发挥市场在创新资源配置中的决定性作用。在市场作用下，创新资源会更好地被利用，科创领域能够吸引更多创新人才投入，创新成果能够得到更快更高效益的转化。最后，建立产学研一体化发展机制，在高校、企业、科研院所之间建立起联系纽带，整合技术创新链，发挥比较优势，提高资源在各个部门的利用效率。

三、科技创新是提高社会生产力和综合国力的战略支撑

实施创新驱动发展战略，核心是推行科技创新。科技是强国之器，科技创新是提高社会生产力和综合国力的战略支撑。纵观中国五千年历史，横看日本崛起，英国兴衰，美国称霸，有这样一条规律：哪个国家掌握最先进的科学技术并加以推广应用，其经济就会飞速发展，社会就会加速进步；哪个国家故步自封，不重视科技创新以及应用，即使本来是强盛之国，最后也会逐渐衰落，在新科技的浪潮中被淘汰。一个国家要想保证繁荣富强、社会稳定，就必须下决心大力推进科学技术创新。

汉唐宋时期，中国因为科技的领先地位得以成为世界上的强国，四大发明更是领先了欧洲几百年。然而，到了明清时期，欧洲进行文艺复兴和工业革命，率先进入了工业时代，中国却在闭关锁国中丧失了无数

次科技创新的机会，从世界强国沦落为处处挨打的弱国。如今，中国已经从近代黑暗史中恢复过来，但要想建设社会主义现代化强国，实现中华民族伟大复兴，还需要依靠科技创新的力量。"科技兴则民族兴，科技强则国家强"①，国家要想走向繁荣昌盛必须要有强大的科技力量作为支撑。科技实力的强弱决定着国家的地位强弱，也决定着国家民族的命运。科技创新已经成为提高社会生产力、增强综合国力、保障国家安全的战略支撑。

科技创新是提高社会生产力和综合国力的战略支撑有两层含义：一是科技创新已经成为提高社会生产力、解决社会矛盾的动力来源；二是科技创新是综合国力的关键构成。科技创新力量引领着社会生产方式和生活方式变革，重塑着全球经济结构和各国国际地位。此外，军事革命正在兴起，各国层出不穷的军事装备竞赛揭示着军事力量的重要地位。科学技术是引领创新发展的动力源泉，同时也是战争形态演进的动力来源。中国近代史的黑暗很大程度上是由军事力量薄弱，军事装备远远不如国外导致的，而一旦技术上的进步可以用于军事上，那么军事领域就将迎来变革和作战方式的改变。作为科技创新的一种，国防科技创新实力也是国家综合实力的重要组成部分，要想在国际军事竞争中占据主动，就必须大幅度提高国防科技自主创新能力。十九大报告中"科技是核心战斗力"的论断也揭示了军事战争的基本规律，进一步彰显了科技创新在保障国家安全、提高综合国力中的重要地位。

创新驱动发展需要以科技创新为核心，创新驱动发展的重要内涵之

---

① 习近平. 为建设世界科技强国而奋斗：在全国科技创新大会、两院院士大会、中国科协第九次全国代表大会上的讲话 [M]. 北京：人民出版社，2016：6.

一就是中国未来的发展依靠科技创新而不是单纯的劳动力或者资源。因此，科技创新是顺利实施创新驱动发展战略的前提。目前，制约我国经济发展的问题是生产力落后，生产关系矛盾化。科技创新可以大幅度提高社会生产力，从而解决生产关系中的矛盾。科技创新就像创新驱动的心脏一样，不断为创新驱动注入新的活力，为改善生产力现状带来新的力量，从而贯彻执行创新驱动发展战略，最终实现中华民族的伟大复兴。

四、创新人才培养是建设人才强国的当务之急

创新驱动发展战略的核心是科技创新，关键则是创新人才培养。创新的主体是人，任何创新活动都离不开人的主导。人才是创新的根基，也是创新的核心要素。创新驱动发展的本质是人才驱动带来科技驱动，我国的创新发展之路离不开创新人才。在国际竞争日益激烈的今天，创新型人才正在成为推进科教兴国战略、人才强国战略、创新驱动发展战略实施的重要力量，因此，创新人才的培养是建设人才强国的当务之急。

关于创新人才的内涵有两种代表性观点：其一，创新人才是指具有创造力，能够提出问题并加以解决，对社会物质文明和精神文明建设做出创造性贡献的人。其二，创新人才是指拥有异质性创新知识即独特经验、心智模式或者技能的人。无论是第一种还是第二种观点都需要创新人才拥有自觉的创新意识、缜密的创新思维和坚强的创新能力。虽然新中国成立以来，党和国家高度重视人才培养工作，造就了各个领域的大批人才，但对照现在的国际形势以及未来的发展需求，人才培养依然呈

现出阶段性特征，创新能力不强和结构不合理的问题依然突出，创新人才依然缺乏。必须看到的是，当前我国的人才总体发展水平和世界先进水平相比还有较大差距，与我国经济社会发展不协调不适应，尤其缺乏创新型人才，人才创新创业能力有待提高。具体而言，我国的人才结构需要优化，创新型人才培养必须跟上经济发展的步伐乃至引领经济社会发展。

人才结构无法适应新常态下中国的持续发展。现如今，各种高科技产业正在崛起，其所创造的价值越来越大，对世界经济的影响也越来越大。为适应世界经济结构的发展，我国的人才结构必须做出调整，优化创新人才比例，从重视人才数量向聚焦人才质量转变。此外，由于教育体制的弊端和人才培养模式的落后，我国继承型人才多，创新型人才少，人才资源能力结构不合理，要改变这一现状，就必须加强教育创新，培养拔尖创新人才，以教育创新带动创新人才发展，从而推进经济社会高质量发展。

在当今知识经济时代，创新人才培养也被赋予了新的意义。曾经，农业社会需要以手工劳动为标志的生产力，工业社会需要以机器为标志的生产力，如今信息社会需要的则是以高新技术为标志的生产力。信息社会的基础是知识经济，知识经济的基础是知识的创新、传递和应用。知识经济时代以知识创新为支撑，科技出现加速发展的趋势，知识创新已经成为生产力发展的主导因素，在国家经济中占据主要地位，因此国家之间的竞争就演变成了知识的竞争，即创新人才的竞争。紧抓知识创新和创新人才的培养，才是建设人才强国的当务之急，才是抓住了现代化的关键和立国之本。

以教育创新推动高质量发展

一、教育创新的基本含义

创新是创造新的事物，包括新的发现发明、新的思想、新的学说、新的技术以及新的方法等。而教育创新则是指通过教育、教学活动来培养学生的创新能力。创新教育的核心是培养创新能力。换言之，创新教育就是根据创新原理，培养学生的创新意识、创新思维、创新能力以及创新个性，在帮助学生牢固掌握学科知识的同时培养发展他们的创新能力。

创新教育的第一方面内容是创新意识的培养，也就是培养学生以创新为荣的观念和意识。意识具有主观能动性，决定着人们的行为，只有在强烈的创新意识引导下，人们才会把精力投入到创新中去，才会在创新项目中发挥创新潜力，释放创新激情。创新意识带来的无穷激情驱动了创新行为，创新行为在精神境界高度集中时慢慢演变成自觉思维，这种自觉思维也就是联合国教科文组织的"事业心与开拓精神"和彼得·圣吉"五项修炼"中的"自我超越"境界。

创新教育的第二方面内容是创新思维的培养。创新思维的典型特征是积极的求异性、敏锐的观察力、创造性的想象、独特的知识结构以及活跃的灵感。这种创新思维能够保证学生顺利解决新的问题，深刻地掌握各种知识并把它们运用到实际生活中去。因此，创新思维是创新活动的关键，创新教育必须加大对学生创新思维的培养。

创新教育的第三方面内容是培养创新技能。创新技能主要包括人们的信息加工能力、一般工作能力、动手能力、熟练掌握和运用创新技法的能力、创新成果的表达能力和表现能力及物化能力等。创新技能培养也是创新教育的重要内容，以基本技能为中心的科学能力和科学方法的训练需要在学校教育中得到加强。

创新教育的第四方面内容是培养创新情感和创新人格。创新过程并不仅仅需要智力作为支撑，创新情感或者人格都是创新活动的重要支柱。创新有时是一个枯燥漫长的过程，没有坚定的理想信念和创新情感很难坚持下去。在智力和情感的融汇中，人们才能在创新活动中充分发挥自己的聪明才智，释放创新潜能。除此之外，个性往往在创新活动中也有着重要作用，勇敢、独立、坚强等等个性特点一般对创新有着正面作用。创新教育要重视创新情感和创新人格的培养，赋予创新人才"软实力"，从而促进创新能力的形成和发挥。

教育创新是教育观念和体制的更新，是教育的进步，"素质教育""创新教育"等都属于教育创新，教育创新是教育思想理论与实践的突破与发展。在新时代背景下，教育创新是实现中华民族伟大复兴的必由之路，它不仅仅是教育方式的改变，更是教育功能的重新定位，是全局性的、结构性的教育革新，是新时代教育发展的方向。教育创新是创新教育的根本，创新教育是教育创新的重要途径。创新教育和教育创新的实质和目的是相同的，都是通过创新教育方式，培养创新型人才，促进我国教育事业的发展，推动建设人才强国和提高科技创新能力。

二、教育创新是建设创新型国家的基础

教育强，国家强；教育兴，国家兴。建设创新型国家需要提高自主创新能力，自主创新的关键在创新型人才，人才培养的基础是教育。教育创新既是新时代教育发展的历史任务和客观要求，也是在创新驱动发展战略下推动教育治理体系和治理能力现代化的重要内涵。

在当今知识经济背景下，世界各国纷纷把培养高层次、创新型人才作为增强综合国力的重要内容。知识经济告诉我们：谁能够掌握更多更先进的知识资源，谁就能在竞争中脱颖而出；谁能够在人才培养上占据领先地位，谁就能在世界上立于不败之地。美国、英国、日本、新加坡等等，这些发达国家在经历第一次工业革命，享受率先革命所带来的利益之后，纷纷开展教育创新活动，希望在知识经济时代下夺得先机。美国的产学研一体化建设比较完善，国家实验室和大学合作紧密，研究和教育结合度高，更倾向于培养复合型创新型人才。英国、日本、新加坡、韩国等国家通过开展"人才吸引"计划和"人才推进"计划，在吸引创新型人才的基础上，也大幅度倾斜资源综合培养本国创新型人才，力争从人才培养上推进科技创新，加快建设创新型国家步伐。

虽然说我国经过40多年的改革开放，取得了一系列科学、教育等方面的成就，但依然需要承认我国的总体科技水平和顶尖科技水平同世界先进国家仍有较大差距。小小的一枚芯片就能够让美国卡住高端制造业的脖子，先进的光刻机和高精度机床依然需要进口，战斗机的"心脏"——发

动机也与世界顶尖水平差距较大，以上种种都表明我国在关键技术方面自给率低，自主创新能力弱，企业缺乏核心竞争力。高新技术产业的问题就在于我国缺乏高水平的创新型人才，位于世界前列的科研人员总量只能带动科技产业共同发展进步，优秀拔尖人才和高水平创新型人才是带领我国突破高新技术封锁、实现核心技术自给的关键。因此，教育方面必须进行创新，以适合时代需要的人才培养模式，培养造就一批基础扎实、视野广阔、素质过硬，具备国际竞争力的高水平创新型人才。

教育创新在建设创新型国家中具有深远的战略意义。科学技术作为第一生产力，是推动国家进步、增强综合国力的内在要素和主导力量；教育则是国家综合发展的奠基工程，为科技创新、经济发展、文化繁荣提供智力支持，是建设创新型国家的基础力量。要想实现创新型国家目标，就必须锐意推进教学改革，创新人才培养模式，探索产学研一体化新方向。要从素质教育抓起，高度重视培养学生的创新意识，理论和实践教学相结合，培养学生的创新能力、实践能力、创业能力、职业拓展能力。要进一步深化改革高等教育模式，提高高校自主创新能力和人才培养能力，造就一批面向世界、面向前沿的高水平创新型人才。要通过教育创新激发全民族创新精神，营造良好创新风气，为创新型国家建设提供强大基础。

三、教育创新的核心任务是培养拔尖创新人才

人是创新活动的主体，一切教育活动从本质上来讲都是服务于人的。人具有的主观能动性决定了改变世界需要由人来完成，人在不断地学习中通过运用特定的生产实践活动进行创新，并不断实现自我成长和对社会的适应。因此，培养人的主体性和能动性的教育，必须通过完善的教

育模式塑造人的创新意识和创新技巧。教育创新必须坚持将培养创新人才作为创新的核心任务，维持培养拔尖人才的基本价值趋势，发挥其在建设创新型国家中的基础作用，进而提高国家整体的创新水平和顶尖科技实力。

从知识经济时代开始，国内外教育领域的核心就转变成培养具有创新意识、创新精神、创新思维和创新能力等素质的人。新时代的教育创新，必须结合社会发展以新的标准进行人才培养，牢牢树立培养创新型人才的目标，深入改革素质教育、高校教育、成人教育、职业教育等教育模式，从而不断提升人的综合素质，尤其是人的创新能力和创新情感素质。

教育创新并不是单纯的某种片刻的创新，而是贯穿人才培养全过程的教育创新。哈佛大学前校长陆登庭指出："在迈向新世纪的过程中，一种最好的教育就是有利于人们具有创新性，使人们变得更善于思考，更有追求的理想和洞察力，成为更完善、更成功的人。"教育创新的目标就是培养全面发展、创新能力突出的综合素质人才，创新能力、创新意识、创新情感、创新技巧的培养是教育创新的核心要素。在教学创新中，要注重培养学生的创新意识，通过意识驱动转化为自觉思维，同时也要不断发展学生的创新思维，辅之以各种创新技能训练，培养出具备创新情感和优良创新个人品质的拔尖创新人才。创新意识、创新能力的培养不是一朝一夕之功，而是一个长久的培养锻炼过程。教育创新要贯穿学生的终身教育，从幼儿园和小学时期就要激发学生的兴趣，培养学生良好的学习习惯和学习能力，塑造以创新为荣的氛围。基础教育中应当注重开展素质教育，摒弃当前应试教育中的填鸭式教学，以兴趣带动学习，用意识培养能力。高校教育是教育创新中非常关键的一环，要注重教学和研究、实践的结合，在多领域学科交叉的背景下，充分发挥基地育人的优势，培养学生实际的创新创造能力。教育创新同时离不开教师的创新素质，没有创新型的教师很难培养出创新型的学生。因此，教育创新也要注重对教师的培训，着重培养出一批具备创新思想，能够灵活运用各种教学方法激发学生兴趣的具备深度专业知识和广泛综合修养的创新型教师。

深刻认识教育以人为本，深刻理解教育创新是为了实现人的自我超越的价值逻辑，牢牢抓住教育创新是为了培养拔尖创新型人才的核心要务，才能更好地实现教育的整体优化创新，推动人的全面发展建设，实现科教兴国的远大目标。

第三节
坚定不移走中国特色创新人才培养道路

一、改变教育观念，树立创新人才培养的新理念

从九年义务教育到高中教育，我国教育偏重考试结果，有一定的应试教育属性。尤其是在学生心智能力逐渐成熟的高中阶段，应付高考的重复性、基础性教育对培养学生的创新意识存在一定的抑制作用。所以，只有

改变应试教育观念，不断自我革新，树立创新型人才培养的新理念，才能从根本上解决创新型人才培养不足的问题。

创新人才培养是全世界高等教育创新的共同目标。我们应立足于中国特色社会主义道路，统筹兼顾中国特色社会主义各项事业的发展需要，结合未来世界发展趋势和价值需要，紧密围绕"为谁培养人、培养什么人、怎样培养人"这一根本问题创新教育观念和理论，从上到下、从理论到实际进行教育的转变。

改变教育观念需要深化对教育创新的体系化建构。教育观念的改变不是简单地从应试教育直接革新到创新教育，而是需要从理论层面构建丰富的创新教育体系。要改变教育观念就要先明白什么是教育创新、什么是创新教育、创新的价值内涵以及创新型人才的综合素质。要从教育与人的关系、教育与社会的关系入手，在教育基本内涵方面丰富教育和创造的关系研究，深化教育创新理论体系，进一步夯实教育的创造性基础，实现教育理论、内容、价值和功能的综合深化，进而深入理解教育创新的内涵和价值。教育创新不能简单地照搬西方的经验，要立足于中国特色社会主义道路的实际情况，将西方的经验中国化，取其精华，去其糟粕，构建中国特色社会主义教育理论体系。当今时代是不断进步、不断改革的时代，教育理念的转变要不断深化，不断与时俱进增进内涵，符合时代进步的要求，从而不断完善具有中国特色的面向未来的社会主义教育理论体系。

教育观念的改变既要做到不忘初心，又要能够开创新局。不忘初心要求教育的本质始终是育人，始终要以培养人的全面自由发展为根本任务。"育人为本"既是教育创新得以存在的前提，也是教育创新的本质和目标所在。正如马克思所说，人的自由全面发展包含"人的全面发展"① 和"人的自由发展"② 两个方面的内容，教育也要始终做到以培养人的全面自由发展为本，摒弃市场化、应试化教育对人思想的束缚，带领学生追求真正的思想自由。于变局中开新局要求教育也要做到与时俱进，不断革新，从理论到实践全面适应时代发展的需要，满足中国特色社会主义事业的各项需求。教育要以人的创造性培养为本，破除旧思维、旧模式，在开放和创新中带领学生找寻真理，实现全面发展。教育创新以人的创造力培养为主要目标，在理念、过程和方法上创新，强调学生的个性与特色，从内到外，成就学生积极、活跃的价值生命。

二、调整专业结构，构建多学科交融的学科专业环境

高校的专业结构是高校培养专业人才的横向结构，包括课程的选择、课程的数量以及课程之间的结构关系等等。高校的专业结构构建是培养创新型人才的关键流程，合理的专业结构能够支撑建设更丰富的教学创新理念、开展更完善的教学创新实践。然而，当下很多高校的专业结构存在固定化、缺乏针对性、专业比例不合理等问题，培养方案往往以院系为基础、以学科为中心，按学科大类招生的最普遍的人才培养模式培养人才，使学生缺乏自主选择性，不利于学生个性化发展。因此，高校要积极探索专业结构调整方式，优化人才培养的学科，鼓励不同年级的学生选择不同层级的学科培养方式，促进学科、专业间的交融，培养出专业知识结构完善、创新思维活跃的拔尖学生。

---

① 马克思恩格斯全集：第 25 卷 [M]．2 版．北京：人民出版社，2001：2．
② 马克思恩格斯文集：第 2 卷 [M]．北京：人民出版社，2009：53．

　　从培养模式上看，创新人才的基本培养模式为"低年级加强通识教育、基础教育，高年级加强专业教育和分流培养"。此外，高校还要建设以学科大类为基础的特色精品课程，提高通识教育的质量，拓宽知识基础，提高课程学习质量。针对专业调整和交叉学科建设方面，高校一要依托重点学科，建设自身优势专业。每所高校都有自身的强势或者优势专业，高校也要充分发挥比较优势，扬长避短，以重点学科、各人才培养基地为依托，加大对优势专业的建设和改革力度，提高自身的专业办学实力，彰显学科优势，塑造特色鲜明、质量过硬的高校形象。同时，要统筹区分博士、硕士和学士三级学位学科目录，建立健全应用型人才和学术型人才培养机制，根据学生的特点灵活设置学科目录，实现学生学习的自主性。二要积极实施学科交叉融合，构建小班教学和大班授课相结合的教学新体系。人才培养具有连续性，低年级重基础和通识教育，高年级开展专业教育，能够更好地完善学生知识结构，给予学生充分的自主权。同时，以宽口径培养为基础，强化通识教育，培养各类应用型创新人才。高校还要打破学科壁垒，在统筹兼顾学科关系和人才培养规律的基础上，整合具有联系的相关专业课程，辅之以小班教学和大班授课的新体系，加强专业沟通，促进学科间交叉融合。三要依托办学优势，充分发掘传统学科潜力，在改造传统学科的同时赋予其崭新的生命力，联合优势学科共同打造多学科交融的学科专业环境。

　　无论是专业结构的调整还是多学科交融的学科专业环境的构建，都需要高校明确自身职能，推动学科管理体制的变革。学校、学院和系所之间职能分工明确：学校负责制定学科重大发展战略、决定新兴学科和交叉学科的设置以及组织多学科联合攻关的重大科研、教学项目；学院作为学科具体管理的主体，充分发挥积极性、主动性，瞄准学科前沿、现实需求等，灵活调整学科的设置形态；系所负责实施学科的发展政策，以学术为主进行专业化管理，同时保证学科内部的科学性。与此同时，多学科交叉融合的环境需要政策扶持和制度保障，学院之间、学校之间要加强联系，集中各自优势成立跨学科、跨学院乃至跨学校的综合性研究平台，在国家重大战略需求与国际科技前沿紧密结合的领域开展原创性研究，联合培养创新型人才。

三、积极探索研究型教学模式，将科研引入教学

培养创新型人才需要教师、课程、学生三大基础因素相互协作，其中教师是具有主观能动性、最能对学生产生创造性影响的因素。然而教学模式长期以来一成不变，各地教学模式千篇一律，缺乏创新，落后于时代的教学模式已经难以适应创新型国家建设需要，改革教学模式、提高教学质量是高校教育的必然选择，也是培养创新型人才的必经之路。

现如今，灌输式、填鸭式的教学模式依然广泛存在，这些教学模式能够很好地满足硬性教学规定，有利于教师完成既定的教学计划。然而，这些传统的教学模式非常容易把课堂变成"上面讲，下面记，考前背一背笔记"的状态，缺乏对学生的创造性引导，已经不能满足新时代创新型人才培养的需求。相比于传统教学模式，研究型教学模式更加注重研究性学习，教学方式更加多元化，在传统课堂中大量融入案例教学、问题式教学、讨论式教学、启发式教学、研讨式教学，构建合作式学习环境。

研究型教学模式要求学校提供充分的制度保障和完善的科研条件。学校要充分利用学科优势和平台优势，倾斜资源打造完善的科研环境，并为

研究型教学提供制度上的保障，解决教师和学生的后顾之忧。研究型教学模式同样要求教师创新现有教学模式，在日常课程中做到四个结合：首先，教学与科研相结合。在学生的日常学习中，教师要将科研带到课堂上，用科研思想、科研情感激发学生的科研创新意识，帮助学生掌握科学的方法，培养学生良好的科学素养。其次，教师与学生相结合。教师在课堂上要抛弃灌输式、零交流式的教学方法，构建合作式学习环境，与学生共同研究，在保证学生自主发展的同时形成师生共同体。再次，理论与实践相结合。教师要充分认识到实践教学的重要性，调节实验课课时和比例，按照基础训练→综合实验→设计创新实验三个层次组织实验教学，培养学生提出、分析、解决问题的能力和意志品质。最后，课内和课外相结合。创新性训练和科研教学绝不是仅仅依靠方案上的课程时间就可以完成的，要通过第二课堂建设、课外实践的组织和开发，把科研教学拓展到传统课堂外，提高学生的实际研究能力。将科研引入教学还需要学校积极构建开放式实践教学体系、设立本科生科研计划、大力开展各项科研创新训练、丰富学生的课外实践活动，为学生提供自主创新的空间。学校可以允许教师主持的科研项目吸纳学生成员，在日常基础训练中培养学生的科研意识和科研能力，此外，学校也可以鼓励学生自主开发项目，在教师的协助指导下，体验项目从立项到结项的完整流程。

不论是案例教学还是研讨式教学，研究型教学模式的目标都是激发学生的学习兴趣和探究激情，培养学生完善的科研思维和良好的科研能力。研究型教学模式的构建要把握以下四点：第一，教与学的过程要均具有研究性。教要求教师创新教学方法，营造研究氛围，通过真实的教学情境激发学生的学习兴趣；学要求学生能够利用科学的方法，通过会议组织、报告撰写等方式来解决问题，从而锻炼自身的沟通交流和团队协作能力。第二，教学过程要充分尊重学生的自主性。研究型教学的目的在于培养学生的自主学习能力和创新能力，因此，教师的工作首先是要让学生学会以问题导向来学习，充分激发学生学习的自主性。教师在设计教学过程时要先设计好问题，然后创设激发学生思考、设计、总结和报告的情境，通过指导和促进学生自主学习，完成科研教学目标。教学过程更多是合作式学习而非无交流式的灌输，充分尊重学生的自主性，激发学生的自主学习兴趣，提高学生的自主学习能力。第三，教学和教育要相统一。研究型教学重视学生学习过程中的方法运用，通过衡量学生思考问题的角度、组织讨论的效率、撰写报告的能力、语言表达的能力评价学生的学习任务完成质量。通过组织大量研讨和小组活动，使学生学会自我组织团体，学会相互交流看法，学会分工协作，在求同存异、相互包容中快速融入团体，在教学目标完成的同时达到育人的目的。第四，教学具有挑战性。研究型教学模式决不能随意设置简单的问题引导学生学习，应当设置各种需要思考的问题让学生学习和解答，在不至于过分困难的同时给予学生挑战，使学生在学习上保持精神高度集中，不断刺激、开发学生潜能，实现个体全面发展。

教学模式的设计不能一成不变，也不能脱离既定目标。设计教学模式时需要充分认识到教学方法改革的目的是完成人才培养目标，积极探索研究型教学模式时也要注意教学方法的调整，用最合适的教学方法培养创新型人才。

四、实施创新创业教育，全覆盖、分层次促进学生创新

培养创新型人才离不开创新教育的实施，同时也需要深入推进创业教

育，创新创业教育相结合，共同促进学生创新。创新与创业二者并不是割裂的关系，相反，创新往往在创业的过程中产生，成功的创业也离不开创新，二者相辅相成，具有"双生关系"。"创业教育之父"杰弗里·蒂蒙斯曾指出："如果把创业比作美国经济的发动机，那么创新就是此发动机的气缸，它带动了重要新发明和新技术的诞生。"创新创业教育并不是简单的创新教育和创业教育概念的集合，而是对创新教育和创业教育的内涵做了综合性表述：对创新的属性进行了规定，创新应是指向创业的、重在应用的创新；对创业的方向进行了指引，创业应是创新型、高增长、高水平的创业。创新创业教育拓展了创新教育和创业教育内涵，促进了创新的商业化，提高了创业的层次和水平，塑造了培养创新型人才的有效通道。

创新创业教育的核心理念是"面向全体学生"、"结合专业教育"和"融入人才培养全过程"，也就是说创新创业教育要做到全覆盖，任何对创业感兴趣的学生都应当能够接受创业教育。创新创业教育的基本目标是全覆盖、分层次和差异化，既要保证所有学生都能接受通识型创新创业启蒙教育，又要做到因人而异，对不同专业、不同创业意愿、不同接受能力的学生实施不同类型的创新创业教育。

作为培养创新型人才的基地，学校要在已有成果的基础上以先进的教育理念为指导，建立有效的教育管理机制，形成并贯彻创新创业教育理念。学校要将创新创业教育融入人才培养的全过程，扎实推进创新创业人才计划，着力搭平台、建机制、造氛围，优化创新创业实践生态，切实增强学生创新精神、创业意识和实践能力。要加强顶层设计，可以在新生中实施"启航计划"，在高年级学生中开展"深造计划"，将创新创业实践教育融入大学生涯教育，积极构建全学制全过程贯通的"三课堂"培养体系。打造第一课堂课程群，细化不同层次、不同类型学生创新创业实践教育目标，完善修订培养方案和学位标准，开设"创新思维与方法""创业管理""创新导航"等通识课程和专业选修课，开展启发式、讨论式、参与式教学。此外，学校可以搭建第二课堂竞赛群，构建以"挑战杯""互联网＋""创青春"为龙头的创新创业竞赛体系，逐步建立"指导、培训、孵化"全过程创新实践竞赛模式，举办数学建模竞赛、乡村振兴大赛等创新实践竞赛，达到以赛促学、以赛促教的目的。推进以网络为载体的第三课堂，开展在线创新创业课程建设，推动课程在"中国大学慕课""好大学在线""智慧树"等国内知名慕课平台上推广使用。

构建中国特色创新人才培养道路需要创新创业教育打破传统，塑造新的运行机制和多样化拔尖创新人才培养模式，营造全校师生关注创新创业的良好氛围，鼓励吸引高素质学生、高水平教师并拓展校内外优质资源参与创新创业教育工作，"全覆盖、分层次"推进全校创新创业教育实施，从而培养一大批富有创新精神、勇于投身实践的创新创业人才。

五、实施本科生导师制，教师助力科研创新人才培养

近年来，国家正在全面推行世界一流大学和世界一流学科的"双一流"建设，各个高校都在深化改革育人模式，力求培养一批具备创新意识和创新能力的新时代拔尖人才。高校需要认识到，"双一流"建设的根本目的是培养人才，人才培养的基础是本科教育，只有做好本科教育，才能更好地激发学生的潜能，培养出符合时代要求、国家要求的创新型人才。

党的十八大报告要求"把立德树人作为教育的根本任务……全面实施素质教育"，《教育部关于全面提高高等教育质量的若干意见》中，也明确

提出要"改革人才培养模式，实行导师制、小班教学，激发学生学习主动性、积极性和创造性，培养拔尖创新人才"。2019 年 10 月，教育部发布《关于深化本科教育教学改革全面提高人才培养质量的意见》，明确提出要建立健全本科生学业导师制度，由教师来帮助学生定制更具个性化的培养方案和学业生涯规划。建立本科生导师制度既能够全面贯彻落实国家教育方针政策，为实现教育目标打开通道，又能够促进学生个性发展和全面发展，培养出更多创新型人才。本科生导师制度将导师和学生紧密联系起来，能够引导学生迅速脱离中学思维，更快更好地适应大学生活；能够因材施教，实现学生个性化全面发展；能够给予学生人文关怀，帮助学生塑造正确的世界观、价值观、人生观。本科生导师制度是教育创新的有机组成部分，是提高人才培养质量、推进创新型国家建设的重要举措。

我国的本科生导师制度依然在探索阶段，很多高校在实施过程中存在很多问题，难以高效完成育人目标。首先，导师的职责和工作范围不明确。部分高校在实施导师制时常以咨询反馈为主，导师并没有认识到自身工作的重要性，没有切实履行好培养学生创新能力的职责，导致本科生导师制的实施效果不理想。其次，导师与学生之间比例失衡，缺乏针对性指导。近年来高校不断扩招，师生比逐渐失衡，一名导师往往匹配数十名学生，很难做到对每一个学生悉心培养。此外，导师和学生之间缺乏双向选择制度，学生不了解导师的研究方向，导师也不清楚学生的性格特点，导师指导缺乏针对性，同时也难以构建行之有效的师生交流机制，导致本科生导师制最终流于形式。

实施本科生导师制的过程中，要厘清导师责任和培养目标，注重工作内容而非形式。高校首先应加强对导师工作的分工与管理，明确其工作内容与职责，同时建立资深导师集中培训制度，加强导师间的沟通交流，以高质量、重敬业、懂奉献的导师队伍培养高水平人才。其次，高校要增加导师指导频率，完善导师和学生的约谈制度，发展延续性指导。最后，高校要建立起完善的评价激励机制，让认真负责的导师得到正反馈，提高导师工作的积极性，保障本科生导师制度顺利实施。

本科生导师制度是高校应对时代变革、提高教育质量的重要举措，但在实施初期仍然存在一些问题，高校要积极探索解决办法，赋予本科生导师制更深刻的内涵，为培养高水平创新型人才打下坚实基础。

第六章

培养学生综合素质，推动人的全面发展

第一节
全面培养是提高学生综合素质的根本途径

一、学生综合素质的基本内涵与培养学生综合素质的时代背景

对学生的传统评价是指在一定的教育价值观的指导下，根据一定的标准，运用一系列评价方法和技术，对学生个体成长发展情况进行判断的活动。对学生综合素质的评价是指在传统评价的基础上，侧重对学生能力和技能的评价，并逐渐扩大到非智力因素，对学生的学习状况和学习过程进行全面的评价。

综合素质评价是以学生的发展为中心的、尊重中小学生身心发展规律的评价体系。20世纪初，由于实验心理学、教育统计学和智力理论的发展，教育评价与考试、人才评价等方面逐渐被分为思想和理论两部分。20世纪初至40年代，随着对非智力因素和人才评价认识的深化，以及"泰勒原理"在课程和教学计划中的应用，心理学和教育界开始关注非学科学习素质的理论研究——综合素质理论。综合素质评价不仅属于教育评价应用于教育领域，而且属于人才评价应用于人力资源领域。随着学业评价、考试和人才评价研究与应用的不断深入，卢梭自然教育思想和杜威社会教

育思想的广泛传播，受人才理论、建构理论及全面发展观、个性观等的影响，综合素质教育最终落实在关注人的基础成长和成才基础上。

我国十分重视学生综合素质评价体系的建立，教育部在《关于积极推进中小学评价与考试制度改革的通知》中将学生综合素质界定为"道德品质、公民素养、学习能力、交流与合作能力、运动与健康、审美与表现"六个维度（不同的地区或学校结构略有差异）。

综合素质评价可以理解为评价体系的基本评价理念，包括学术能力和非学术能力两个方面。学术能力侧重于智力因素的发展，而非学术能力侧重于非智力因素的发展。因此，在对学生的评价中，学术能力与非学术能力同样重要。通过综合素质评价，促进学生全面而有个性的发展，激发每位学生的潜能优势，鼓励学生不断进步；构建开放性、多元化、发展性的评价体系。

中小学生综合素质评价一直以来都是教育研究人员热议的话题，随着教育质量综合评价改革的深入推进，尤其是随着教育部《关于2013年深化教育领域综合改革的意见》、中共中央《关于全面深化改革若干重大问题的决定》、国务院《关于深化考试招生制度改革的实施意见》、教育部《关于加强和改进普通高中学生综合素质评价的意见》、教育部《关于全面深化课程改革 落实立德树人根本任务的意见》、教育部《关于深入推进教育管办评分离 促进政府职能转变的若干意见》等一系列政策文件的出台，我国必将从政策和实际需要两方面出发，推动综合素质评价研究向纵深发展。

随着时代的变化，教育格局也发生了转变，改变了单一的学生评价模式，催生了素质教育理念和综合素质评价的实施。具体而言，从以前信息传播速度慢且途径单一到现在多渠道及时传播和信息可视化技术的迅速发展，学校对学生的培养模式也发生了颠覆性的变化，从注重教到注重育，从对学生知识的普及和灌输转变为让学生学会自学，越来越重视对学习能力和其他能力的培养。综合素质教育的重要性日益凸显，全面培养学生综合素质是时代的要求。

二、全国教育大会提出全面培养新要求

习近平总书记在 2018 年 9 月召开的全国教育大会上提出，"在党的坚强领导下，全面贯彻党的教育方针，坚持马克思主义指导地位，坚持中国特色社会主义教育发展道路，坚持社会主义办学方向，立足基本国情，遵循教育规律，坚持改革创新，以凝聚人心、完善人格、开发人力、培育人才、造福人民为工作目标，培养德智体美劳全面发展的社会主义建设者和接班人，加快推进教育现代化、建设教育强国、办好人民满意的教育"①。系统科学地阐释了建设新时代中国特色社会主义教育理论体系的重要意义和路径方法，为做好新时代教育工作提供了根本遵循。

教育是国之大计、党之大计。我们一定要抓住"为谁培养人、培养什么人、怎样培养人"这个教育的首要问题，为国家培养一代又一代德智体美劳全面发展的社会主义建设者和接班人，培养一代又一代拥护中国共产党领导和我国社会主义制度、立志为中国特色社会主义奋斗终身的有用人才，为实现"两个一百年"奋斗目标和中华民族伟大复兴夯实人才基础。构建德智体美劳全面培养的教育体系，为人才培养筑牢更高水平、更加科

---

① 习近平出席全国教育大会并发表重要讲话［EB/OL］.（2018 - 09 - 10）［2021 - 11 - 12］. http：//www.gov.cn/xinwen/2018 - 09/10/content_5320835.htm.

学的制度基础。

构建德智体美劳全面培养的教育体系是我国教育一直以来的努力方向。加强德育，要重视加强道德修养，教育引导学生培养和践行社会主义核心价值观，切实修身养性，成为有家国情怀的人；加强智育，要在增长知识见识上下功夫，教育引导学生珍惜学习时光，求知问学，增长见识，丰富学识，朝着求真理、悟道理、明事理的方向前进；加强体育，应树立健康第一的教育理念，开齐开足体育课，帮助学生在体育锻炼中享受乐趣、增强体质、健全人格、锤炼意志；加强美育，要全面加强和改进学校美育，坚持以美育人、以文化人，提高学生审美和人文素养；加强劳育，要在学生中弘扬劳动精神，教育引导学生尊重劳动，懂得劳动最光荣、劳动最崇高、劳动最伟大、劳动最美丽的道理，长大后能够辛勤劳动、诚实劳动、创造性劳动。

第二节

做好"六个下功夫"

培养社会主义建设者和接班人是我们教育的根本任务。习近平总书记在 2018 年 9 月召开的全国教育大会上强调，"要在坚定理想信念上下功夫"，"要在厚植爱国主义情怀上下功夫"，"要在加强品德修养上下功夫"，

"要在增长知识见识上下功夫"，"要在培养奋斗精神上下功夫"，"要在增强综合素质上下功夫"①。这"六个下功夫"，为做好新时代青年人才的培养工作指明了方向。

一、在坚定理想信念上下功夫

青年的理想信念关乎国家未来。习近平总书记曾提出，广大青年要"把理想信念建立在对科学理论的理性认同上，建立在对历史规律的正确认识上，建立在对基本国情的准确把握上"②。培养新时代青年人才，要在坚定理想信念上下功夫，首先要加强马克思主义理论教育。马克思主义既是当代青年观察世界变化的认识工具，又能为当代青年成长奠定科学的思想基础。其次要加强中国历史特别是近代史教育、社会主义发展史教育、时事政策教育等，引导青年正确认识世界和中国发展大势，从我党探索中国特色社会主义的历史发展和伟大实践中，认识和把握人类社会发展的历史必然性，认识和把握中国特色社会主义的历史必然性。深刻领会实现中华民族伟大复兴是中华民族近代以来最伟大的梦想，增强学生的中国特色社会主义道路自信、理论自信、制度自信、文化自信，使学生不断树立为共产主义远大理想和中国特色社会主义共同理想而奋斗的信念和信心，立志肩负起民族复兴的时代重任。

二、在厚植爱国主义情怀上下功夫

爱国是人世间最深层、最持久的情感。爱国主义是中华民族精神的

---

① 习近平出席全国教育大会并发表重要讲话 [EB/OL]. （2018－09－10）[2021－11－12]. http：//www.gov.cn/xinwen/2018－09/10/content_5320835.htm.

② 习近平. 习近平谈治国理政：第1卷 [M]. 2版. 北京：外文出版社，2018：50.

核心，在中华民族五千年绵延发展的历史长河中，爱国主义始终是激励我国各族人民自强不息的强大力量。因此，必须厚植学生的爱国主义情怀，开展家国情怀教育、社会关爱教育和人格修养教育，传承发展中华优秀传统文化，大力弘扬核心思想理念、中华传统美德、中华人文精神，引导学生了解中华优秀传统文化的历史渊源、发展脉络、精神内涵，增强文化自觉和文化自信。引导青年树立正确的历史观、民族观、国家观，要把爱国和爱党、爱社会主义相统一，始终做到爱国的深厚情感、理性认识和实际行动一致，这是当代中国爱国主义精神最重要的体现。引导学生与祖国同呼吸、共命运，立志听党话、跟党走，扎根人民、奉献国家。

三、在加强品德修养上下功夫

习近平总书记强调，"一个人只有明大德、守公德、严私德，其才方能用得其所"[①]。道德是社会关系的基石，是人际和谐的基础，育人的根本在于立德。增强学生的品德修养就是要把社会主义核心价值观融入国民教育全过程，落实到中小学教育教学和管理服务各环节，深入开展爱国主义教育、国情教育、国家安全教育、民族团结教育、法治教育、诚信教育、文明礼仪教育等。党的十八大提出，"倡导富强、民主、文明、和谐，倡导自由、平等、公正、法治，倡导爱国、敬业、诚信、友善，积极培育和践行社会主义核心价值观"。引导学生牢牢把握富强、民主、文明、和谐作为国家层面的价值目标，深刻理解自由、平等、公正、法治作为社会层

---

① 习近平. 习近平谈治国理政：第 1 卷 ［M］. 2 版. 北京：外文出版社，2018：173.

面的价值取向，自觉遵守爱国、敬业、诚信、友善作为公民层面的价值准则，踏踏实实修好品德，成为有大爱大德大情怀的人。引导学生积极投身社会实践，通过各类实践调研和志愿服务活动，走进社会，感受时代脉动、思考社会问题，培养责任感和公益意识。

四、在增长知识见识上下功夫

过硬的知识见识是青年成长成才的牢固根基。当今世界，各种新知识、新情况、新问题、新事物层出不穷。习近平总书记强调，"广大青年要如饥似渴、孜孜不倦学习，既多读有字之书，也多读无字之书，注重学习人生经验和社会知识"①。随着教育的普及和互联网的繁荣，人们获取信息更加方便。教育不但需要注重知识的积累，也要注重思维的锤炼、见识的增长。因此，要引导学生增长见识，丰富学识，具备粗中取精的信息筛选力、去伪存真的知识鉴别力、把握时代大势的洞察力，沿着求真理、悟道理、明事理的方向前进。要教育引导青年多关注世界形势及其发展变化，全面客观认识当代中国、看待外部世界，成为具有中国情怀和全球视野的人才。

五、在培养奋斗精神上下功夫

昂扬的奋斗精神是青年成长成才应有的风貌。新时代是奋斗者的时代。习近平总书记强调，"奋斗是青春最亮丽的底色"②。要引导学生树立高远志向，秉持为人民谋幸福、为民族谋复兴、为世界谋大同的使命，历

---

① 习近平. 在知识分子、劳动模范、青年代表座谈会上的讲话 [M]. 北京：人民出版社，2016：11－12.

② 习近平. 在纪念五四运动100周年大会上的讲话 [M]. 北京：人民出版社，2019：9.

练敢于担当、不懈奋斗的精神。青年学子只有在辛勤劳动和不懈奋斗中锤炼坚强的意志品格，培养奋勇争先的进取精神，历练不怕失败的心理素质，才能始终以乐观主义的人生态度面对一切困难和挫折，做到刚健有为、自强不息，呈现出最美丽的人生姿态。

六、在增强综合素质上下功夫

良好的综合素质是学生成长成才的时代要求。提高学生的综合素质，不仅要引导青年善于学习、乐于学习、勤于学习，还要按照培养德智体美劳全面发展的社会主义建设者和接班人的要求，在综合能力、创新思维、文明素养的培育等方面下更大功夫。只有全面发展，才能让一代又一代的青年心灵更丰盈、精神更饱满、人格更完善、能力更彰显。通过更高质量的综合教育，培养出更多体格强健、精神刚健、有文化修养、有人文关怀、有创造活力、有人格魅力的时代青年。这样，不仅能成就青年的精彩人生，更能成就蓬勃向上的青春中国。

第三节
建设更高水平的人才培养体系与评价体系

一个国家的进步，镌刻着青年的足迹；一个民族的未来，寄望于青春的力量。党的十九大报告指出，"人才是实现民族振兴、赢得国际竞争主动的战略资源"。教育是培养人才的基础。教育兴则国家兴，教育强则国家强。习近平总书记在全国教育大会上指出，"要努力构建德智体美劳全面培养的教育体系，形成更高水平的人才培养体系"①。习近平总书记的论述，为做好新时代教育工作和建设高水平人才培养体系提供了根本遵循。我国教育必须牢牢把握新时代对人才培养的新要求，形成高水平的人才培养体系。

一、弘扬与践行社会主义核心价值观

建设更高水平的人才培养体系与评价体系，要积极弘扬与践行社会主义核心价值观。人类文明薪火相传的基本途径是教育，教育不仅通过传授知识和技能维系人的生存，而且通过传播价值观培育人的心性。价值观教育是传统教育的核心内容，从柏拉图到孔子，东西方教育思想的共同点是培养心智健全的有德之人，其基础和核心是伦理道德教育。今天，教育的内容和目标发生了重大变化，但是通过价值观教育培养遵纪守法的公民仍然是教育的基本任务。培育和践行社会主义核心价值观首先需要融入国民教育全过程。

社会主义核心价值观是社会主义核心价值体系的内核，体现社会主义核心价值体系的根本性质和基本特征，反映社会主义核心价值体系的丰富内涵和实践要求，是社会主义核心价值体系的高度凝练和集中表达。"社会主义核心价值观，反映了历史传承和时代要求的统一，是先进政党的自

---

① 习近平在全国教育大会上强调：坚持中国特色社会主义教育发展道路 培养德智体美劳全面发展的社会主义建设者和接班人［N］. 人民日报，2018 - 09 - 11.

觉倡导和人民群众共同愿望的结合。"①

青年学生的价值取向决定了未来整个社会的价值取向，他们的道德修养、思想精神面貌和文化科学素质，对国家和民族的未来发展有深刻影响。青年学生践行社会主义核心价值观的过程是励志修德的过程，是更好地实现自己人生价值的过程。进行社会主义核心价值观教育，未成年人思想道德建设和大学生思想政治教育是最直接的途径。在国民教育体系中，道德教育和思想政治教育始终十分重要。

习近平总书记 2018 年 3 月 18 日上午在京主持召开学校思想政治理论课教师座谈会并发表重要讲话，向全国大中小学思政课教师致以诚挚的问候和崇高的敬意。他强调，"办好思想政治理论课，最根本的是要全面贯彻党的教育方针，解决好培养什么人、怎样培养人、为谁培养人这个根本问题。新时代贯彻党的教育方针，要坚持马克思主义指导地位，贯彻新时代中国特色社会主义思想，坚持社会主义办学方向，落实立德树人的根本任务，坚持教育为人民服务、为中国共产党治国理政服务、为巩固和发展中国特色社会主义制度服务、为改革开放和社会主义现代化建设服务，扎根中国大地办教育，同生产劳动和社会实践相结合，加快推进教育现代化、建设教育强国、办好人民满意的教育，努力培养担当民族复兴大任的时代新人，培养德智体美劳全面发展的社会主义建设者和接班人"②。

弘扬与践行社会主义核心价值观，最主要的是以学生为主体，充分发挥学生的主动性，因材施教。教育应是主体之间交互作用、双向交流进步

---

① 梁柱. 社会主义核心价值观是历史传承和时代要求的统一 [J]. 红旗文稿, 2014 (11): 13-15.

② 习近平主持召开学校思想政治理论课教师座谈会强调: 用新时代中国特色社会主义思想铸魂育人 贯彻党的教育方针落实立德树人根本任务 [N]. 人民日报, 2019-03-19.

的过程，而非单向灌输与教化的过程。因此在教育方式上，应结合心理与教育学理论基础，重视青少年身心特点和成长规律，拓展培育青少年多途径弘扬和践行社会主义核心价值观。例如，除了课堂教学外，还要建立课堂教学、社会实践、校园文化多位一体的育人平台。由于课堂教学主要是理论学习，而理论和实践相结合、知行统一是道德养成和思想成长的根本途径。培育社会主义核心价值观，也必须遵循这一规律，让思想理论走进学生的实际生活，让青少年在切身的实践活动中增长见识、完善自我，从而取得实际效果。

发挥社会实践的养成作用，需要完善实践教育教学体系，开发实践课程和活动课程，加强实践育人基地建设，打造大学生校外实践教育基地、高职实训基地、青少年社会实践活动基地，组织青少年参加力所能及的生产劳动和爱心公益活动、益德益智的科研发明和创新创造活动、形式多样的志愿服务和勤工俭学活动。另外，发挥校园文化的熏陶作用，建设体现社会主义特点、时代特征、学校特色的校园文化，也是学生价值观建设的有效途径。除了重视校园人文环境培育和周边环境整治之外，最重要的是培养良好的校风和班风，形成学校优良的精神传统，对高校来说则是要培养和传承大学精神。开展切实有效的思想政治理论教育，必须克服僵化思想和教条主义的束缚，领会和学习马克思主义，体现其时代性、真理性、批判性，立足中国特色社会主义建设的生动实践，使马克思主义真理"入脑""入心"。

马克思曾写道："我们现在假定人就是人，而人对世界的关系是一种人的关系，那么你就只能用爱来交换爱，只能用信任来交换信任，等等。如果你想得到艺术的享受，那你就必须是一个有艺术修养的人。如果你想感化别人，那你就必须是一个实际上能鼓舞和推动别人前进的人。"① 要想让学生认识和接受真理，教育者首先必须自己真正理解、掌握和相信真理；要想引领学生培养崇高的道德，教育者首先要以身作则。这里的教育者不仅包括教师，还包括教育行政工作人员。提高教育工作者的思想道德水平，需要坚持师德为上，完善教师职业道德规范，健全教师任职资格准入制度，将师德表现作为考核、聘任和评价的首要内容，形成师德师风建设长效机制，增强教育工作者教书育人的荣誉感和责任感，做学生健康成长的指导者和引路人。

二、加强和改进学校体育美育

2021 年 10 月，中共中央办公厅、国务院办公厅印发了《关于全面加强和改进新时代学校体育工作的意见》和《关于全面加强和改进新时代学校美育工作的意见》，并发出通知，要求各地区各部门结合实际认真贯彻落实。《关于全面加强和改进新时代学校体育工作的意见》指出，要贯彻落实习近平总书记关于教育、体育的重要论述和全国教育大会精神，把学校体育工作摆在更加突出位置，以社会主义核心价值观为引领，以服务学生全面发展、增强综合素质为目标，坚持健康第一的教育理念，推动青少年文化学习和体育锻炼协调发展，帮助学生在体育锻炼中享受乐趣、增强体质、健全人格、锤炼意志，培养德智体美劳全面发展的社会主义建设者和接班人。到 2022 年，配齐配强体育教师，开齐开足体育课，办学条件全面改善，学校体育工作制度机制更加健全，教学、训练、竞赛体系普遍

---

① 马克思恩格斯文集：第 1 卷［M］. 北京：人民出版社，2009：247.

建立，教育教学质量全面提高，育人成效显著增强，学生身体素质和综合素养明显提升。到 2035 年，多样化、现代化、高质量的学校体育体系基本形成。要不断深化教学改革，开齐开足上好体育课，加强体育课程和教材体系建设，推广中华传统体育项目，强化学校体育教学训练，健全体育竞赛和人才培养体系。要全面改善办学条件，配齐配强体育教师，改善场地器材建设配备，统筹整合社会资源。要积极完善评价机制，推进学校体育评价改革，完善体育教师岗位评价，健全教育督导评价体系。加强和改进学校体育工作应做到：改革创新，面向未来。立足时代需求，更新教育理念，深化教学改革，使学校体育同教育事业的改革发展要求相适应，同广大学生对优质丰富体育资源的期盼相契合，同构建德智体美劳全面培养的教育体系相匹配。补齐短板，特色发展。补齐师资、场馆、器材等短板，促进学校体育均衡发展。坚持整体推进与典型引领相结合，鼓励特色发展。弘扬中华体育精神，推广中华传统体育项目，形成"一校一品""一校多品"的学校体育发展新局面。凝心聚力，协同育人。深化体教融合，健全协同育人机制，为学生纵向升学和横向进入专业运动队、职业体育俱乐部打通通道，建立完善家庭、学校、政府、社会共同关心支持学生全面健康成长的激励机制。

三、提升青少年学生健康素养

2018 年 9 月 10 日，习近平总书记在全国教育大会上指出，"要树立健康第一的教育理念，开齐开足体育课，帮助学生在体育锻炼中享受乐趣、增强体质、健全人格、锤炼意志"①。全方位界定了学校体育与健康工作的

---

① 习近平在全国教育大会上强调：坚持中国特色社会主义教育发展道路 培养德智体美劳全面发展的社会主义建设者和接班人〔N〕. 人民日报，2018－09－11.

目标。教育部体育卫生与艺术教育司司长王登峰表示，未来学校体育和健康教育的内容，就是要教会学生基本的健康知识、基本的运动技能和专项的运动技能，并且学校要组织经常性锻炼和训练，组织全员参与的体育竞赛活动。

提升青少年学生健康素养刻不容缓，2016 年，《"健康中国 2030"规划纲要》首次提出了"国家学生体质健康标准达标优秀率 25％以上"的目标。"中小学健康促进行动"进一步明确了到 2022 年和 2030 年，国家学生体质健康标准达标优良率至少达到 50％和 60％。而从 2016 年、2017 年、2018 年三年调查数据来看，学生体质健康的整体优良率分别为 26.5％、29.3％、30.57％，虽然上升趋势明显，但距离目标仍有不小差距。2020 年 9 月 12 日，中国健康促进基金会与中国教育学会共同主办的《健康中国我行动》——青少年健康教育公益项目在北京启动。该项目旨在贯彻落实《国务院关于实施健康中国行动的意见》和《健康中国行动（2019—2030 年）》关于实施"中小学健康促进行动"的要求，进一步提高青少年健康意识、健康观念和健康素养，形成良好的生活方式，实现健康中国从娃娃抓起、从青少年开始的目标。加强青少年健康教育、提升青少年健康素养，是推进健康中国建设的有力抓手，是卫生强国目标的强力支撑。

四、加强大中小学劳动教育

劳动教育，即引导学生树立正确的劳动观点和劳动态度，热爱劳动和劳动人民，养成劳动习惯的教育，是德智体美劳全面发展的主要内容之一。劳动教育的主要内容包括：树立学生正确的劳动观点，使他们懂得劳动的伟大意义；培养学生热爱劳动和劳动人民的情感；学习是学生的主要劳动，要教育学生从小勤奋学习，以便将来担负起艰巨的建设任务。

2020 年 3 月 20 日，中共中央、国务院印发《关于全面加强新时代大中小学劳动教育的意见》。《意见》强调劳动教育是中国特色社会主义教育制度的重要内容，要全面贯彻党的教育方针，坚持立德树人，把劳动教育纳入人才培养全过程，贯通大中小学各学段，贯穿家庭、学校、社会各方面，把握育人导向，遵循教育规律，创新体制机制，注重教育实效，实现知行合一，促进学生形成正确的世界观、人生观、价值观。

《意见》对加强新时代劳动教育进行了整体设计。强调当前劳动教育重点是在系统的文化知识学习之外，让学生动手实践，出力流汗，在劳动实践中进行教育。明确总体目标，面向全体学生，从思想认识、情感态度、能力习惯三个方面提出要求，强调要体认劳动不分贵贱，培养勤俭、奋斗、创新、奉献的劳动精神。健全劳动教育课程，设立劳动教育必修课和劳动周，保证必要的劳动实践时间，同时强调其他课程要有机融入劳动教育内容和要求。规定劳动教育基本内容，要求开展日常生活劳动、生产劳动和服务性劳动。同时分学段提出教育内容要点，大中小学各学段各有侧重。强化劳动教育评价，把学生劳动素养作为衡量学生全面发展的基本内容，注重评价结果在评优、升学就业中的使用。强调实施途径多样化：家庭要发挥基础作用，注重日常养成；学校要发挥主导作用，注重系统培育；社会各方面要发挥协同作用，支持学生走出教室，动起来、干起来。《意见》还明确了各级党委、政府的职责，强调要在党委统一领导下，把劳动教育摆上重要议事日程，出台相关政策措施，加强保障条件建设，推动建立全面实施劳动教育的长效机制。

五、推动国防教育创新发展

国防是国家生存和发展的安全保障。党的十八大以来，以习近平同志为核心的党中央为国防教育推出一系列战略决策，实施一系列重大改革，出台深化全民国防教育改革意见，修订《全民国防教育大纲》，设立烈士纪念日、国家公祭日，建立党和国家功勋荣誉表彰制度，强化新闻媒体国防宣传，创新国防教育内容、形式和手段，中国特色国防教育迈上新台阶。

新时代推动国防教育创新发展，应当注重发挥法治的规范和保障作用，运用法治思维和法治方式筑牢全民国防意识，为实现中国梦强军梦凝聚强大力量。中华优秀传统文化是我们最深厚的文化软实力，也是中国特色社会主义植根的文化沃土。中华优秀传统文化博大精深，其中军事文化占有重要位置，丰富的兵书战策，严格的军事典章，"国富者兵强，兵强者战胜"的国防建设思想，"知己知彼、百战不殆"的深邃战略思想，"苟利国家生死以，岂因祸福避趋之"的舍身卫国精神，"犯强汉者，虽远必诛"的敢打必胜信念等等，都蕴含着辉煌的文化创造和深厚的文化积淀，是继承和发扬我军大无畏英雄气概和英勇顽强战斗作风的"活化石"，也是做好新时代国防教育的宝贵文化资源。

习近平总书记强调指出，只有坚持从历史走向未来，从延续民族文化血脉中开拓前进，我们才能做好今天的事业。新时代国防教育是国之大事，旨在强化全民的国家意识、国防意识和国土意识，筑牢中华民族伟大复兴的精神长城。通过延续民族文化血脉，汲取中华优秀传统文化中蕴含的尚武思想、战争哲理、兵法谋略、治军智慧等精神营养，让中华儿女更好地理解强国梦强军梦的历史使命，更好地把握天下兴亡、匹夫有责的时代担当，进一步激发全民的爱国主义情怀。

将国防教育纳入国民教育体系，充分发挥国防教育的综合育人功能，丰富学校国家安全教育和国防教育内容，结合时代要求，推动中华优秀传统文化创造性转化和创新性发展，使蕴含其中的军事文化元素转化为培养全民爱国主义精神的文化之源，发展先进军事文化、传承红色基因的精神之源，助推实现强国梦强军梦的力量之源，探索开展中小学国防教育综合社会实践和示范校创建活动试点，继续推动国防教育特色学校建设，充分发挥军营开放日、军事夏令营等的平台作用，提高国防教育效果。

六、健立健全学生综合素质评价体系

2020 年 10 月，中共中央、国务院印发了《深化新时代教育评价改革总体方案》，并发出通知，要求各地区各部门结合实际认真贯彻落实。教育评价事关教育发展方向，有什么样的评价指挥棒，就有什么样的办学导向。为深入贯彻落实习近平总书记关于教育的重要论述和全国教育大会精神，完善立德树人体制机制，扭转不科学的教育评价导向，坚决克服唯分数、唯升学、唯文凭、唯论文、唯帽子的顽瘴痼疾，提高教育治理能力和治理水平，加快推进教育现代化、建设教育强国、办好人民满意的教育，具体方案如下：

（一）指导思想

建立健全学生综合素质评价体系是一项突破性、历史性的难题，首要目标就是构建教育评价的指导思想。教育是国之大计、党之大计，关键在党。加强党对教育工作的全面领导，是办好教育的根本保证。坚持以习近平新时代中国特色社会主义思想为指导，全面贯彻党的十九大和十九届二中、三中、四中全会精神，全面贯彻党的教育方针：坚持教育为社会主义现代化建设服务、为人民服务，把立德树人作为教育的根本任务，全面实施素质教育，培养德智体美劳全面发展的社会主义建设者和接班人，努力办好人民满意的教育。系统推进教育评价改革，发展素质教育。从"实施素质教育"到"发展素质教育"，作为新时代基础教育改革发展方向上的重大变化，是我国教育的一项中心工作，坚持"五育"并举。引导全党全社会树立科学的教育发展观、人才成长观、选人用人观，推动构建服务全民终身学习的教育体系，努力培养担当民族复兴大任的时代新人。全面推进综合素质教育要以学生为本，关注学生的全面发展和个体差异相结合，采取全面性和多元性的评价方法。

（二）主要原则

坚持立德树人，牢记为党育人、为国育才使命，充分发挥教育评价的指挥棒作用，引导确立科学的育人目标，确保教育正确发展方向。坚持问题导向，从党中央关心、群众关切、社会关注的问题入手，破立并举，推进教育评价关键领域改革取得实质性突破。坚持"四个评价"，改进结果评价，强化过程评价，探索增值评价，健全综合评价，这体现了对教育规律和人才成长规律的尊重，强调了评价的动态性、诊断性和多元性。打破固有的评价规则。有利于学生的全面化发展和多样性表达。在立足于我国国情的同时与世界水平相结合，对办好人民满意的教育具有深远意义。充分利用信息技术，提高教育评价的科学性、专业性、客观性。坚持统筹兼顾，针对不同主体和不同学段、不同类型教育特点，分类设计、稳步推进，增强改革的系统性、整体性、协同性。坚持中国特色，扎根中国、融通中外、立足时代、面向未来，坚定不移走中国特色社会主义教育发展道路。坚持把立德树人成效作为根本标准，落实党的全面领导、坚持正确办学方向、坚持依法治校办学是教育评价体系改革的重要内容。

（三）改革目标

教育评价体系改革的目标分为两个阶段。第一阶段：经过 5 至 10 年的不懈努力，各级党委和政府科学履行职责水平明显提高，各级各类学校立德树人落实机制更加完善，引导教师潜心育人的评价制度更加健全，促进学生全面发展的评价办法更加多元，社会选人用人方式更加科学。第二阶段：到 2035 年，基本形成富有时代特征、彰显中国特色、体现世界水平的教育评价体系。其中的重点任务是围绕党委和政府、学校、教师、学生、社会五类主体，坚持破立结合，改革党委和政府教育工作评价，完善党对教育工作全面领导的体制机制、完善政府履行教育职责评价、坚决纠正片面追求升学率现象；改革学校评价，坚持把立德树人成效作为根本标准、完善幼儿园评价、改进中小学校评价、健全职业学校评价、改进高等学校评价；改革教师评价，坚持把师德师风作为第一标准、突出教育教学实绩、强化一线学生工作、改进高校教师科研评价、推进人才称号回归学术性荣誉性；改革学生评价，树立科学成才观念、完善德育评价、强化体育评价、改进美育评价、加强劳动教育评价、严格学业标准、深化考试招生制度改革；改革用人评价，树立正确用人导向、促进人岗相适。

第七章

开发人力资源、建设人才强国

2002 年中共中央、国务院制定下发的《2002—2005 年全国人才队伍建设规划纲要》首次提出了"人才强国"战略，并于 2007 年写入中国共产党党章和党的十七大报告。习近平总书记在党的十九大报告中明确指出："人才是实现民族振兴、赢得国际竞争主动的战略资源。要坚持党管人才原则，聚天下英才而用之，加快建设人才强国。"① 2021 年《中华人民共和国国民经济和社会发展第十四个五年规划和 2035 年远景目标纲要》提出："贯彻尊重劳动、尊重知识、尊重人才、尊重创造方针，深化人才发展体制机制改革，全方位培养、引进、用好人才，充分发挥人才第一资源的作用。"② 建设人才强国的工作重心是建设人才资源强国和充分发挥人才的作用，即构建可以不断培养出优秀人才的教育体系和可以使人才充分发挥作用的社会环境。

建设人才强国是建设社会主义现代化强国的前提条件和必然要求，面对人才资源质量不高、配置与流动失当和人才评价标准不完善等困境，我国应当立足于基本国情，探索出一条具有中国特色的建设人才强国的战略路径。基于此，本章的基本安排如下：阐述建设人才强国的主要战略方针和必要性；我国实施人才强国战略以来取得的主要成就和存在的短板；面对第二个一百年的发展目标，我国建设人才强国的路径探索。

① 习近平 . 决胜全面建成小康社会 夺取新时代中国特色社会主义伟大胜利：在中国共产党第十九次全国代表大会上的报告 [EB/OL]. (2017-10-27) [2021-07-20]. http://news.cnr.cn/native/gd/20171027/t20171027_524003098.shtml.
② 中华人民共和国国民经济和社会发展第十四个五年规划和 2035 年远景目标纲要 [EB/OL]. (2021-03-12) [2021-07-20]. http://www.gov.cn/xinwen/2021-03/13/content_5592681.html.

| 第一节 |

建设人才强国是建设现代化强国的必然要求

社会主义现代化要求我国的科技实力大幅度提高，跻身创新型国家前列；国家文化软实力显著提升，中华文化影响更加广泛深入，成为综合国力和国际影响力领先的国家。高精尖、高水平的人才不仅是国家创新能力和文化实力的集中体现，而且在综合国力竞争和引领科技产业发展中发挥了不可或缺的作用。

一、现代化强国必须是人力资源强国

人力资源是指一个地区在特定时间内具有劳动能力的人口所拥有和潜在的体力、智力、知识和技能的总和，可以反映一定时期内劳动力人口的数量和质量①。人才是人力资源中的佼佼者，是德才兼备、做出突出贡献的人。作为世界上人口最多的发展中国家，人口众多、劳动力资源丰富是我国的基本国情②，近年来我国少儿人口占比减少，人口老龄化趋势

---

① 童玉芬. 从人口大国走向人力资源强国：中国人力资源的现状和形势分析 [J]. 现代经济探讨，2008（1）：11-15.

② 中华人民共和国国务院新闻办公室. 中国的人力资源状况 [EB/OL].（2010-09-10）[2021-07-20]. http://www.gov.cn/zwgk/2010-09/10/content_1700095.htm.

明显[①]，致使劳动力的后备资源受限，劳动人口进入负增长。此外，现有劳动力的质量不高，劳动人口的平均受教育年限仍与发达国家存在一定距离，高精尖、高水平的人才较少。

因此，要建设人才强国，首先应该提高现有劳动力的质量，完成从人力资源大国到人力资源强国的转变，即从"量"到"质"的飞跃。然后才能培养造就一大批高精尖、高技能人才，主要包括：世界一流水平的科学家、工程师和创新团队；颇具影响力的哲学社会科学家和人文学科专家；高端领导人才、企业家和企业高管；技艺精湛、职业化、专业化的高技能人才。

二、现代化强国必须具有国际人才竞争力

如前所述，人才是一个国家核心竞争力的构成要件，当前各国都在进行对于高层次、高水平、高技能的人才的培育和争夺的竞争。人才制度决定着人才发展的环境和流动的方向，从根本上决定了人才的竞争，因此近年来许多国家都在致力于人才制度的发展和改革，希望取得国际人才竞争的优势。

2007 年起，日本实施"世界顶级研究基地形成促进计划"，入选的机构通过良好的运营机制、稳定的经费支持、国际化的研究环境建设、公平公正的国际招聘规则、能力导向的薪酬制度等，使一批国外顶尖的科学家和青年研究人员集聚到了日本[②]，对日本科研实力的增强和国际影响力的提升都发挥了很大影响。由此可见，为了建设现代化人才强国，一国必须

---

① 陆杰华，伍绪青．人口年龄结构变迁：主要特点、多重影响及其应对策略［J］．青年探索，2021（4）：28－40．
② 乌云其其格．国际人才竞争态势及我国的对策［J］．中国科学院院刊，2010，25（6）：595－601．

加强和完善现有的人才制度和市场体制，在国际竞争中取得人才优势，将更多的优秀人才引进来并且留下来，从而保持核心竞争力。

三、提升综合国力需要人才强国的有力支撑

综合国力是一个国家所拥有的生存、发展以及对外部施加影响的各种力量和条件的总和①。在日益激烈的国际竞争中，各国之间除了政治、经济、文化的较量，更重要的是人才的比拼。习近平总书记在欧美同学会成立 100 周年庆祝大会上的讲话上强调"综合国力竞争说到底是人才竞争。人才资源作为经济社会发展第一资源的特征和作用更加明显，人才竞争已经成为综合国力竞争的核心。谁能培养和吸引更多优秀人才，谁就能在竞争中占据优势"②。

因此，对于一个国家而言，综合国力的强弱直接取决于其人才数量的多少和质量的高低。建设人才强国，拥有数以亿计的高精尖、高水平、高技术人才，不仅是提升综合国力、建设创新型国家的有力支撑，更是实现"两个一百年"奋斗目标和中华民族伟大复兴中国梦的历史使命和时代担当。

四、新科技革命的发展需要创新型人才

随着新一代信息、新材料、新能源、生命科学等技术进步不断催生新兴产业，人工智能、5G 通信技术、基因生物技术等变革型产业迅速发展，不仅深刻地影响着人们日常生活的方方面面，还关系到一个国家的前途和命

---

① 摩根索．国家间政治：权力斗争与和平［M］．徐昕，郝望，李保平，译，北京：北京大学出版社，2006：148-188.
② 习近平．在欧美同学会成立 100 周年庆祝大会上的讲话［N］．人民日报，2013-10-22.

运。科技将成为国家发展的重要支撑力量，也将重塑世界发展面貌和格局。只有抓住机遇，迎接挑战，才能在经济、科学技术、军事等领域快速发展成长，一跃成为世界强国。

面对科技革命的到来，世界主要大国都在角逐未来世界科技的主导权，这要求我们抓住科技创新这一先手棋，在科技革命上掌握先机，占据优势。党的十八大以来，习近平总书记高度重视科技创新，他强调"必须把科技创新摆在国家发展全局的核心位置"①。倘若我们不具备自主创新能力，在科技发展过程中就只能跟在别的国家后面亦步亦趋，无法成为领头羊。国家的科技创新能力离不开创新型人才的支撑，只有打造过硬的创新型人才队伍，凝聚力量，集中精力干大事，才能创造出优秀的创新性智力劳动成果，建设世界性的科技强国，在科技领域抢占先机。

第二节

我国人才建设取得的主要成就与短板

一、我国人才建设的主要成就

自改革开放以来，我国教育事业迅猛发展，随着义务教育制度的不断

---

① 中共中央文献研究室. 习近平关于科技创新论述摘编［M］. 北京：中央文献出版社，2016：26.

推进，教育的规模、质量逐渐提升，整体教育水平和结构也产生了巨大的变化。为了更好地对中国人才建设的发展现状进行评估，以下将通过人均受教育年限、高层次人才数量、专利申请总量、公共教育经费投入四个方面来展开评述。

（一）人均受教育年限逐步增长

人均受教育年限是某一特定年龄段人群接受学历教育的年限总和的平均数，是一个国家或地区劳动力的受教育程度[①]，同是也能反映一个国家的人力资源发展的质量。2000 年，我国人均受教育年限为 7.97 年，2005 年增加为 8.3 年，2010 年增加为 8.63 年，2012 年增加至 8.8 年，2015 年达到 8.92 年，2020 年增加至 10.8 年。通过对比我国历年的人均受教育年限可知，其虽然与发达国家存在一定的差距，但是总体呈现出逐年增长的趋势。

（二）高层次人才数量显著提高

近年来，各级各类的高层次人才数量结构逐步优化，服务社会的能力显著增强，在很多领域都取得了不菲的成绩，许多技术已经居于世界前列。高层次人才数量不断增加，2008 年，全国研究与发展（R&D）折合全时人员达 196.54 万人年，其中科学家和工程师 159.34 万人年，分别是 1991 年的 2.9 倍和 3.4 倍；全国设立博士后科研流动站 2 146 个、博士后科研工作站 1 642 个，博士后研究人员达 7 万多人[②]。《中国科技人才发展报告 2020》显

---

① 高书国，王辉耀，杨晓明，等 . 2018 人力资源强国报告：人力资源竞争力指数［R］. 全球化智库，2018.

② 中华人民共和国国务院新闻办公室 . 中国的人力资源状况［EB/OL］.（2010 - 09 - 10）［2021 - 07 - 20］. http://www.mohrss.gov.cn/SYrlzyhshbzb/dongtaixinwen/dfdt/201009/t20100916_94269.html.

示，"十三五"期间，我国 R&D 人员全时当量快速增长，年均增速超过 7%，从 2016 年的 387.8 万人年，增长到 2020 年的 509.2 万人年，连续多年居世界第一[①]。这些科学技术工作者是一个国家发展的中坚力量，代表着一个国家的核心竞争力。从现有数据来看，我国这些高层次人才的数量不断增加，已经居于世界前列，发展前景良好。倘若一个国家想要立足于创新发展，在世界上取得重要的地位，则离不开这些优秀人才做出的杰出贡献。

（三）专利申请总量跃居世界前列

专利是指一项发明创造的首创者所拥有的受保护的独享权益。专利申请总量是指一个国家或地区在某一年申请专利的总和，专利申请的数量可以反映一个国家人才所做出的贡献。中国是一个专利申请大国，近年来，我国专利申请数量快速增加，已经居于世界前列。《2012 年全球知识产权指标报告》指出，中国国家知识产权局所接收到的专利申请数量在 2011 年成为世界第一，已经超越了美国。截至 2020 年 6 月底，中国国内发明专利有效量为 199.6 万件，平均每万人口发明专利拥有量达到 14.3 件，中国俨然成了一个专利大国。

专利申请数量的快速增加可以反映出我国创新性人才的数量不断增加。创新性人才的发展离不开对于知识产权的保护。为统筹推进知识产权强国建设，全面提升知识产权创造、运用、保护、管理和服务水平，充分发挥知识产权制度在社会主义现代化建设中的重要作用，中共中央、国务院印发《知识产权强国建设纲要（2021—2035 年）》，并指出"到 2035 年，

---

① 科技部.《中国科技人才发展报告 2020》发布［EB/OL］. （2021 - 09 - 07）［2022 - 08 - 25］. https：//www. most. gov. cn/kjbgz/202109/t20210907 _ 176742. html.

我国知识产权综合竞争力跻身世界前列，知识产权制度系统完备，知识产权促进创新创业蓬勃发展，全社会知识产权文化自觉基本形成，全方位、多层次参与知识产权全球治理的国际合作格局基本形成，中国特色、世界水平的知识产权强国基本建成"的发展目标[①]。

（四）公共教育经费投入快速增加

公共教育经费即国家财政性教育经费，主要包括公共财政预算教育经费、各级政府征收用于教育的税费、企业办学中的企业拨款、校办产业和社会服务收入用于教育的经费等，公共教育经费是一个国家和政府对于人才建设的投入，客观上可以反映持续性培养人才的能力。

近年来，中国的公共教育经费一直处于快速增长的阶段，2019 年，全国教育经费总投入为 50 178.12 亿元，比上年的 46 143.00 亿元增长 8.74%。其中国家财政性教育经费（主要包括一般公共预算安排的教育经费、政府性基金预算安排的教育经费、国有及国有控股企业办学中的企业拨款、校办产业和社会服务收入用于教育的经费等）为 40 046.55 亿元，比上年的 36 995.77 亿元增长 8.25%[②]。百年大计，教育为本。从教育经费投入的比重不断升高可以看出国家对于教育的重视程度在不断加强，我国培养出高精尖、高技能人才的能力也在不断增强。

二、我国人才建设存在的短板

人才是在某一领域、某一行业或者在某一工作上做出重大贡献，具有

---

① 中共中央、国务院印发《知识产权强国建设纲要（2021—2035 年）》[EB/OL]. （2021 - 09 - 22）[2022 - 08 - 25]. http：//www. gov. cn/zhengce/2021 - 09/22/content＿5638714. htm.

② 教育部、国家统计局、财政部关于 2019 年全国教育经费执行情况统计公告 [EB/OL]. （2020 - 10 - 28）[2021 - 07 - 20]. http：//www. moe. gov. cn/srcsite/A05/s3040/202011/t20201103＿497961. html.

某种突出的才能或知识，并且对社会发展和人类进步进行了创造性劳动的人。随着教育事业和经济的迅速发展，我国已经逐步形成以规模结构为基础优势、以开发贡献为效率优势、开发能力不断提升、开发质量有待提高的人才资源开发模式。但是依然存在着很多的不足：缺乏高精尖和技能应用型人才；人才资源配置与流动失当；教育经费供给结构不均衡；人才管理和评价机制有待完善；等等。

（一）缺乏高精尖和技能应用型人才

首先，当前我国面临的原始性、基础性创新不足，核心技术、底层技术受制于人的困境，归根结底是由于：人才建设的"大而不强"，具备高超技能的"大国工匠"明显匮乏；在国际科技界、文化界、产业界产生重要影响的世界级大师明显偏少；具有坚实的基础理论研究能力，能够把握、规划和推动关键领域取得创新突破并带领我国占据世界科技创新制高点的战略科学家极为稀缺[①]。

其次，现有的人才培养体系难以与产业发展相适应。虽然我国人均受教育年限逐年增长，大学生人数占据世界第一，但是学校的教育体系与企业实际需求存在差异，校企脱节，人才资源和就业市场供给结构性短缺严重，许多学生在学校学习的知识很难在实际就业中发挥作用，甚至面临"毕业即失业"的现实难题。

最后，在社会中存在着重视普通教育、忽略职业技术教育的状况。许多职业技术院校面临着师资薄弱、教育经费不足、社会地位低、生源较差等困境，使其难以培养出具备大国工匠精神的高技能人才。

---

① 孙锐．"十四五"时期人才发展规划的新思维［J］．人民论坛，2020（32）：44－47．

(二) 人才资源配置与流动失当

人才的流动代表着知识的迁移，我国面临着城乡、区域之间人才资源分配不平衡，引进与流动不畅的困境。西部、乡村地区的人才质量较低，人才结构失衡，难以满足需求。以高等教育的发展为例，其人才资源的配置在地区上存在分配不均的现象，由于西部地区经济条件落后、优质资源紧缺、高等教育竞争力不足，导致其师资力量薄弱，高学历、高职称的教师难以引进。很多西部高校培养出的优秀教师，在获得教授或者人才计划的称号后，纷纷流向发达的东中部地区[1]，造成了"孔雀东南飞"的局面。有数据显示，青海省在 20 年内调走或者自动离开的科技人员在 5 万人以上[2]；新疆曾在 20 年内流失人才 21 万人，其中高级教师、学术带头人、科技骨干 10 万多人[3]。

大量优秀人才流出的原因除了地理环境恶劣、交通不方便、工资水平较低以外，还与当地的一些政策有关。首先，西部地区高校申报博士点的难度大、要求高，使得有些紧缺专业的博士点授权出现空缺；其次，优秀人才发展空间小，申报国家级奖项、大项目或院士的难度较大；最后，即使已经出台了相关人才引进政策，但是无法对人才进行充分利用，最终造成大量优秀人才被"挖走"甚至出国[4]。西部地区的条件很难快速改善，条件改善的缓慢又遏制了人才的引进和流动自由，形成了恶性循环。

---

① 蔡群青，袁振国，贺文凯. 西部高等教育全面振兴的现实困境、逻辑要义与破解理路 [J]. 大学教育科学，2021 (1)：26-35.
② 陈文新，田静. 西部人才流失问题分析 [J]. 中国市场，2004 (40)：66-67.
③ 窦开龙. 西部民族地区青年人才资源流失状况及对策分析 [J]. 西北第二民族学院学报（哲学社会科学版），2008 (2)：81-84.
④ 张师超. 西部高校留人才还得靠政策 [N]. 中国教育报，2017-03-12.

（三）教育经费供给结构不均衡

虽然教育经费投入的比重不断增加，但是教育经费供给结构仍面临分配不均衡、不公平的现象。我国的教育经费主要来源于政府的财政性教育经费投入和学校的收费。就经济发展而言，西部地区的经济较为落后，地方政府的财政收入较少，在全国经济竞争中处于劣势地位，造成西部地区的教育经费落后于其他地区。教育经费的缺乏使其在师资配备、用于教学的设备和资源的投入方面与其他地区都存在差异，其培育人才的能力也会有所下降。

以高校的科研经费为例，2017 年云南大学、兰州大学的科研经费分别为 2.65 亿元、3.79 亿元，而清华大学、浙江大学为 51.68 亿元、44.2 亿元，西部 600 余所高校共获得的科研经费只占全国高校科研经费总额的15.6％。东西部教育经费投入的差异将会导致其教育水平之间的差距逐渐扩大，教育水平之间的差距又导致其培养人才的质量差距，造成人才资源在地区配置上的失当。

（四）人才管理和评价机制有待完善

2018 年 9 月 10 日，习近平总书记在全国教育大会上明确指出："要深化教育体制改革，健全立德树人落实机制，扭转不科学的教育评价导向，坚决克服唯分数、唯升学、唯文凭、唯论文、唯帽子的顽瘴痼疾，从根本上解决教育评价指挥棒问题。"[1] 我国在教育评价中存在"五唯"以及教育功利化的倾向，这是不科学不合理的教育评价观、教育观和人才观，严重

---

① 习近平在全国教育大会上强调：坚持中国特色社会主义教育发展道路 培养德智体美劳全面发展的社会主义建设者和接班人［N］. 人民日报，2018－09－11.

阻碍了教育事业的发展，束缚着人才的培养，我国亟待完善人才管理和评价机制。

首先，对于人才教育选拔、管理和评价机制，我国缺少清晰完善的制度。《教育法》第 25 条规定："国家实行教育督导制度和学校及其他教育机构教育评估制度。"《高等教育法》第 44 条规定："高等学校应当建立本学校办学水平、教育质量的评价制度，及时公开相关信息，接受社会监督。教育行政部门负责组织专家或者委托第三方专业机构对高等学校的办学水平、效益和教学质量进行评估。评估结果应当向社会公开。"从上述条款可以看出，我国对于人才的管理和评价标准、机制没有明确的规定，对中考、高考、研究生入学考试等重要的人才选拔考试也没有相应的法律规定。在实际情况下没有具体的法律规定，导致实践中部分人才选拔和评价机制与现实脱节或是产生不合理、不公平的现象。

其次，对于人才评价的标准过于单一。由于自身条件和外部环境的影响，每个人的发展都具有多样性，个人的优势也不尽相同。在教育改革的过程中，我国逐渐从"以分数高低论英雄"转向了对于学生综合素质的多方位评价，但是在实践过程中仍然存在着很多问题。近些年来，为了促进学生德智体美劳全面发展，很多省份在中考过程中不断提高体育、音乐、美术和综合素质评价的比重，甚至这些课程在中考中所占的比重已经与语文、数学、外语等科目持平。这一现象导致很多学生在考试前"恶补"这些课程，在课余时间花钱上课外班来训练体育、音乐、美术，甚至花钱购买参加社区劳动等社会实践活动的机会，以此取得好成绩。这不仅给初中生造成了很大的负担，也背离了培育全面发展学生的初衷，导致其本身变得"应试化"。而且，部分初中和高中的课程教育只是在教授学生做题的方法和技巧，从而应对中考、高考，忽略了学生的探索和创新能力培养，最终只能训练出一批又一批的做题家。

最后，对于人才的实质性评价不足。当前我国对于人才的评价标准多是形式化的，仅仅是对其外部特征进行描述、分析和判断。例如在评价高校教师的学术水平时，只是通过发表论文的篇数、发表刊物的级别、取得教育经费的多少以及获奖的数量进行评判，而不是衡量学术成果的质量和贡献。这种评价标准产生了不良的导向作用，使得学术成果重数量而不是质量，有些学术成果仅仅停留在纸上谈兵的阶段，不具有实践的价值。

第三节
开发人力资源、建设人才强国的路径

一、加强顶层设计，完善教育法律体系

教育是人才成才的途径，人才的竞争归根到底就是教育的竞争，教育事业的强盛与否代表人才培养能力的大小。强国先强教，教育兴则国兴，教育强则国强。要加强党对教育事业的全面领导，首要的任务就是要加强立法顶层设计，完善现有的教育法律体系。如此一来，才能实现学校"依

法治教"，在开展教育活动中"有法可依"，实现立德树人的根本目标。

自 1980 年《学位条例》颁布以来，我国已经逐渐形成了以 8 部教育法律为统领，16 部教育行政法规、80 部教育部门规章和大量的地方性教育法规规章构成的中国特色社会主义教育法律法规体系[①]。在教育法律中，形成了以《教育法》为基本法，从《义务教育法》《高等教育法》《教师法》《民办教育促进法》《职业教育法》《学位条例》等不同部门法展开的体系，基本涵盖了大部分教育领域。但是从教育的类型和阶段来看，缺少社会教育、家庭教育、学前和高中教育等方向的法律[②]，现有法律法规中部分条款已经过时，无法适应教育发展的需要，亟须对现有法律进行修订，并加强对重要领域的立法工作。

以考试法为例，为了保证考生的合法权益，应当制定统一的考试法，既对统一的标准做出规定，也要根据不同层次、不同类别考试的特点，做出类别化、个性化的立法，对考试机构、类别、管理、违纪违规行为的认定与处理等做出统一、细致的规定，并对考试的种类加以明确的列举。明确考试中决定权、命题权、管理权、执行权、评价权、处罚权、监督权等权责的划分，考试过程中的规定和争议解决机制，为依法治考提供直接的法律依据。

《国家中长期教育改革和发展规划纲要（2010—2020 年）》指出："根据经济社会发展和教育改革的需要，修订教育法、职业教育法、高等教育法、学位条例、教师法、民办教育促进法，制定有关考试、学校、终身学

---

① 孙霄兵，翟刚学. 中国教育法治的历史回顾与未来展望［J］. 课程·教材·教法，2017，37（5）：4-14.
② 申素平. 对我国教育立法的思考［J］. 中国教育学刊，2018（6）：62-66.

习、学前教育、家庭教育等法律。加强教育行政法规建设。各地根据当地实际，制定促进本地区教育发展的地方性法规和规章。"① 在制定和修订法律法规时，应当从现存的教育问题及其与政治、经济、文化的关系入手，同时考虑教育法律体系内部以及外部法律层级之间的关系。此外，为了使教育立法具有前瞻性，还应开展对人工智能教育、互联网教育等前沿领域的立法研究，以应对教育的改革。

二、健全人才市场，调节人才流动秩序

西部、农村边远地区经济欠发达的根本原因是其高端人才少、引进人才难、人才流失多。面对这些问题，应当先从国家层面进行宏观调控，合理配置人才资源，将优质的人才资源引入西部。党的十九大报告指出要"鼓励引导人才向边远贫困地区、边疆民族地区、革命老区和基层一线流动"。

政府利用自身的职能实现"东才西调"，将优秀、高层次的人才引进西部和农村地区。近年来国家出台了"新世纪百千万人才工程""大学生志愿服务西部计划""西部之光"等人才引进政策和培养计划，通过对引进的人才在职称评聘、配偶随调随迁、城市户口、子女入学等方面予以优惠，对吸引和留住人才都起到了一定的积极作用。除此之外，还可以利用互联网技术，实现东西部地区的人才共享。选拔国有重点骨干企业、著名高校、国家机关、金融机构、科研院所、医疗卫生机构中的高技术人才，

① 国家中长期教育改革和发展规划纲要工作小组办公室. 国家中长期教育改革和发展规划纲要（2010—2020 年）［EB/OL］.（2017 - 07 - 29）［2021 - 07 - 20］. http://www.moe.gov.cn/srcsite/A01/s7048/201007/t20100729 _ 171904. html.

通过在线视频会议等方式，向西部的定点单位进行知识和技能的讲授，以此实现人才共享[①]。充分利用西部地区地大物博、资源丰富的优势，以此吸引更多的人才在农业、畜牧业等领域进行创业，不仅可以提升自身价值感，促进人才的流通，还能高效地带动当地经济的发展。

三、创新人才培育模式，促进体制机制改革

（一）转变教育模式，全面推进智能教育

面对突如其来的新冠肺炎疫情，大中小学都响应"停课不停学"的号召，开展了线上教学工作。与此同时，随着人工智能的不断发展，智能教育也走进了人们的视野。利用网络教学设备，不仅可以打破课堂的限制，实现远程教学，还可以通过智能导学系统，对每个学生施行一对一的辅导，促进个性化的教育。后疫情时代的到来带来了的教育发展新格局，面对时代带来的机遇，学校教育应从多个方面开始转型。

《中国教育现代化 2035》指出，面对教育现代化应当提升一流人才的培养与创新能力，注重培养人才的质量，构建贯彻初等教育至高等教育的创造性教育体系，激活学生的创新潜能，培养选拔创造性人才。要实现教育现代化就必须实现教育模式现代化，应当从传统的机械式教学转变为师生之间自主选择式教学模式。互联网使得人们可以随时随地共享和获取各种知识，传统教学模式的向学生讲授固定的知识、使用统一的教科书已经不能适应如今的知识大爆炸时代。授人以鱼不如授人以渔，未来教育应当发挥知识的"桥梁"作用，利用智能教育的个性化特征，根据每个学生能

---

① 王玲. 我国西部地区人才引进问题研究：以甘肃省为例 [D]. 北京：首都经济贸易大学，2016.

力与思维方式的差异，制定出不同的学习方案。在教学过程中教会学生如何去思考，培养学生的高阶思维能力和创新创造能力，造就可以快速适应未来产业变化的人才，而非专业化、标准化的做题家。

学校的教学管理也应该发生转变，传统标准化和流程化的教学管理模式已经与时代脱节，未来学校可以通过现代信息教学设备对学生进行智能化管理和决策。例如，中国移动（成都）产业研究院发布了中国移动 5G 智慧校园云平台，学校可利用智慧校园平台，对学生进行管理和做出决策。具体表现为：（1）智能学生管理。新型传感器通过连接上课学生的手机蓝牙监测学生考勤情况，给缺勤学生发送上课提醒，以降低缺勤率[①]。同时也可以对校园环境进行安全管理，降低校园事故的发生。（2）智能决策系统。在助学贷款方面，人工智能通过深度算法，智能评估哪些学生需要助学贷款。还可以通过观察学生的行动分析学生的学业风险、心理健康问题等，并提前进行干预。目前，很多在线教育企业已经搭建了成熟的在线学习平台和 APP，学校可以和这些教育企业开展合作，全方位开展智能教育，提高教学质量。

（二）注重特殊人才的选拔和培养

特殊人才可以作为国家创新人才队伍建设的组成部分，目前我国的中国科学技术大学、西安交通大学和东南大学都设有少年班，选拔那些已经掌握中学阶段的所有知识并且成绩优异的学生，让他们提前接受高等教育，发掘自身优势和科研潜能。少年班已经输出了很多各专业的优秀人

---

① 王岚，王凯 . 教育中的人工智能：应用、风险与治理研究［J］. 黑龙江高教研究，2020，38（6）：45 - 49.

才，为我国经济、教育、科技、文化等领域做出了杰出的贡献。

对特殊人才的培养不仅可以为才华出众的学生提供更广阔的学习机会和平台，让其不会泯然众人，也是国家高端人才的重要资源储备力量。目前我国还缺乏相关法律法规及政策来明确对于特殊人才的选拔和培养方案，我们可以比较其他国家的制度，为特殊人才的教育提供法律上的保障。以美国为例，美国国会通过的《超常儿童教育法》、《雅各布·K.贾维茨超常学生教育法》、《不让一个孩子掉队法》及《让每个孩子成功法》等法律法规，明确了超常儿童教育的方式和地位，为超常教育提供了人力、物力和法律的保证。

此外，还应该鼓励高校和中学为学习进度超前的学生单独设立少年班等班级，根据其学习程度设立相关课程和配置师资力量，以确保每个学生都有适合自己的受教育方式。

（三）重视和强调终身教育

中国很早以来就有"活到老学到老"的俗语。英国教育家耶克斯利的《终身教育》是世界上第一部关于终身教育的著作，该书从宗教和世俗相结合的角度对终身教育进行了完整阐述，使终身教育的思想逐渐走入大众的视野。新中国成立后，义务教育的普及使我国的文盲率大大降低，但是随着科学技术不断发展，我们已经进入到知识经济时代，知识的更迭日新月异，总量呈现出爆发式增长的趋势，如果不进行不断的学习，闭门造车，只会被时代所抛弃。因此终身教育的学习理念越来越受到人们的重视，各个领域内的人才也应该积极进取，不断汲取新的知识，以保证自身的核心竞争力和适应产业结构不断调整改革的需要。

从国家层面来看，我国也在不断重视和强调终身教育，目前已将《终身教育法》的编纂写入了立法工作计划，同时也出台相应政策鼓励各行各业积极开展教育学习活动，主动学习新技术和新制度，增加员工的专业能力和提升其职业素养。从时代机遇来看，我们也处在一个实现终身教育的良好契机下，智能手机和互联网的高度普及，使我们拥有了取之不竭的知识和学习资源，学习也不再局限于传统的课堂图书馆中，我们可以利用碎片化的时间进行自主学习，也可以在社交平台结交很多学伴，互相监督或者交流困惑，大家共同学习，一起进步。智能穿戴设备也为视觉、听力障碍人士以及老年人的学习提供了可能，通过智能助手详细的语音讲解或者是 VR 眼镜等智能穿戴设备，他们可以突破以往学习的限制，了解和探索这个世界。

（四）创新变革人才评价体制机制

世有伯乐，然后有千里马。人才的选拔工作可以帮助我们找到"千里马"，然后使人才发挥自身的作用，在不同领域内做出卓越的贡献。但是我国人才的选拔和评价模式中存在着"唯分数论"、"一考定终身"、"五唯"评价等问题，需要进行改革和完善。

首先，对于中考、高考和研究生入学考试等大型考试应制定完善的法律法规，根据不同阶段的特点制定不同的制度。在考试过程中既要注重对于学生的综合性评价，又要把握评价的标准和限度，避免评价过于应试化而给学生增加负担；破除"五唯"评价模式，从"重资历"转向"重贡献"，明确评价的标准，全面公开选拔和评价过程，做到公平公正。其次，实现人才的选拔评价标准多元化，对于人才的评价不能"一刀切"，应当根据不同领域、专业和行业的实际需要，制定不同的人才选拔和评价标准。根据学科差异性，对于同一类学科适用相同的评估标准，针对不同学科，根据该学科特点和发展规律制定评价标准和指标。再次，健全促进公平、科学选才、监督有力的体制机制，构建衔接沟通各级各类教育、认可多种学习成果的终身学习"立交桥"。最后，对于学生的学习成果的评价可以从以标准化的考试成绩为主转向以学生的学习成果为主，应当重点考察学生的阶段性学习成果，比如可以完成怎样的作业、作品、论文，可以解决什么样的问题以及思维能力是否有提高，如此才能对学生的学习成果做出客观评价，而不是"以分数高低论英雄"。

四、加强公共教育投入，发展公平而有质量的教育

目前，全面提高教育质量，建设高质量教育体系已经成为中国教育的战略性任务，教育的质量决定人力资源的质量，人力资源质量在一定程度上决定各行各业发展的速度和质量。高质量主要体现在：教育地区不平衡不充分问题得到基本解决，高等教育专业设置和课程更加符合现代化经济社会发展的需要，基础教育从基本均衡走向优质均衡，职业教育形成从中职到高职和职业本科的体系，学前教育入园率进一步提高。习近平总书记在清华大学考察时指出："中国教育是能够培养出大师来的。我们要有这个自信，开拓视野、兼收并蓄，扎扎实实把中国教育办好。"[①]

（一）提高高等教育质量，建设世界一流大学

一个国家的高等教育体系需要有一流大学群体的有力支撑，一流大学群体的水平和质量决定了高等教育体系的水平和质量。建设一流高校的关

---

① 习近平在清华大学考察时强调：坚持中国特色世界一流大学建设目标方向 为服务国家富强民族复兴人民幸福贡献力量 [N]. 人民日报，2021-04-20.

键在于提高其培育人才的质量，因此高校应不断发挥自身学科优势，创造开放与自主自由的学术化氛围，既要保持对基础学科的不断研究，又要发挥科研优势，自由探索，敢于质疑现有理论，勇于开拓新的方向。重点培育高精尖和国家急需的人才，科学制定人才培养方案，紧跟时代发展的新趋势，办好让人民满意的高等教育。

高等学校在办学过程中应当把立德树人作为根本任务，把服务国家作为最高追求，把学科建设作为发展根基，把深化改革作为强大动力，把加强党的建设作为坚强保证，做到党管教育，党管人才。国家和政府应加强对于重点学科建设的科研经费投入，稳步扩大研究生培养规模，做好国家重点实验室的建设工作，尤其是围绕数学、物理、化学、生物、医学等相关领域，在干细胞、合成生物学、园艺生物学、脑科学与类脑科学等前沿方向布局建设，努力攻克"卡脖子"的关键性技术，产教学结合，注重科研成果的转化。建设高水平的教师队伍，教师担负着立德树人、传道授业解惑的职责，要成为大先生，做学生为学、为事、为人的示范，促进学生成长为全面发展的人。不仅要始终坚持中国特色社会主义的坚定信仰，还应该着眼学术前沿问题，不断学习新知识、新技术、新理论，致力解决实际问题。

（二）大力发展职业教育

职业教育的功能价值是为经济社会发展培养具有熟练操作技能的、应用层次的、从事某项具体事务性或技术性专业工作的专门人才[①]。2019 年

---

① 崔炳辉. 面向 2035 中国职业教育现代化的时代背景、特征与实现路径［J］. 中国高等教育，2020（Z1）：58－60.

1月，国务院印发《国家职业教育改革实施方案》指出"职业教育与普通教育是两种不同教育类型，具有同等重要地位"，正式确定职业教育在我国教育体系中的地位。目前，中国职业教育体系框架已经全面建成，2019年教育部批准22所学校开展本科层次职业教育试点，实现了职业教育与普通教育的有机相融；建立了国务院职业教育工作部际联席会议制度，协同发展职业教育；制定中等职业教育德育大纲、中等职业学校公约，规范了职业教育的国家教学标准；《职业教育法》的修改也取得了实质性进展。

人工智能逐渐取代了规则性的体力劳动，我们正在迈向智能化时代。建设现代化强国离不开教育现代化的支撑和引领，因此要求职业教育应该培育出更多能够支撑未来产业发展、具备高端新型职业技能的"大国工匠"。首先应当不断优化职业教育体系结构，在本科层级职业教育试点的基础上，探索专业硕士研究生的培养。提升职业院校的生源质量，加强对于"1＋X""创新创业课程开发""互联网＋教育"的推行，建立优质的职业教育教学资源，变革教学方式，培养智能化的复合型人才。

其次，加大对职业技术院校的经费投入，打破其"低等级"的教育地位，为职业教育建设专业本领过硬、资力雄厚的师资队伍。实现校企合作、产教相连，全面落实《职业学校校企合作促进办法》的有关规定，健全企业参与制度，发挥企业办学主体作用。学校要把企业和产业发展对职业岗位的新要求新标准融入专业设置、人才培养方案、课程内容以及教学过程中，加快培养制造业的紧缺人才。企业要依法履行实施职业教育的义务，利用技术、设施、管理、资本等要素参与人才培养，使学校与企业行业真正成为命运共同体。

（三）振兴西部和农村教育，谋划教育新格局

如前文所提，当前我国西部和农村地区面临着缺乏高层次人才、人才引进难和流失严重等问题，而人才的问题归根结底就是教育的问题，西部、农村地区的教育欠发达、师资水平落后导致其难以培养出优秀的人才。2019 年中共中央、国务院印发《中国教育现代化 2035》，提出教育现代化是"普及""质量""公平""结构"等方面整体水平的提升，要秉持"发展公平而有质量教育"的教育发展理念，因此要打造教育新格局，必须要振兴西部和农村教育。

教育问题的背后往往包含着政治、经济和社会问题，要解决教育问题，首先要把好政策关，加强财政投入和基础设施建设。政府可以免费为学校的建设提供土地，减轻学校的财政负担。利用互联网信息技术和大数据的优势，努力消除数字鸿沟。借势政策红利推进"一带一路"教育高地建设，全方位开展人才培养合作，逐渐形成学术共同体和高校联盟或区域研究中心，形成区域内高等教育资源的有效互补利用。提高特岗教师、乡村教师的薪资待遇和社会地位，解决农村地区师资薄弱、教师流动快的问题。提高边疆地区儿童的教育普及率，让每一个边疆地区的儿童都能接受教育。优化财政收入和管理制度，设立专项教育科研基金，加快西部地区高等院校博士点的建设，吸引更多高质量的教师队伍，构建多样化、发展性、全方位考核教师绩效的评价新体系，促进教师专业发展。充分发挥东部高校的支持带动作用，持续实施对口支援西部高校计划。

五、创建开放包容和尊重人才的社会环境

社会环境是指人类生存和发展过程中的一切经济、政治和文化环境，

既包括文学、艺术、教育、科学等精神因素构成的环境①，也包括法律、法规等制度规范构成的环境。个人的天赋、主观努力程度、受教育程度以及社会环境都会对人才的形成起到一定的影响作用，其中社会环境作为培育和发展人才的基础和前提，对人才的成长起到了不可忽略的作用。

首先，法律、法规、制度和政策构建出来的规范环境，可以帮助指引和规范人才的发展。法律可以指导人们做出或者不做出一定行为，并且通过规定权利义务和不履行义务所需承担的法律后果来指引约束人们的行为。其次，文学、艺术等学术氛围的构建，可以对人才的实践活动、认识活动、思维方式和综合素养起到潜移默化的影响。近朱者赤，近墨者黑。在良好的学术氛围的长期熏陶之下，人的性格、品行、思维方式都会发生明显的改变。健康良好的社会环境可以帮助人才树立正确的世界观、人生观和价值观，形成较高的文化素养和积极创新的思维方式，帮助个人成为德才兼备的优秀人才，也可以促进身边一群人共同思考，发散思维，产生人才的共生效应。最后，开放包容的社会环境有利于人才进行创造性智力活动及其成果的实现。人才发挥自身的作用需要一定社会环境基础，没有开放包容的社会环境为其提供技术、资金条件的支持和发展的平台，再优秀的人才，其才华也只能"纸上谈兵"，无法落到实处。因此，要想吸引更多的优秀人才，防止人才的流失，并且拥有培养优秀人才的能力，应当营造爱护人才、敬重人才、合理使用人才的社会环境。

---

① 陈淑丽. 社会文化环境对人才成长的影响探析 ［J］. 理论研究，2010 (6)：24－25.

第八章

巩固拓展脱贫攻坚成果
与乡村振兴有效衔接

第一节

乡村振兴的基本要求及对教育的基本定位

一、乡村振兴的基本任务

自党的十九大报告提出实施乡村振兴战略以来，党中央、国务院先后出台了一系列关于乡村振兴的重要政策。2018 年 1 月 2 日，中共中央、国务院发布了《中共中央国务院关于实施乡村振兴战略的意见》，即 2018 年中央一号文件，文件中明确指出了实施乡村振兴战略的基本定位"是党的十九大作出的重大决策部署，是决胜全面建成小康社会、全面建设社会主义现代化国家的重大历史任务，是新时代'三农'工作的总抓手"。总要求是"产业兴旺、生态宜居、乡风文明、治理有效、生活富裕"。目标任务是：到 2020 年，乡村振兴取得重要进展，制度框架和政策体系基本形成；到 2035 年，乡村振兴取得决定性进展，农业农村现代化基本实现；到 2050 年，乡村全面振兴，农业强、农村美、农民富全面实现。

2018 年 9 月，中共中央、国务院印发了《乡村振兴战略规划（2018—2022 年）》，并发出通知，要求各地区各部门结合实际认真贯彻落实。它是在 2018 年中央一号文件的基础上编制，主要内容共分为三十七章，从科学有序推动乡村产业、人才、文化、生态和组织振兴等方面展开战略规划。该规划以习近平总书记关于"三农"工作的重要论述为指导，按照产业兴旺、生态宜居、乡风文明、治理有效、生活富裕的总要求，对实施乡村振兴战略做出阶段性谋划，分别明确至 2020 年全面建成小康社会和 2022 年召开党的二十大时的目标任务，细化实化工作重点和政策措施，部署重大工程、重大计划、重大行动，确保乡村振兴战略落实落地，是指导各地区各部门分类有序推进乡村振兴的重要依据。

2021 年 2 月 21 日，《中共中央国务院关于全面推进乡村振兴加快农业农村现代化的意见》即 2021 年中央一号文件发布。该文件提出："全面推进乡村振兴，加快农业农村现代化努力开创'三农'工作新局面"。文件指出，2021 年的重点任务是实现巩固拓展脱贫攻坚成果同乡村振兴有效衔接，脱贫攻坚目标任务完成后，设立 5 年衔接过渡期，保持现有主要帮扶政策整体稳定。2021 年 3 月，中共中央、国务院发布了《关于实现巩固拓展脱贫攻坚成果同乡村振兴有效衔接的意见》，提出重点工作。该文件提出，脱贫攻坚目标任务完成后，设立 5 年过渡期。到 2025 年，脱贫攻坚成果巩固拓展，乡村振兴全面推进，脱贫地区经济活力和发展后劲明显增强，乡村产业质量效益和竞争力进一步提高，农村基础设施和基本公共服务水平进一步提升，生态环境持续改善，美丽宜居乡村建设扎实推进，乡风文明建设取得显著进展，农村基层组织建设不断加强，农村低收入人口分类帮扶长效机制逐步完善，脱贫地区农民收入增速高于全国农民平均水平。到 2035 年，脱贫地区经济实力显著增强，乡村振兴取得重大进展，农村低收入人口生活水平显著提高，城乡差距进一步缩小，在促进全体人民共同富裕上取得更为明显的实质性进展。

2021 年 4 月 29 日，十三届全国人大常委会第二十八次会议表决通过《中华人民共和国乡村振兴促进法》。《乡村振兴促进法》是在新时代脱贫攻坚目标如期完成、"三农"工作重心向全面推进乡村振兴逐步转移的背景下制定的，将为我国乡村振兴提供有力的法律支撑。《乡村振兴促进法》以党中央提出的坚持农业农村优先发展、健全城乡融合发展的体制机制、建立新型城乡关系等方面的重大政策为依据，围绕乡村振兴战略的五大目标、基本原则和主要任务，从组织建设、机制创新、措施保障等方面，确立了全局性、系统性的法律制度规范。

二、教育如何巩固拓展脱贫攻坚同乡村振兴有效衔接

《中华人民共和国国民经济和社会发展第十四个五年规划和 2035 年远景目标纲要》提出要严格落实"摘帽不摘责任、摘帽不摘政策、摘帽不摘帮扶、摘帽不摘监管"要求，建立健全巩固拓展脱贫攻坚成果长效机制。坚持和完善东西部协作和对口支援、中央单位定点帮扶、社会力量参与帮扶等机制，调整优化东西部协作结对帮扶关系和帮扶方式，强化产业合作和劳务协作。

《中国教育现代化 2035》提到要大力推进教育理念、体系、制度、内容、方法、治理现代化，着力提高教育质量，促进教育公平，优化教育结构，到 2035 年建成服务全民终身学习的现代教育体系、普及有质量的学前教育、实现优质均衡的义务教育、全面普及高中阶段教育、职业教育服务能力显著提升、高等教育竞争力明显提升、残疾儿童少年享有适合的教育、形成全社会共同参与的教育治理新格局。对于如何振兴乡村教育来促进建设高质量现代化教育体系，《中国教育现代化 2035》提出任务之一是

要推动各级教育高水平高质量普及。以农村为重点提升学前教育普及水平，建立更为完善的学前教育管理体制、办园体制和投入体制，大力发展公办园，加快发展普惠性民办幼儿园。提升义务教育巩固水平，健全控辍保学工作责任体系。提升高中阶段教育普及水平，推进中等职业教育和普通高中教育协调发展，鼓励普通高中多样化有特色发展。振兴中西部地区高等教育。提升民族教育发展水平。

《"十四五"时期教育强国推进工程实施方案》提出我国区域、城乡之间教育发展还存在明显差距，基本公共教育服务均等化水平有待提升。党的十九大、十九届五中全会和全国教育大会明确，建设高质量教育体系，加快建设教育强国，办好人民满意的教育。实施教育强国推进工程，促进各级各类教育协调发展，是促进教育公平、提升教育质量的重要途径，是完善现代教育体系、加快教育现代化的内在要求。其中的建设任务之一是巩固基础教育脱贫攻坚成果，支持欠发达地区特别是"三区三州"等原深度贫困地区巩固教育脱贫攻坚成果，积极扩大基础教育学位供给，提高学前教育入学率和义务教育巩固率，保障群众受教育权利，加快缩小与其他地区教育差距，阻断贫困代际传递。在集中支持 14 个原集中连片特困地区的片区县、片区外国家扶贫开发工作重点县共 832 个县的范围内，做好义务教育学校建设，按照基本办学标准来改善学校的校舍、场所；做好公办幼儿园建设，支持新建和改扩建公办园、集体办园。坚持以义务教育学校为重点，统筹学前教育建设。

教育部等四部门印发的《关于实现巩固拓展教育脱贫攻坚成果同乡村振兴有效衔接的意见》将工作目标定为：脱贫攻坚目标任务完成后，设立5 年过渡期，到 2025 年，实现教育脱贫攻坚成果巩固拓展，农村教育普及水平稳步提高，农村教育高质量发展基础更加夯实，农村家庭经济困难学生教育帮扶机制愈加完善，城乡教育差距进一步缩小，教育服务乡村振兴的能力和水平进一步提升，乡村教育振兴和教育振兴乡村的良性循环基本形成。由此可见，巩固拓展脱贫攻坚成果与乡村振兴有效衔接将会夯实农村高质量发展基础，从而夯实建设高质量教育体系基础。该意见明确了重点任务：建立健全巩固拓展义务教育有保障成果长效机制；建立健全农村家庭经济困难学生教育帮扶机制；做好巩固拓展教育脱贫攻坚成果同乡村振兴有效衔接重点工作；延续完善巩固拓展脱贫攻坚成果与乡村振兴有效衔接的对口帮扶工作机制。

第二节
十八大以来教育脱贫攻坚的重要经验

一、教育脱贫攻坚的重大成就

（一）"义务教育有保障"目标全面实现

到 2020 年底，全国义务教育阶段辍学学生由台账建立之初的 60 多万人降至 682 人，其中 20 多万建档立卡辍学学生实现动态清零，长期存在的建档立卡贫困学生的失学辍学问题得到历史性解决。2019 年贫困县九年义务教育巩固率达到 93.5%，较 2015 年提高了近 4 个百分点，大幅缩小了与全国 95% 平均水平的差距。

（二）贫困地区学校面貌发生了格局性变化

贫困地区办学条件得到根本性改善，2013 年以来，累计改善贫困地区义务教育薄弱学校 10.8 万所，全国 99.8% 的义务教育学校（含教学点）办学条件达到基本要求。全国中小学（含教学点）互联网接入率从 2012 年的 25% 上升到 99.7%，拥有多媒体教室的学校比例从 48% 上升到 95.3%。乡村教师队伍建设水平整体提升，"特岗计划"累计招聘教师 95 万名，"国培计划"培训中西部乡村学校教师校长 1 573 万余人次。乡村教师队伍的整体素质也大幅提升，本科以上学历占 51.6%，中级以上职称占 44.7%。

（三）"发展教育脱贫一批"成效显著

职业教育助力脱贫攻坚成效快速显现。十八大以来，累计有 800 多万贫困家庭学生接受中高等职业教育，目前职业院校 70% 以上的学生来自农村。高等教育助力贫困学生纵向流动的通道更加宽广。十八大以来，累计有 514.05 万建档立卡贫困学生接受高等教育，贫困地区学生得到了更为公平的受教育和就业机会。完善的资助政策体系织牢了兜底保障网。以政府为主导、学校和社会积极参与，覆盖从学前至研究生各个教育阶段的学生资助政策体系更加完善，从制度上保障了不让一个学生因家庭经济困难而失学。推普助力脱贫攻坚的能力显著提升。国家通用语言文字普及攻坚工程深入实施，累计开展 350 余万人次农村教师、青壮年农牧民国家通用语言文字培训。

（四）定点联系滇西脱贫攻坚目标任务全面完成

教育系统先后派出 8 批 480 余人次挂职干部投身滇西脱贫攻坚第一线，资助滇西学生 310.6 万人次；32 所直属高校在滇西开展扶贫工作，累计投入和引进帮扶资金 13.42 亿元。滇西 10 州市 56 个贫困县（市、区）义务教育学校办学条件全部达到"20 条底线"标准。

（五）中央单位定点扶贫工作教育特色鲜明

教育部定点扶贫河北省青龙县和威县工作成效显著。助力两县于 2018 年高质量退出国家级贫困县行列，脱贫攻坚成效考核居河北省前列。直属高校定点扶贫目标任务高质量完成。64 所直属高校倾情倾力推进定点扶贫工作，定点扶贫贫困县全部脱贫摘帽。

（六）脱贫攻坚主战场成为立德树人大课堂

在投身脱贫攻坚伟大实践中，教育系统广大干部师生走进乡村、贴近群众，接受了一场生动的国情教育，开展了例如优秀教师理论讲师团、大学生骨干理论宣讲团、科技小院、青年红色筑梦之旅等一系列实践工作。

（七）教育大扶贫格局基本形成

教育脱贫攻坚得到了各级党政机关、人民团体、企事业单位、社会组织和各界人士的大力支持，东西部扶贫协作、对口支援、中央单位定点扶贫、携手奔小康、万企帮万村、军队扶贫都把教育作为脱贫攻坚重要任务，专项扶贫、行业扶贫、社会扶贫"三位一体"的大扶贫格局基本形成。

二、形成了独特的工作机制

（一）各负其责、各司其职的责任体系

全面加强党的领导。坚持教育部党组研究决策部署教育脱贫攻坚的领导体制，成立脱贫攻坚工作领导小组。层层压实部内攻坚责任。落实教育脱贫攻坚主体责任，建立健全从部党组成员到各司局、直属单位、直属高校、部省合建高校，再到具体处室、岗位、人员，各负其责、协同配合、狠抓落实的责任体系。压实直属高校扶贫责任。落实中央部署，截至 2020 年共组织 90 所高校全面投入脱贫攻坚战。落实定点联系滇西职责。教育部与 26 个部委建立滇西部际联系、与云南省建立部省协商工作机制，帮助滇西协调解决脱贫攻坚重点难点问题。统筹推进疫情防控和教育脱贫攻坚工作。面对突如其来的新冠肺炎疫情，创新工作模式，把握工作进度，利用视频会议、信息技术等方式，非现场式推进定点联系滇西、直属高校定点扶贫等工作。

（二）精准识别、精准脱贫的工作体系

精准控辍、分类保学。建设"控辍保学工作台账管理平台"，实行疑似辍学问题复核销号制度。推动地方政府建立教育、公安、民政等相关部门合作的联防联控机制。强化条件保障。2013 年以来，接续实施全面改善贫困地区义务教育薄弱学校基本办学条件、薄弱环节改善与能力提升工作。强化师资保障。持续实施乡村教师"特岗计划"、"三区"人才支持（教师专项）等计划。强化资助保障。资助项目从少到多，资助面从窄到宽，资助标准从高到低，实现了全学段、公民办、家庭经济困难学生"三

个全覆盖"。

（三）上下联动、统一协调的政策体系

聚焦统筹抓顶层。深入贯彻党中央、国务院的总体部署，结合教育脱贫攻坚总体进展，适时出台和调整相关政策文件。聚焦重点抓精准。结合教育脱贫攻坚的重点任务、重点领域、重点区域等，制定有针对性的政策文件，提升政策供给的精准性、有效性。聚焦落实抓成效。强化调度保落实，建立年初部署、年中推进、年底总结与日常跟踪进展相结合的常态化工作机制，特别是在决战决胜关键阶段，又进一步强化了周调度、双周报等举措，形成了长短结合、点面衔接、上下联动的教育脱贫攻坚政策落实体系。

（四）保障资金、强化人力的投入体系

加大财政资金投入。党的十八大以来，中央累计安排地方教育转移支付资金2.39万亿元。加强脱贫攻坚干部队伍建设。强化组织保障、制度保障和工作保障，教育部制定出台17份脱贫攻坚干部队伍建设的相关制度文件，统筹纳入直属系统四支干部队伍建设。加大贫困地区人才支持力度。教育部组织实施的一系列教育系统培训计划和项目，始终坚持向贫困地区、革命老区、民族地区和边疆地区倾斜。加大智力投入。强化科研支撑、成果转化。持续实施高等学校乡村振兴科技创新行动计划，提供科技源头支撑。

（五）因地制宜、因人施策的帮扶体系

打造具有高校品牌的特色帮扶。各高校与贫困县密切配合，逐步探索形成了应贫困县所需、尽高校所能的特色扶贫路径。促进职业教育的赋

能、转型、升级。面对贫困地区特别是深度贫困地区职业教育基础薄弱的突出问题，有针对性地提出解决办法。加大推普脱贫攻坚工作力度。强化组织领导，在推动东西协作、定点扶贫等工作中同步加大推普力度，不断强化地方推普助力脱贫攻坚的主体责任。创新推普方式，形成工作合力。持续深化贫困地区和贫困学生就业创业工作。全力帮助困难群体。在推进高校毕业生就业过程中，始终把贫困地区和贫困家庭毕业生就业作为重点。

（六）广泛参与、合力攻坚的社会动员体系

深化职业教育东西协作。实施《职业教育东西协作行动计划（2016—2020年）》，落实东西职业院校全覆盖行动、东西中职招生协作兜底行动和职业院校全面参与东西劳务协作三大任务。加强教育对口支援。教育部直属系统参与援疆、援藏、援青挂职等16个项目。推进高校对口支援。实施东部高校对口支援西部地区高等学校计划，106所部属和东部高水平大学支援中西部85所高校，形成了全方位、多层次、立体式的帮扶格局。创新"组团式"支教对口帮扶机制。依托"国培计划"名师名校长领航工程，集合教育系统帮扶团队的优质资源，发挥好全国教师工作战线优质力量，建立"校长＋教研组长＋骨干教师"支教团队，组团式"一对一"帮扶凉山州、怒江州。广泛发动社会力量。协调公益组织、爱心企业、民办教育机构等社会力量助力教育脱贫攻坚。

（七）多渠道、全方位的监督体系

落实中央脱贫攻坚专项巡视及"回头看"问题整改工作。专项巡视发现的问题，经过集中整改和持续推进，明确时间节点的整改举措均已按时

完成。做好教育脱贫攻坚巡视巡察监督。修订完善巡视监督检查要点，纳入被巡视单位党组织落实主体责任情况、脱贫攻坚过程中干部队伍建设情况、脱贫攻坚专项资金的使用和监管情况等内容。加强教育脱贫攻坚业务监督。发挥教育督导作用，国务院督导委员会办公室和主责业务司局建立跟踪调度制度，对地方"义务教育有保障"工作中出现的执行中央政策进度缓慢和其他问题及时反馈，督促认真落实整改。强化教育脱贫攻坚纪律监督。将脱贫攻坚纳入驻部纪检监察组与部党组定期会商全面从严治党工作机制的重要内容，将脱贫攻坚任务完成情况和巡视整改情况纳入驻部纪检监察组长与教育部各司局和直属单位主要负责人廉政谈话范围。配合落实教育脱贫攻坚外部监督。国务院扶贫开发领导小组每年组织脱贫攻坚督查巡查，民主党派中央开展脱贫攻坚民主监督，审计署开展扶贫资金重大政策措施落实审计，以及脱贫攻坚普查、全国人大专题询问、全国政协建言献策等，均把教育脱贫攻坚作为重点内容。

（八）最严格的考核评估体系

落实国家脱贫攻坚成效考核评估。2016 年以来，国家层面逐步形成了由省级党委政府脱贫攻坚成效、东西部扶贫协作成效、中央单位定点扶贫工作成效考核组成的，以省际交叉考核、第三方评估、扶贫资金绩效评价、媒体暗访为主要形式的考核评估体系。严格直属高校定点扶贫考核。自 2017 年国家开展中央单位定点扶贫考核工作以来，教育部认真履行牵头职责，严格执行学校自评、分类评价、综合评议等考核程序。强化机关和干部队伍考核。将脱贫攻坚作为机关司局、直属高校、直属单位领导班子年度考核、选人用人工作专项检查的重要内容，把最严格的考核评估贯穿脱贫攻坚全过程。

第三节

教育脱贫攻坚与乡村振兴衔接工作的重要发力点

一、建立健全义务教育有保障长效机制

习近平总书记在河北省阜平县考察扶贫开发工作时说："义务教育一定要搞好，让孩子们受到好的教育，不要让孩子们输在起跑线上。古人有'家贫子读书'的传统。把贫困地区孩子培养出来，这才是根本的扶贫之策。"① 实现义务教育有保障是教育脱贫攻坚战的重大政治任务，也是"两不愁三保障"的底线目标之一，事关脱贫攻坚的成效和全面小康的成色。抓好控辍保学、实现义务教育有保障，是拔掉穷根、阻断贫困代际传递的重要途径，事关广大人民群众切身利益，事关国家和民族的未来。7 年后的今天，我国基础教育历史性地解决了"有学上"问题，教育公平实现了新跨越，向更好地实现人民群众"上好学"的愿望迈进。

实现义务教育的关键点是抓好控辍保学。在教育脱贫攻坚战中，全国95％的县"一县一策"出台了控辍保学工作方案。在贵州、四川、广西等地，"政府一条线、教育系统一条线"的"双线多级包保责任制"带动县

---

① 习近平. 做焦裕禄式的县委书记［M］. 北京：中央文献出版社，2015：24.

长、局长、乡长、村干部、校长、家长参与控辍保学；湖南建立了控辍保学工作抽查制度，开展实地督查，让辍学的孩子重返课堂。除此之外，各地持续健全完善资助帮扶机制，帮家庭减轻后顾之忧，为控辍保学托底。为了给广大农村适龄儿童接受良好义务教育创造更好的条件，在教学环境、教学条件与教学方式上也做出了改进。严格乡村小规模学校撤并程序，防止有学生因上学远而导致辍学；启动实施义务教育薄弱环节改善与能力提升项目，重点加强乡村小规模学校和乡镇寄宿制学校建设，增强农村学校吸引力；改革创新教育教学方式，运用"互联网＋教育"免费为农村学校提供优质学习资源。

在巩固拓展脱贫攻坚成果与乡村振兴有效衔接的过程中，要推动控辍保学动态清零向常态清零转变，就要促进乡村教育向优质均衡迈进。尽管目前辍学问题已经得到历史性解决，但这并不是终点，乡村教育治理需努力实现从"精准短期治理"转向"创新长效治理"，要大力完善后续保障措施，建立健全义务教育有保障长效机制，让优质教育资源在农村开花结果。要接续从以下几个方面做好工作：

第一，健全控辍保学工作机制，确保除身体原因不具备学习条件外脱贫家庭义务教育阶段适龄儿童少年不失学辍学。健全政府、有关部门及学校共同参与的联控联保责任机制。健全数据比对机制，精准摸排辍学学生，纳入台账动态管理。健全定期专项行动机制，在每学期开学前后集中开展控辍保学专项行动，严防辍学新增反弹。健全依法控辍治理机制，完善用法律手段做好劝返复学工作的举措。健全教学质量保障机制，深化教育教学改革，不断提高农村教育教学质量。

第二，巩固拓展义务教育办学条件成果。继续实施义务教育薄弱环节改善与能力提升工作，聚焦乡村振兴和新型城镇化，有序增加城镇学位供给，补齐农村学校基本办学条件短板，提升学校办学能力。加强边境地区学校建设。做好易地扶贫搬迁后续扶持工作，完善教育配套设施，保障适龄儿童少年义务教育就近入学。统筹义务教育学校布局结构调整工作，坚持因地制宜、实事求是、规模适度，有利于保障教育质量，促进学校布局建设与人口流动趋势相协调。支持设置乡镇寄宿制学校，保留并办好必要的乡村小规模学校。

第三，巩固拓展教育信息化成果。巩固学校联网攻坚行动成果，加快学校网络提速扩容。完善国家数字教育资源公共服务体系，助力脱贫地区共享优质教育资源，不断扩大优质教育资源覆盖面。深化普及"三个课堂"应用，实现依托信息技术的"优质学校带薄弱学校、优秀教师带普通教师"模式制度化，指导教师共享和用好优质教育资源。提升脱贫地区师生信息素养，构建以校为本、基于课堂、应用驱动、注重创新、精准测评的教师信息素养发展机制，加强学生课内外一体化的信息素养培育，推进信息技术与教育教学的深度融合。

二、建立健全农村家庭经济困难学生教育帮扶机制

家庭经济困难学生资助是一项重要的保民生、暖民心工程，事关教育公平、事关脱贫攻坚、事关教育现代化。2007年以来，国家不断完善家庭经济困难学生资助政策体系并加大资助力度。社会各界对学生资助做出了多方努力，当前学生资助体现了以下特点：第一，精准认定机制不断完善。为了精准发力，各地教育局通过进行全面摸底、建全台账、对建档立卡学生"双向对比"等措施，强调发动学校、教师、学生、家长等多个主

体，形成合力。第二，国家资助体系更加健全。我国学生资助工作逐步形成了以政府为主导、学校和社会积极参与的覆盖学前教育至研究生教育的学生资助政策体系，实现了"三个全覆盖"，即学前教育、义务教育、高中阶段教育、本专科教育和研究生教育所有学段全覆盖，公办民办学校全覆盖，家庭经济困难学生全覆盖。第三，学生资助方式多样，呈现创新性。通过信息化手段进行大数据对比，实现数据共享，协同多部门联运"零距离"，打通了教育精准扶贫的"最后一公里"。此外，不少地方政府立足地方实情，建立起地方学生资助模式，有针对性地解决地方问题。第四，学生资助不仅要扶贫更要扶智。有地方政府探索建立"励志班""圆梦基金会"等，鼓励学生自我成长、建立高远的志向。

教育脱贫攻坚实践表明，家庭经济困难学生资助工作取得明显效果，但在家庭经济困难学生认定工作中仍存在着难度系数大、认定不精准的情况，资助过程中仍存在着资助方式停于表面、不够深入等问题，这就需要我们在教育脱贫攻坚成果和乡村振兴有效衔接的过程中继续探索农村家庭经济困难学生教育帮扶机制，重点做好以下工作：

第一，精准资助农村家庭经济困难学生。加强与民政、乡村振兴等部门的数据比对和信息共享，提高资助数据质量。建立多元主体协同参与、共同治理的精确瞄准和认定机制，避免缺位、错位。不断优化学生资助管理信息系统功能，提升精准资助水平。进一步完善从学前教育到高等教育全学段的学生资助体系，保障农村家庭经济困难学生按规定享受资助，确保各学段学生资助政策落实到位。

第二，继续实施农村义务教育学生营养改善计划。进一步完善学生营养改善计划，加强资金使用管理，坚持以食堂供餐为主，提高学校食堂供餐比例和供餐能力，改善农村学生营养健康状况。推进原材料配送验收、入库出库、贮存保管、加工烹饪、餐食分发、学生就餐等环节全程视频监控。加强与市场监管、卫健、疾控等部门的合作，强化营养健康宣传教育、食品安全及学校食堂检查，确保供餐安全。

第三，完善农村儿童教育关爱工作。加强农村留守儿童和困境儿童的关心关爱工作，强化控辍保学、教育资助、送教上门等工作措施，对有特殊困难的儿童优先安排在校住宿。加强易地扶贫搬迁学校学生的关心关爱工作，帮助其度过转换期，促进社会融入。加强心理健康教育，健全早期评估与干预制度，培养农村儿童健全的人格和良好的心理素质，增强其承受挫折、适应环境的能力。

第四，加强农村家庭经济困难毕业生就业帮扶工作。全面掌握农村家庭经济困难高校毕业生情况，实行"一人一策"分类帮扶和"一人一档"动态管理，开展就业能力培训，提供精准化就业指导服务。依托中国国际"互联网＋"大学生创新创业大赛，深入开展"青年红色筑梦之旅"活动，引导大学生以创新驱动创业，以创业带动就业。加强农村家庭经济困难中职毕业生就业指导，创新就业招聘活动形式，鼓励和支持用人单位通过网络等形式开展宣讲和招聘。

三、做好职业教育、专项计划等"发展教育脱贫一批"重点衔接工作

对于脱贫攻坚战来说，精准扶贫是解决底层人民贫困的一个有效手段，但授人以鱼不如授人以渔，只有帮助贫困人口掌握可以生存的技术才能够让他们结束贫困，自力更生。职业教育是一个非常好的手段，其可以

帮助贫困人民获取知识和技术，从而有一门可以用来生存的技能。我们不仅要脱贫，还要长期脱贫，高质量脱贫，这就意味着职业教育承担着更多的责任。

在脱贫攻坚战中，职业教育通过人才扶贫、产业扶贫、结对扶贫等方式培养乡村本土人才，精准对接贫困地区的产业发展需要，精准推动跨区域帮扶协作发展。在乡村振兴的需求下，2020 年发布的《中共中央关于制定国民经济和社会发展第十四个五年规划和二〇三五年远景目标的建议》明确提出"提高农民科技文化素质，推动乡村人才振兴"，这对职业教育在乡村振兴中对乡村人才的培育提出了新的期望。研究发现职业教育对乡村振兴的贡献率高达 16.19％，职业教育服务乡村振兴效果显著，投资回报比可观。在乡村振兴背景下，职业教育已经不是要简单提供生存技能，更是要培养应用型人才，实现技术赋能乡村振兴，为广大农村培养符合乡村振兴需要的各类人才。在脱贫攻坚与乡村振兴有效衔接下，职业教育面临农村人口大量流动导致后劲不足，教学设备和内容跟不上农业农村现代化步伐等问题。面对巩固拓展脱贫攻坚成果与乡村振兴有效衔接的形势，我们应接续做好以下几个方面：

第一，加大脱贫地区职业教育支持力度。加强职业院校基础能力建设，支持建好办好中等职业学校，作为人力资源开发、农村劳动力转移培训、技术培训与推广、巩固拓展脱贫攻坚成果和高中阶段教育普及的重要基地。对于未设中等职业学校的乡村振兴重点帮扶县，因地制宜地通过新建中等职业学校、就近异地就读、普教开设职教班、东西协作招生等多种措施，满足适龄人口和劳动力接受职业教育和培训的需求。加强"双师型"教师队伍建设，结合当地经济社会发展需求，科学设置职业教育专业，提升服务能力和水平。推动职业院校发挥培训职能，与行业企业等开展合作，丰富培训资源和手段，广泛开展面向"三农"、面向乡村振兴的职业技能培训。

第二，继续实施重点高校招收农村和脱贫地区学生专项计划。指导各地和有关高校进一步加强资格审核，优化考生服务，加强入学后的学业辅导，促进学生健康成长。综合考虑国家户籍制度改革、各地教育发展水平以及高考改革进展等情况，出台完善专项计划的意见。农村订单定向医学生免费培养计划优先向中西部地区倾斜。

第三，提高普惠性学前教育质量。指导脱贫地区持续扩大普惠性学前教育资源，积极扶持普惠性民办园，提高普惠性幼儿园覆盖率。推动脱贫地区幼儿园改善办园条件，配备丰富适宜的玩教具材料和图书，尊重幼儿身心发展规律和学习特点，坚持以游戏为基本活动，保教并重，防止和纠正幼儿园"小学化"倾向，促进幼儿身心全面和谐发展。

第四，实施国家通用语言文字普及提升工程和推普助力乡村振兴计划。加大农村牧区、民族地区易地扶贫搬迁安置点国家通用语言文字推广力度，提高普及程度、提升普及质量。全面加强各级各类学校国家通用语言文字教育，开展学校语言文字工作达标建设，提升教师国家通用语言文字教育教学能力。加强学前儿童普通话教育，推动学前学会普通话工作。与职业教育培训相结合，支持开展农村地区青壮年劳动力、基层干部等普通话示范培训，充分调动和发挥国家通用语言文字示范基地作用，巩固拓展推普助力脱贫攻坚成果。繁荣发展乡村语言文化，结合中华经典诵读工程，实施经典润乡土计划、"家园中国"中华经典传承推广活动，创新传播方式，传承弘扬中华优秀文化。加大语言学习资源整合开发力度，完善全球中文学习平台，助力脱贫地区语言学习。

四、推进高校定点帮扶、对口支援工作

高等院校作为扶贫主体直接参与国家扶贫事业，是中国高等教育机构的创举。2012 年以来，按照中央的统一部署，44 所综合类和理工科为主的直属高校承担了 44 个国家扶贫开发重点县定点扶贫任务，2019 年根据工作需要又新增 20 所直属高校参与定点扶贫，再加上其余的 11 所承担滇西专项扶贫任务的直属高校，教育部 75 所直属高校尽锐出战，形成了教育扶贫、智力扶贫、健康扶贫、科技扶贫、产业扶贫、消费扶贫、文化扶贫等 7 大类高校扶贫特色路径，全面投入脱贫攻坚战，成为中央单位定点扶贫的一支重要力量。在教育脱贫攻坚实践中，高校除为贫困地区提供自身的教育支持外，还提供了更多智力支撑、产业支持和人才支持，组建了教育、农林、旅游、健康、消费、城乡规划、非遗（文化）、资源环境等 8 个高校扶贫联盟，高校组团式合力攻坚的态势凝聚形成。高校师资、人才、科技等优势转化为地方发展的动能不断增强，具有高校特征的贫困地区发展成效不断凸显，并最终使得直属高校定点扶贫的所有贫困县全部脱贫摘帽。除此之外，"对口支援西部地区高等学校计划"也为发展西部地区高等教育，培养急需的高级专门人才做出了重要贡献。

实践可行性方面，乡村振兴可以借鉴脱贫攻坚的有效经验实现稳健推进，而脱贫攻坚亦能够利用乡村振兴机遇谋求纵深发展。虽然乡村振兴和脱贫攻坚在有机衔接方面取得了积极进展，但是仍然存在着体制机制衔接不畅、产业发展升级困难和内生动力难以激发等问题。在乡村振兴的背景下，高校势必还会继续承担新时期减贫和防止返贫等社会重任，需要我们

巩固拓展脱贫攻坚成果同乡村振兴有效衔接，进一步挖掘高校自身能力，推进高校定点帮扶工作。

第一，坚持直属高校定点帮扶机制，拓展深化帮扶形式和内容，保持工作力度不减，定期对帮扶成效进行考核评价。继续选派挂职干部和驻村第一书记，选好用好帮扶干部，做好工作、生活、安全等方面条件保障。依托高校优势资源，充分发挥高校帮扶联盟、教育脱贫攻坚与乡村振兴专家委员会、高校乡村振兴研究院等的作用，开展高校定点帮扶典型项目推选活动，推动帮扶工作从"独立团"向"集团军"转变。加大涉农高校、涉农专业建设力度，深入实施卓越农林人才教育培养计划 2.0，加快培养拔尖创新型、复合应用型、实用技能型农林人才。引导高校科技创新主动服务、深度参与乡村振兴，通过着力构建解决相对贫困长效机制，促进发展内生动力迭代升级、激活乡村全面发展协同效应、推进乡村治理体系和治理能力现代化。

第二，持续推进高校对口支援工作。继续实施对口支援西部地区高等学校计划，创新对口支援方式，支持受援高校明确发展定位，强化服务导向，打造学科专业特色。精准实施对口支援，为受援高校提供指导支持。继续做好部省合建高校对口合作工作，构建联动发展新格局。继续推进对口支援滇西应用技术大学等工作。扩大实施高校银龄教师支援西部计划。

五、推进教师系列政策

在教育脱贫攻坚战中，贫困学生的辍学问题得到历史性的解决，基础教育基本得到满足，在巩固拓展脱贫攻坚成果同乡村振兴有效衔接上，基础教育向高质量教育推进成为新的必然，而保障高质量教育的关键是教师。乡村振兴必先振兴乡村教育，而振兴乡村教育的关键是乡村教师队伍建设，因此，要接续推进教师系列政策实施，在满足基本教师数量需求的同时，培养一批又一批优秀乡村教师。

在教育脱贫攻坚工作中，贫困地区教师队伍建设聚焦"义务教育有保障"总目标和"发展教育脱贫一批"路径，主要以加强贫困地区教师队伍建设为核心，以优化贫困地区师资配置、加强贫困地区教师培养培训为抓手，由点到面，发挥乡村教师队伍和支教帮扶团队作用，调动各方力量，支援帮扶艰苦边远地区、民族地区、贫困地区等教师队伍建设。首先，贫困地区在引进和留住教师方面做出了探索。其中特岗教师、免费师范生是贫困地区吸引新教师的主要手段，这些特岗教师和定向培养的师范生不仅提高了贫困地区的教师队伍的数量，而且提升了乡村教师的素质。在此基础上，通过提高待遇、教师培训、评奖评优等方式增强教师职业的吸引力，稳定贫困地区的教师队伍。其次，各地方强力搭建教师帮扶体制，凭借互联网搭建教师培训平台。有效调动各方名校名师力量加强指导，全面提升贫困地区教师素质。最后，在教育部教师工作司的指导下，对口支援有序开展。实施了包括"援藏援疆万名教师支教计划""银龄讲学计划""特岗教师计划""深入实施边远贫困地区、边疆民族地区和革命老区人才支持计划教师专项计划"在内的多项计划，推动了贫困地区教师质量的提升。

而在对美国乡村教师的研究中发现，美国乡村教师队伍保持着相对的稳定性，甚至乡村教师队伍比城市有着更高的稳定性。美国为吸引和留住乡村教师、搭建稳定的乡村教师队伍也采取了一系列举措：提升教师薪酬待遇、为新教师提供专业帮扶、提倡本土培养教师和改善学校行政环境等。我国在过去的教育脱贫攻坚实践中为建设贫困地区教师队伍采取的一系列措施也产生了很大成效，例如在乡村教师队伍建设上，北京师范大学设立的"志远计划"，2020 年面向尚未摘帽的 52 个国家级贫困县（以下简称"国家级贫困县"）所在省份优秀高中毕业生，择优招收本科定向就业师范生，为国家级贫困县定向培养志存高远、乐教适教的基础教育高素质师资和未来教育家，最终录取 155 人，报到 148 人。

在下一步巩固拓展教育脱贫攻坚成果同乡村振兴有效衔接上，我们要从如下两个方面继续发力：

第一，巩固拓展乡村教师队伍建设成果。落实《教育部等六部门关于加强新时代乡村教师队伍建设的意见》，继续实施农村义务教育阶段学校教师特设岗位计划、中小学幼儿园教师国家级培训计划、乡村教师生活补助政策，优先满足脱贫地区对高素质教师的补充需求，提高乡村教师队伍整体素质。在脱贫地区增加公费师范生培养供给，推进义务教育教师县管校聘改革，加强城乡教师合理流动和对口支援，鼓励乡村教师提高学历层次。启动实施中西部欠发达地区优秀教师定向培养计划，组织部属师范大学和省属师范院校，定向培养一批优秀师资。加强对脱贫地区校长的培训，着力提升管理水平。加强教师教育体系建设，建设一批国家师范教育基地和教师教育改革实验区，推动师范教育高质量发展与巩固拓展教育脱贫攻坚成果、实施乡村振兴相结合。深化人工智能助推教师队伍建设试点。切实保障义务教育教师工资待遇。

第二，继续实施系列教师支教计划。实施"三区"人才支持计划教师专项计划，进一步引导人才向艰苦一线流动，选派城镇优秀教师到艰苦一线支教，缓解乡村振兴重点帮扶县优秀教师不足的问题。深入实施"银龄讲学计划"，面向社会公开招募一批优秀退休校长、教研员、特级教师、高级教师等到农村义务教育学校讲学，促进城乡义务教育均衡发展。实施凉山、怒江支教帮扶行动，建立支教对口帮扶机制，采取"组团式"援助当地院校，动员名师名校长培养基地、优秀教师校长以双师教学、巡回指导、送培到校、支教帮扶等方式，为凉山、怒江打造一支"带不走、教得好"的教师队伍。

第九章

传承中华优秀传统文化，树立文化自信

第一节

中国优良悠久的教育教学传统需要继承和发展

在绵延数千年的中国文化中，重视教育是深层的文化根源，且已经写进了中国人的文化基因，成为中华文明生生不息、继往开来的重要基础，成为中国教育现代化取之不尽用之不竭的宏富资源。其中不仅蕴藏了伟大的人物、精辟的思想，还有制度建设、哲学方法，以及具体技术和社会风气等具有中国特色的经验与探索，可以为近当代乃至未来中国教育的创新与发展提供多方面的支持。

一、建构多元化、成体系的开放教育传统

几千年来，教育方面的发展既有成文的官方制度，也有深邃的教育思想，更有丰富的教育实践，形成了一幅闪耀着璀璨光辉的教育图景。而且从古至今，中国人理解和从事的教育绝不仅仅是书斋里的知识传承，而必须是与社会进步、人类发展和实实在在的国计民生相关联的教育。理解并读懂这幅图景，将其作为理解中国教育之源流的资源，进一步将今日中国教育放在这幅图景中，溯其源而开其流，寻其根而培其枝，是传承中华优秀传统文化，建设高质量教育体系的必由之路。教育是关乎传承的事业，

重视文化的根源，才有教育的资源。

重视教育是历朝历代的文化共识。两千多年前的《礼记·学记》篇曰："古之王者建国君民，教学为先。"意即古代帝王要建立国家并统治人民，也要先从教育方面着手。两千多年前的中国人就能朴素地认识到教育事业和国家建设之间的关系，"家有塾，党有庠，术有序，国有学"。为不同的区划设立不同的学校，既提供最基础的文化知识，也培养服务国家的高级人才。即使《学记》描述的并不一定是三代的现实状况，至少也能反映西周至秦汉时期人们对教育的真挚构想。

在高等教育方面，中国自古以来就有国家兴办最高学府的传统。在《周礼》中记载，辟雍为周天子设立的大学，四面环水。中间区域为形似玉璧的圆形，四面流水象征教育绵延不绝的传播，故称辟雍。汉代班固的《白虎通·辟雍》篇中写道："天子立辟雍何？所以行礼乐宣德化也。辟者，璧也，象璧圆，又以法天，于雍水侧，象教化流行也。"在后世，辟雍作为文化的象征一直流传下来，保存至今的北京国子监的核心建筑仍然命名为辟雍。虽然到了明清时期，辟雍的礼仪作用已经大于实际的教学功能，但其作为最高讲学场所的象征仍在教育文化中扮演着重要角色。此后，实际的最高学府，则由历代太学和国子学等传承下来。更为重要的是，由国家兴办高等教育的传统，从汉代中央官学和各级地方官学设立以来，在中国历史上几乎从未中断过。中国高等教育的悠久传统，虽不体现在单一学校的校史悠久，但却体现在整个教育体系的绵延不断。在面对西方的学校时，完全不必因国内现代大学校史较短而感到自卑，中国的高等教育对此应该有强烈的信心。

如果辟雍和历代官学体现了国家对高等教育的直接管理，那么稷下学宫就体现了国家（诸侯国）主持下的学术场所思想自由、学术多元的传统。稷下学宫是战国时期齐国临淄附近的一所特别的学术机构，是世界上第一所由官方举办、私家主持的学府。思想包容、学术争鸣是稷下学宫突出的思想特征。稷下之士几乎容纳了当时所有重要的思想流派，儒家、墨家、法家、道家、纵横家、兵家、阴阳家等各种思想都活跃在稷下学宫的舞台上，可以平等地发表观点，参与议论。由此形成了中国思想史上第一次思想大繁荣的"百家争鸣"情形。自由的言论和积极的争论不仅促进了各学派自身的发展，还使各家学派接受新思想，推动了学派之间的交往、渗透和融合。在政治上，稷下学宫虽然最初是为了给齐国提供政治谋略而设立，但却发展出了"不治而议论"的学术传统。稷下之士有的直接参与政治，有的不出仕而只保持学者身份。这体现了高等学术研究的两种功能，既能直接为政治提供咨议，也能与实际事务保持距离"不治而议"。这两种取向在今天的高等教育中同样重要，既要建立智库等直接服务于政策治理的研究机构，也要支持自由探索，重视不直接指向功利目的的基础研究，"王霸比较""义利之辩""人性探索"等是自此而发端的重要议题。早在战国时期，齐国能够从私人聘请谋士的"养士之风"发展到突破门户之见的稷下学宫，这种思想开放，在争鸣中谋求思想进步和政治智慧的传统，仍然能给今天的高等教育带来启发。

除了规模庞大的官学以外，私人讲学和兴办书院的传统也能为今日的民办教育提供参照和启发。中国古代的私学教育在春秋时期就已经逐步流行，突破了学在官府的限制，扩大了受教育者的范围，也拓展了教育内容。中国古代最重要的教育家孔子就是私学的代表人物，孔子一生大多数时间都在收徒授学，号称弟子三千。私学具有较大的灵活性，教师具有很大的办学自主权，受到的限制较少，甚至可以在各个国家之间流动。孔子即使在周游列国之时，也没有停止教学活动。学生的来源也较为丰富，既有与孔子同出鲁国的颜渊、曾参、闵子骞、子路、子有……也有卫国的子贡、吴国的子游、齐国的公冶长、宋国的原宪等等，他们不仅来自多个国家，还出身于不同社会阶层。在当时，私学比官学更能够具有这样广泛的包容度。从一开始，私学就可以视作官学的重要补充，在政府力量伸展不够、渗透不到的领域，私学扮演着重要的角色；同时私学的自主性、开放度也使传统教育有了诸多体制外的改革生长点，许多科技、艺术和文化的传承，主要依赖非官方、非正统的渠道延续和发展。

书院是今日尤其值得重视和复兴的民间教育形式。私人讲学发展到唐代以后，形成了书院这种更高水平、更正规化的私学。书院一开始是个人或富户设立的用于藏书或读书的地方，后来逐渐变成收徒讲授、探讨学术的场所。虽然部分书院有官府参与，但书院整体上应视为私学的杰出代表。书院教育最大的特征是虽然由民间兴办，但传承道统、重振学术的精神十分强烈。自宋代以后，名宿大儒兴办或参与书院十分常见，他们的学生中，有倾向科举者，也有终身布衣而志于学者，学生的出路比官学的出仕取向更加丰富，也使民间学术更加活跃。岳麓书院、白鹿洞书院等著名的书院不仅是教学场所，还成为地方文化的枢纽和象征。虽然官府多次尝试将书院纳入管理，但在文化博弈之下仍有相当的书院保持了自己的独立性，成为官学之外的一支教育力量。时至今日，这种民间讲学、注重研讨、能够激发本地文化力量、化育乡里、利于培育民风的书院，应该成为基层文化建设的一种可行的形式。

还有一支不可低估的传统教育力量是中国的家教家风传统。儿童在走出家庭，到社会中接受教育之前，早就开始在家庭中受教育了。在中国的教育传统中，家庭教育受到极高的重视，孟母三迁、曾子杀彘，都强调从家庭和生活中受到的教育要先于在学校中受到的教育。一些有识的长者，将教育子女，指导他们修德读书、为人处世的经验和智慧总结和记录下来，形成中国特有的家训传统。与学校教育有所不同的是，家训、家教往往充满对子女后辈的情感与关怀，与"知"的教育相比，它更是"情性"的教育。在传统的家教中，最核心的内容是忠信、慈孝、勤俭、治家等朴素的生活教导，在此基础上才是励志、求学等功名事业。这意味着，好的生活和好的品德，应该放在知识学习和求取成功之前，否则就是本末倒置。这些朴素贴心的道理，对今日的教育仍有参考意义。只关注学生的考试成绩，忽略了他们的情感与道德的成长；只注重学校的学习，忽略了家庭的教育力量，乃至忽略了完整的生活——是当下青少年成长面临的重要问题。而重拾家庭教育的传统，从前人的治家智慧、教子方法中吸取教育养料，也是今日中国的教育事业中不可缺少的一个环节。

中国的教育传统是丰富、立体、多方面的，既有国家的高瞻远瞩，也有民间的细雨滋润，既有制度化的明堂设教，也有融入生活的点滴教化，其系统、深刻和完整等优点在全世界都是卓越且璀璨的。在这一套教育文化中，没有人生活在教育的力量之外，而认知和传承优秀的教育传统，也是今天我们需要认真履行的任务。

二、具有丰富的教科文资源和众多伟大的教育家

中国传统文化的经典宝库是极为重要的教育资源，现在以及未来都不会过时。在任何一个拥有久远历史的文明中，对传统文化资源研究和掌握

的程度都与教育的整体发展状况息息相关。例如在西方国家，那些历史悠久、声誉卓著的学校，往往更加重视古典语言（如希腊语、拉丁语）和古典文化的学习。这些学科是深入了解历史文化、进行文化比较并抵达深刻认识的钥匙。在中国，我们同样面对极其丰富而深刻的文化资源，这些资源中的一部分曾经被作为官学或科举的指定内容，一部分在民间流传，一部分以常识或通识教育的形式在当今的教育中有所体现。时至今日，系统地研究中国传统的科学文化教育资源，分辨其中值得继承、应该古为今用的部分，是教育学尤其是中国教育史研究的当然任务。

面对浩瀚的传统文化典籍，我们应该以教育的眼光和问题意识重新审视之。要能够超越经史子集的传统图书分类，但也不能用国学、文献学、历史学的研究取代教育本身的问题，要从中发现那些对教育真正有意义、有价值的地方。对那些公认有重要教育意义的经典，如儒家、墨家、道家的经典，要常读常新，其中富有教益的部分要争取融入日常的教育生活。对那些提供了教育的案例、方法，学习的心得、体悟的书籍，如《读书分年日程》《朱子读书法》等，则应该融入教学论、学习论的研究与运用，使其精义得以发扬。对那些思考关于人本身的问题的思想和著作，则应该与教育哲学的研究结合起来。除了书籍之外，历代的教育实践、从宏观到微观的政策、官方及民间的经济资助、民众对教育的态度变迁等等，所有这些内容都应该成为我们理解过去并规划未来的参照系。中国教育学的整体学术结构和思想框架，都应该与中国自身的教育文化资源深刻勾连起来。

教育的核心永远是人，人既是教育的对象，也是教育的主体。人作为传统文化的组成部分和重要资源，某种程度上其重要性甚至超越器物和书籍。对中国优秀传统文化的传承，集中体现为对传统文化中人的认识，这是极为重要的组成部分。中国文化是幸运的，我们从古至今拥有众多伟大的教育家，每个有文化常识的人对他们的名字都耳熟能详：从古代的孔子、孟子、荀子、老子、庄子、墨子、董仲舒、韩愈、朱熹、胡瑗、颜元……到近代的严复、蔡元培、陶行知、张伯苓、黄炎培、晏阳初……他们是中国教育界最宝贵的财富，我们需要加强对中国本土教育家的研究，使他们的思想、事迹和人格形象成为中国教育的有机组成部分。

我们应该重新反思并重新认识中国从古至今的伟大教育家。那些影响最为深远的教育家，如孔孟、程朱、陆王，由于他们往往同时也是大思想家、哲学家，留下诸多著作，一直以来都是传统学术的研究对象，在当代哲学系的中国哲学史学科中，也占有重要的地位。但这是哲学研究的立场，而不是教育者的立场。在相关的研究中，"教育家"并不是他们首要的身份。而在大中小学教育实践中，教育者不容易感受到古代的教育家与自己正在做的具体实践之间的关系，也不容易体会到历代教育先贤与自己在思想和情感上的联结，这是需要改变的现实。

面对这些伟大的教育家，仅仅把他们作为教育研究的对象是不够的，作为供奉的对象更是不够的。古代教育家并不应作为现代教师崇拜的偶像，而应该成为拥有共同文化教育理想的同行者。因此，我们需要做的，并不是在大中小学校园里增添一些孔子的塑像或其他思想家的挂图，而是让教师们，也包括家长们真正体会到，伟大的教育家并不停留在过去，他们能成为教育家，恰恰是因为他们的思想和人格是鲜活的，是有生命力的。他们并不仅仅以某种"思想"或"理论"的方式存留在著作中，而是应该以鲜活的精神存在于每一代人的文化精神和教育活动中。对教育事业而言，人格拥有跨越时间的影响力。孔子有教无类的教育情怀，不论遇到怎样的困顿和挫折，都不放弃理想的坚持；孟子在战火割据中对王道教化的持守，大丈夫精神的不屈；韩愈屡遭贬谪、几经坎坷，却始终坚持文以载道，坚持"道之所存，师之所存"；胡瑗在一片矫饰浮华之风中不妥协，坚持教授明体达用之学……更不用提近现代投身于教育救国的诸多先驱，"捧着一颗心来，不带半根草去"的陶行知，把一生都献给乡村教育的晏阳初……这些人的伟大人格，应该成为陶养中国教师、塑造中国教育的伟大力量！

传统文化中的"教育资源"，只有当它们活起来的时候，才能真正成为为今天建设高质量教育体系助力的重要力量。学习中国传统的教育著作，不仅是要学习知识和吸取思想，更重要的是让自己和伟大的传统生活在一起，让自己成为活生生的传统的承载者。认识过去的教育家，也不仅仅是把他们当成历史人物，更要当成值得效法、作为榜样的伟大人格的象征。

三、以学校教育为核心着眼"移风易俗"的大教育格局

中国自古以来就重视建立教育的专门机构——学校。《孟子·滕文公上》中记载三代时期的学校："夏曰校，殷曰序，周曰庠，学则三代共之，皆所以明人伦也。"《礼记·学记》中也有"家有塾，党有庠，术有序，国有学"的记录。庠、序、学、校、塾……都是古代学校的名称，说明早在先秦时期，中国就已经拥有了多样化的学校。虽然当时的学校制度化、正规化的程度不高，在一些记载中仅仅体现了理想的制度而非现实的情形，

但意识到教育需要建立专门机构，是传统教育的先见之明。随着历史发展，通过学校进行教育逐渐成为主要的形式，学校的形式、组织、层次也逐渐完善起来，中国在这方面是世界的先行者。

中国的传统教育不仅重视建立学校，还十分重视学校内部的制度设计。《礼记·学记》中写道："比年入学，中年考校。一年视离经辨志，三年视敬业乐群，五年视博习亲师，七年视论学取友，谓之小成。九年知类通达，强立而不反，谓之大成。"学校对学生的教育是有计划、有次第的，随着学生年龄的增长，教育和考察的内容愈加深刻，能观察到学生内在和外在的变化。其中，每一条考察标准，大体都由"知识学习"和"情感道德"两方面构成，"离经""博习""论学"是典型的学业要求，要经过艰苦的学习和严格的考试。而"辨志""敬业""乐群""亲师""取友"反映的是学生的德行和情感，这些素质难以通过考试考察，但可以在日复一日、朝夕相处的生活中观察到。最后，"知类通达，强立而不反"表征的是一个人苗壮的精神和强烈的意志，是通过教育在人身上建立起来的一种内在的坚定性，唯有这种坚定性才是"成人"的根本特征，也是教育成功的标志。在这一发展脉络上，《礼记·学记》描述了一所好学校应有的样态。虽然学者考证，"如此井然有序、普遍而严密的学校布局根本不可能出现在周代"[①]，而应该是秦汉时期大一统国家的产物，但这一描述作为中国传统教育理想却是十分准确的。

在学校教育之外，中国的传统教育还十分注重对整个民风民俗的教化。在古代，虽然学校是教育的重要形式，但当时能进入学校的是少数

---

① 刘娟．重审周秦变局下的《学记》教育目的论［J］．教育研究，2020，41（11）：61-69.

人，大多数人没有上学接受正规教育的机会。那么这些人是不是被排斥在文化教育之外呢？答案应该是否定的。面对中国古代教育时，对"教育"不能仅仅做狭义的理解。当政者很早就意识到，只有针对整个社会的"移风易俗""化民成俗"使民风向善，才能让国家实现长治久安。

为了实现社会整体的目标，仅仅有学校是不够的，"化民成俗"的社会教化，在传统教育中历来有重要的地位。春秋时期的鲁国，就设置了"司铎"这一官职，负责民众的教化。相传古代宣布教化的人会摇响木铎以聚集群众，此时的群众不是指学校的学生，而是普通的老百姓，因此这种教化的对象是普通人。而铎也就成了教化的象征。《论语·八佾》中，即有"天下之无道也久矣，天将以夫子为木铎"之言，将孔子比喻为象征教化的木铎。在现代中国的大学里，北京师范大学、西北师范大学等多所师范类学校，在校徽上都使用了木铎图案，作为教育的象征。自古以来，"化民成俗"的教化就是儒家极为关切的问题。同样在《礼记·学记》中，出现了"足以化民易俗，近者说服而远者怀之，此大学之道也"的说法。"民"和"俗"的范围，要远远大于确定的教育内容和学校生活。人们在生活中约定俗成、日用而不知的生活方式、行为准则、社会风气，以及隐藏在这些行为背后的价值判断和是非标准，都属于民风民俗的范畴。人生活在社会中，随时都能感受到这种民风，但要对之进行定义和规范，却又是十分困难的，对民风民俗进行改造，更是社会治理要面对的重大问题。在中国的古代，许多技艺传承都是通过家庭教育的渠道完成的，而与农业社会相关的大众教育，早在唐朝已有发端，武则天推行的《兆人本业》就是普及农业知识技能的大众教本，而元朝的"社学"即是在乡村农闲开展的农民教育。在漫长的中国古代社会中，学校、家庭和社会各行业，共同建构了教育和社会协同的学习平台，也为当下的"学习型社会"建设提供了传统的样式和本土经验。

没有良好民风民俗的社会，不会成为一个美好的社会。但良好的民风不会自动产生，没有教化工作，仅仅依靠法律管理，或是放任自流，不可能形成良好民风，这是自先秦时期儒家和法家的争论开始，人们就不断在理论和实践中验证的观点。越是人口规模庞大、地缘复杂、内部多样性强的国家，越是要注重在德治、礼教方面对社会的有效引领。在《论语·为政》中就有这样的思想："道之以政，齐之以刑，民免而无耻；道之以德，齐之以礼，有耻且格。"虽然普通民众受到的文化教育不多，但"德"和"礼"是能够面向所有人的教育。德治思想之下的政令也较为宽和，容易得到民众的拥护。而礼制则与民众的生活息息相关，婚丧嫁娶、民俗节日，乃至日常的生产交易、人际关系，都要依靠一套富有礼仪意味的文化来协调。当一套礼制文化建立得好，与民众生活水乳交融的时候，能够协调矛盾，化解冲突，社会的安定程度提高，人民的精神面貌更好，民众对国家的认同感、地方的凝聚力也都得到加强。生活在这样的社会中，即使是没有读过书的人，也能在生活、礼俗的陶养之下，过上一种有分寸、有素质、有教养的生活。

时至今日，中国青少年受教育的平均年限不断提高，但"化民成俗"的社会教化也不应该忽略，民风民俗的建设同样应该作为教育事业发展的重要组成部分。在传统社会教化中，除了家庭内部的家风家训之外，富有乡土特征的乡规民约是重要的教化方式。今天也应该有效发挥乡规民约在家庭建设、乡村社会治理、城市社区管理等方面的作用。要重新认识和定位乡规民约的当代价值，更要让优秀传统文化回归现实，提供文化营养和精神食粮。对于具有地方特色和文化传承作用的习俗、节日，要有选择性地予以整理、收集、保护。现代化不是走向整齐划一，地方民俗、乡规民约对于保留文化，陶冶本地人的身心，塑造认同感都具有不可替代的价值。

四、发展职业技术教育与坚持"德艺双馨"标准的传统

在传统社会中，职业教育直接关乎国计民生和社会稳定，是与广大民众关系最为密切的教育形式。随着职业分工的发展，士、农、工、商四大社会阶层形成，"四民分业定居"也逐渐成为社会治理的主流观念。其中士是靠近权力中心的社会上层，占据了大部分读书上学、出仕践儒的机会。而农、工、商是社会的主体，如何培养这些人，使他们能够安居乐业，是对每一个社会的考验，也是对整个社会的大教育的内在要求。

传统中国历来重视职业技艺的传递。从先秦时期开始，"同业相聚，父子相承"就塑造了一种独特的职业文化。"同业相聚"意味着同行业者居住在一起，便于沟通业务，也便于互相切磋比较，交流经验，精进技艺。同行业者形成一个居住社区，还能培养一种超越家庭的社区气氛，工匠的弟子从小在父辈的职业生涯中耳濡目染，自然而然地学会不少技艺，长大能够顺利接班。如《管子·小匡》中记载，众工匠"相语以事，相示以功，相陈以巧，相高以知事。旦昔从事于此，以教其子弟。少而习焉，其心安焉，不见异物而迁焉。是故其父兄之教，不肃而成。其子弟之学，不劳而能"。虽然在《管子》的设计中，职业和身份相互绑定，不允许民

众随意改变职业，这是受当时社会局限所致，但其中对职业及职业教育的许多思考，仍有其可取之处。例如不但考虑到行业的发展和技艺的精进，还考虑到技艺的传承，在先秦时期这已是一种值得肯定的构想。而能看到技艺需要在生活中习得和传承，其中"不肃而成""不劳而能"的部分可能恰恰是最重要的部分，这种对教育的理解，与今天的情境学习和实践性知识仍然一脉相承。

传统农业虽然高度依赖自然条件，但古人同样依靠自己的智慧和努力，利用各种工具和技艺来改造农业，试图减轻农业中"靠天吃饭"的因素。中国古代文明发展的历史，同样也是一部农业技术发展进步的历史。战国初期的政治家李悝，也是一位重农的思想家，他提出了"尽地力之教"的思想，努力提高耕地的产量，提高农业技术，宣传精耕细作、勤谨治田，鼓励农民的劳作积极性。努力向农民宣传先进的农业技术，减少病虫害。甚至已经注意到田间要杂种多种作物"必杂五种，以备灾害"，在遇到自然灾害时至少能保住部分收益，避免全部绝产，陷入荒年。这些思想至今仍有教育的价值。比李悝稍晚的孟子也是一位重农思想家，他不仅重视农业技艺，还看到掌握技艺对"育人"的意义。《孟子·滕文公上》说："后稷教民稼穑。树艺五谷，五谷熟而民人育。"对普通人而言，当他能够掌握一门农业或手工业的技艺，凭此技艺在社会上安身立命的时候，他才能真正感受到自己作为一个真正的"人"而存在，才能体会到自己对于社会的价值。因此，技艺的传承绝不仅有功利目的，对于安定人心、塑造精神同样具有重要意义。这些思想都促使我们从中国自身出发，从更深刻的文化意义上来反思职业教育。

传统思想中对社会分工有深刻思考的代表人物之一是墨子。墨子及其学派本身来自手工艺人和小生产者，在建筑、力学、光学、逻辑、教育和社会管理等方面均有重要的贡献，对职业分工和劳动生产都有更贴近现实的理解。而且墨家比儒家更注重劳动者之间的平等，认为"官无常贵，民无常贱"，更加重视"农与工肆之人"在社会中的地位和作用。对于技艺的教授，墨子观点鲜明地认为将技艺教授于他人，是对社会做出的更大贡献，当面对"教人耕，与不教人耕而独耕者，其功孰多"这样的问题时，墨子的答案是"教人耕者其功多"。传播先进的生产技术，培训民众的生产技能，相当于"虽不耕而食饥，不织而衣寒，功贤于耕而食之，织而衣之者也"。这种先进的思想突破了一般小生产者的局限，不再将技艺作为维持个人生活的不传之秘，而是将之作为推动社会进步的动能。

到了三国两晋南北朝时期，我国已经出现了早期的职业专门学校，如三国时期培养法律人才的律学、南朝培养医生的太医博士助教、北魏培养数学人才的算学等等。到唐代时，还增加了培养书法文字学人才的书学、培养天文历法人才的太史局、培养医药学人才的太医署、培养祭祀卜筮人才的太卜署等。在唐代科举的"制举"部分，专业技术类人才的选拔就涉及近百种类专业技术。这意味着若干专门人才的培养也逐渐被列入国家的计划中，并出现了傅玄"分数定业"，即按照社会需要的种类和比例来安排职业人口的思想，而且要求重视职业道德和职业精神的培养。《晋书》中提到"士思其训，农思其务，工思其用，贾思其常，是以上用足而下不匮"，即人人都精勤于自己的职业，社会就不会陷于匮乏。而且傅玄不再认为各个职业应该有社会分隔，也不要求职业要世袭，增加了社会的流动性。农业方面的劝课农桑和相关技术书籍的编纂，手工业方面日趋成熟的学徒制度和工艺技术的收集整理，也都取得了很大的成就。各种"法式""教本"也出现在职业技术的传承教育中。

中国的职业教育和工匠培养有非常悠久的传统，不仅仅是技艺的传递，而且出现了丰富完整的职业文化，内在蕴含着品格、信念、精神。更可贵的是，中国至少在唐以后就有"三百六十行，行行出状元"的思想，用人体系也支持多元开放的原则，不唯正规的学校教育或科举一途育人、取人。这些传统在今日的中国，尤其是作为制造业大国的中国，仍然是一笔宝贵的财富。发展职业教育，是一项远比建设职业技术院校广泛得多的事业，需要向前关照产业发展，向后回顾技艺传承，向外看到国际形势，向内有充分的自我认识。当我们提到"工匠精神"的时候，不要总是以德国、日本的工业和传统手工业作为参照，更要在中国自己的文化中发掘职业教育的内涵。而传统中国的职业发展和职业教育的体系，直到今天仍有重要的参考价值。

对于教育本身及教育成果的评价，"德"都是在首位的。这不仅是因为中华民族是见贤思齐、推己及人、崇尚道德、热爱和平的民族，还因为中国的教育者和学习者很早就发现，有德之人在学习或受教育中，会形成巨大而持久的志向或良性内驱力，也会在学成之后的人生中为社会、为人类做出更大的贡献。当然，崇尚道德不仅是利他的，不是只有奉献、毫不利己，中国的"德"概念，本身就有"获得"的意思。也就是说，中国古代教人，不仅是传播知识和技术，更要教人不断自我完善的意识和方法。在为社会做贡献的同时，自身能在德智体美劳全方位得到完善，也是重要的幸福和价值追求。而这即是中国传统教育注重德育、看重社会功用，并在意个体人的全面发展的内在原因。

全民教育和终身学习等思想将历久弥新

一、明确"止于至善"的学习追求和"学为君子"的高远理想

传统中国的教育是"学以为己"的教育，人格成就和道德境界在根本上比世俗功利的追求更加重要。"学以为己"并非一个确定的主张和学派特点，而是每一时代对当下教育状况的不断反思。在《论语·宪问》中，孔子提出"古之学者为己，今之学者为人"，这句话的表面含义是对古人风骨的欣赏与推崇，但其内核中，对"为己"和"为人"的分辨，比古今区别更加重要。"为己之学"意味着教育和学习首先应该为个人带来真正的进步和内在的满足，其次才是追求外在的其他收益。在教育的社会效益被无限放大，全社会都对获取优质教育资源感到焦虑的今天，重提"为己之学"，让教育从资源分配和身份获得的外在目的中得以纾解，回归教育本身，有重要的现实意义。

孔子倡导"学者为己"，孟子提出"深造自得"，荀子更是认为"君子之学，以美其身"，先秦儒家三位最重要的思想家都认为，学习成人、成才、成贤、成圣，首先是要充实和完善自我。这种观念贯穿了中国教

育的全部历史，也体现了中国教育注重自主学习的传统精神。我们不应将"为己"观念狭隘地等同于某种个人主义或避世之学，恰恰相反，孔子、孟子和荀子都有强烈的社会责任感和政治理想。孔子周游列国多年，几经碰壁也不放弃复兴周文化的理想；孟子在更加险恶的战国诸雄之间奔走游说，只因他相信王道仁政胜于武力霸道；荀子在稷下学宫三为祭酒，对时政参与颇深——他们对现实生活都有很深的关切，但他们仍然坚持认为，完善自身的为己之学，才是教育的根本目的。也只有教育实现了对人本身的完善，外在的社会效用和政治目标才会随之而实现，如果忽略了人本身，只追求教育的外在目的，是舍本逐末，也难以达到目标。

李弘祺在《学以为己：传统中国的教育》中提出："要建构一套中国教育理论，首先必须强调学习的个人价值及其本身的价值。而且，我们大可以这么说：对于中国人而言，真心相信这样的价值，乃是道德成长的先决条件。唯有对教育的独立价值抱有绝对的信念，才能理解中国学术与知识人的社会行为。"[1]

基于对学习本身价值的坚信，"止于至善"是《大学》为学习指出的最高追求。在《大学》的八条目中，格物致知，诚意正心，修身齐家，治国平天下，共同指向最高的纲领"止于至善"。朱熹在《大学章句》里解释道："言明明德、亲民，皆当至于至善之地而不迁。"意即不管是修身还是育人，都应该达到完美的境界而毫不动摇。而这完美的境界，值得人用一生去追求。其中的前五个条目，从"格物"到"修身"，都具有高度的

---

① 李弘祺. 学以为己：传统中国的教育［M］. 上海：华东师范大学出版社，2016：8.

个人性，是学习者内部的积累和改变。从"齐家"开始，教育的作用才开始从己身推出，由近及远地对家庭及社会产生影响。这不仅是对学习过程的描述，也是对为己之学及其社会效用的经典概括，在传统教育中，这也早已是化入人心的深刻信念。

这样的教育中培养出来的理想学生将成为"君子"，是因为最重要的教育首先要"明明（正确、光明、理智）德"。中国传统的教育相信完善的人性和圆满的道德都不是与生俱来之物，而是通过教育和学修才能获得的，即使被认为是圣人之人，也将学习作为一生中最重要的事情来看待。而"君子"就是通过教育而能实现人类理想，活出一个人的道德理想状态的人。培养君子的教育并非由学习的内容来规定，虽然后代学者会将孔子的教育理想与他的"六艺"主张联系起来，但人成为君子，并非由作为课程内容的"六艺"决定，而是由对一种完整、丰富的学习生活的不懈追求而决定。这也就意味着，今日的教育者在看待不论中西方的古代教育时，并不用固守"六艺"或"七艺"之内容，而是应去追求其中的丰富、完整教育的精神。

正是在"止于至善"和"学为君子"的理想指引下，中国学者并不将单纯的知识习得作为目的（"记问之学不足以为师"），也不认为掌握一套学术权威体系就能成为好的教育者（"经师易得，人师难求"），而是始终把内在追求放在最高的位置，这种追求让中国教育在经历了朝代更迭、科举选拔等等无数的外部冲击和功利诱惑之后，还能将最核心、最美好的东西保持下来。这种追求已经是中国人的文化信念，即使在今天，教育仍然面临社会需求之下的压力和诱惑，但同样是这种信念，将成为中国教育能够坚守的深层力量。

二、追求"有教无类"的教育目标和"因材施教"的理想效果

人是教育的对象，哪些人能被纳入教育的范围是教育实践中的关键性问题。人的学习权不是从来就有的，受教育的权利是教育发展的重要成果。几乎每一个重要的文明，都曾在历史上的很长时期内把受教育局限于一小部分人，而排斥了多数人受教育的权利，甚至否认"下愚"受教育的可能。其中有经济基础和社会条件等硬性的原因，也有社会制度及其发展阶段的原因。致使在广大底层民众中，许多聪慧、有潜力、有可能做出更大贡献的人被大量埋没。这是经济、社会和教育发展不充分，受教育权未能普及的表现。

中国周代的正规学校教育就具有明显的"学在官府"特征，教育几乎被少数贵族阶层垄断，平民百姓接触不到系统正规的文化教育。内容丰富、结构完善的"六艺"教育，也只能让少数贵族受益。在西方，古希腊、古罗马的教育是公民阶层的特权，而没有公民权的人也就没有受教育的权利，占人口大多数的奴隶、外邦人、女性都被排除在教育之外。随着历史的发展，受教育权的不断扩大是教育发展的重要标志。而这个进程不是自动发生的，需要有远见卓识的人提出这样的理想，并通过坚持不懈的努力实践才会逐渐实现。早在春秋阶段，孔子不仅提出"有教无类"的理想，也在自己的教育中，努力接纳了平民、奴隶、罪犯之子等原本没有受教育权利的人。至少到唐宋时期，中国已出现基础教育阶段的"义学"，为社会底层的孩子提供受教育机会。其中既有官方的努力，更多的是来自民间的互助。

在中国传统教育中，打破"学在官府"局限的是私学的出现，让教育

能够惠及普通人。而对教育普及理念最重要的是孔子的"有教无类"观念。"有教无类"的人性基础是朴素的"性相近，习相远"的观念。人的秉性和天赋在潜能和萌芽状态时，差距并不大，但随着经验和学习的积累，人和人之间会渐渐成长得千差万别。而在"相近"到"千差万别"的悬殊中，教育扮演了极为重要的角色，或者说，起到了决定性作用。

孔子作为独立办学者，并未将办学作为谋财的手段，也从来不像古希腊智术师一样对学生做好听的广告宣传。他不分等级、地域、国别，一视同仁地欢迎前来学习的学生。在孔子以后，教育普及的思想一直是中国人最重要的教育理想之一，也是历代统治者落实移风易俗思想最重要的支撑。

但"有教无类"并不意味着用一模一样的知识、态度和教学方式去对待所有人，恰恰相反，孔子非常讲究根据每个学生的天赋、基础、性格、职业的不同，给予有不同侧重倾向的指导。给柔弱者鼓励，让冒进者谨慎，既有由衷的赞扬，也有直率的批评，不仅让当时跟随孔子的学生受到教益，而且对后世的教育教学有方法论上的启发。随着传统儒学的传播，孔子的教学法广泛影响了东亚地区。到了明清之际，来华传教士不仅带来西学，也将中学西传，柏应理在巴黎以拉丁文出版的《中国贤哲孔子》等书籍，将孔子的教育思想传播到西方。而现代的中西文化交流，让孔子的教育思想得到更多传播，不止一个国家和地区将孔子的生日（9 月 28 日）作为教师节。近年来我国也有一些将教师节移至 9 月 28 日的提议，从继承传统和文化建设角度看，这是一个值得考虑的提议。当代被教育界广泛认可的"多元智能"思想的提出者加德纳，就始终强调他的思想受到孔子和中国"因材施教"理论的重要影响。其追求的目标，就是想让所有的人都能根据自己的潜质心愿充分发展、各得其所。这确实也是当下和未来教育或学习改革的重要方向。

三、在"耕读传家"的传统中蕴含学习型社会建设的现代思想

"耕读传家"是传统中国留下的将教育融入生活的重要理念，也是突破教育即是读书识字狭隘局限的重要实践。从本质上讲，这既是在中国历史上教育"下嫁"的伟大实践，也是逐渐形成的、将劳动与读书融为一体的特色文化。至今在日本的许多公立学校中，都还伫立着标准化的"耕读"雕塑，可见中国的这一优良传统不仅能惠及中国的百姓，也在"东亚文化圈"中产生了深远的影响。"耕读传家"的理念最早出现在汉代班固的著述里："古之学者耕且养，三年而通一艺，存其大体，玩经文而已。是故用日约少，而蓄德多，三十而五经立也。"班固借古喻今，称赞古代的学者半耕半读的生活方式，尤其是未出仕做官的普通读书人，没有国家发放的俸禄，需要靠自己的劳动（耕）来实现自给自足（养），同时不放松学习，努力钻研，三年学通六艺中的一艺，三十岁时能够完整地掌握五经。唐代文学家、教育家韩愈特别赞扬勤劳耕作，曾以"非其身力，不以衣食"来作为对他人的称赞和表彰。在实际生活中，作为农业劳动的"耕"和作为文化活动的"读"并不是对立关系，而应该在生活中融合为一体。

对于历来重视教育，重视在教育中实现人格成就的中国人而言，"耕读传家"意味着不应指望别人辛勤劳作而自己享受成果，而是应同时投身于农业劳动和读书学习两种事务当中。在生产水平不高的古代，能够完全脱离生产劳动的人毕竟是少数，耕读一体的生活是广大普通人乃至中小土

地拥有者最真实的生活样态。耕读是一种能够自养的生产生活方式。经济并不富裕甚至贫苦的家庭，也有过上耕读生活的可能；而较为富裕的人家，也能把晴耕雨读作为一种生活方式。这样一来，在耕读生活中，"劳心"和"劳力"得到一定程度的统一，"勤"的美德既体现在勤奋读书上，也体现在辛勤耕作上，这是一种健康而有持续性的生活方式，因此才能被作为"传家"的美德。

生活在现代社会的人，不必将"耕"局限于农业劳动，而更应将之理解为劳作技艺的象征，能够将操持工作与文化生活结合起来，以符合耕读文化的传统。更重要的是，这种方式适合家庭，而且生活方式的培养也只有在家庭中才能真正进行。在《中华人民共和国家庭教育促进法》第16条第3款及第6款中，对家庭教育分别提出"帮助未成年人树立正确的成才观，引导其培养广泛兴趣爱好、健康审美追求和良好学习习惯，增强科学探索精神、创新意识和能力"和"帮助未成年人树立正确的劳动观念，参加力所能及的劳动，提高生活自理能力和独立生活能力，养成吃苦耐劳的优秀品格和热爱劳动的良好习惯"。耕读观念十分有助于高尚情操和劳动观念的培养，只有自己读书的人才会真正欣赏读书生活，也只有真正劳动的人才会尊重劳动者。这样的生活方式也有助于培养文明、和睦的家庭关系，培育一种积极健康、有传承性的家庭文化。

四、庶富教协同的教育发展逻辑和不拘一格的人才培养战略

中国的教育传统并不认为教育是一项可以脱离社会经济状况而单独发展的事业，而是始终将教育与国家发展紧密相连，其中就包括了对人口、经济、政治、国家制度等和教育之间辩证关系的思考。而这正是当下教育

事业发展值得借鉴的主要内容。《论语·子路》中写道："子适卫，冉有仆。子曰：'庶矣哉！'冉有曰：'既庶矣，又何加焉？'曰：'富之。'曰：'既富矣，又何加焉？'曰：'教之。'"冉有是孔门杰出的政治家，对于财政、治国有所专长。他和孔子讨论关乎国家治理的根本问题。卫国已经拥有众多的人口，应该如何治理这样的国家呢？孔子回答，应该尽快使他们生活富裕起来。冉有再问，生活富裕之后，又应当如何进一步治理呢？孔子的回答是，当一个国家的物质生活丰富起来之后，就应该让他们受到教育，使他们的物质文明和精神文明都得到发展。这段记载是非常重要的对"政—经—教"关系的思考，是儒学重要思想。

"人口众多"是中国大部分时间都会面临的问题，中国长期以来是世界上第一人口大国。尤其是改革开放以来，我国已经发展成为一个人口众多的国家，经济建设也取得了巨大成功，就如孔子思想中的"庶之"和"富之"。这两方面问题解决了之后，国家治理会面临更多新问题，例如公平发展、地区均衡发展、环境保护、教育发展等等。十九大报告指出，我国社会的基本矛盾已经发生了变化，"我国社会主要矛盾已经转化为人民日益增长的美好生活需要和不平衡不充分的发展之间的矛盾"。如何实现广义的教育，即让人民享受到精神生活的美好，切实感受到幸福，是当今的国家治理需要应对的重要问题，这就需要"庶"和"富"对"教"提供支持和帮助。

同样，也要通过"富"和"教"支持"庶"。在经过了自1982年至今近40年的计划生育之后，我国面临的人口情况和生育情况都发生了很大变化。我们面对的人口压力已经从人口过快增长变成了需要提高人口质量和保持生育率稳定。近年来，国内的结婚率和生育率都有所下降，而且开放二胎的政策并没有从根本上扭转生育率下降趋势，这就意味着，我们需要从"富"和"教"两方面去思考对"庶"的促进。生养、教育子女成本大大提高，是有碍生育率提高的一大原因。收入的增长跑不过安家买房、养育子女所需要的高额支出，就会让年轻夫妇在生育面前望而却步。而教育中高竞争性、高选拔性的残酷现实，也会让普通人降低期待，以至于降低生育意愿。因此，提高国民收入、减低生养成本和让高质量教育更加普及，是有助于提高生育率、减缓人口老龄化的重要手段。

中国传统教育思想要放在当代问题中来理解，庶、富、教不再是一个单纯的线性关系，而应该把这三者放在一个整体框架中来考虑。其中任何一个出现问题，都会极大地影响到另外两者。而这三者协同发展，互相支持，对国家的强盛和人民的幸福有重大意义。

在中国的历史上，对于人才多样化的认识早有全面的认识，即便在科举盛行的 1 300 年中，通过科举选拔的人才也是有限的，更多的人才脱颖而出还是通过"终南捷径""毛遂自荐""校场比武""论辩决胜"，以及各类行业的系统渠道多途径实现的。龚自珍提倡的"不拘一格降人才"的呼吁，正是这一传统意识的生动体现。

近代以来，在教育发展上我们一直孜孜以求地向西方学习，试图寻求适合中国的现代教育发展之路，这的确体现了中国传统教育开放、包容、厚德、创新的精神和胸怀，但也要意识到，中国教育的未来发展，不能只是向外求，还应特别注意向内求，注意发现在我们的文化教育基因中，有哪些是需要继承、改造和弘扬的，有哪些是我们的传统优势和文化优长，借此可以用更短的时间赶超世界水平，使中国的教育重塑辉煌。

在五千年的中华文明史中，教育思想和教育实践是最具生机、活力和智慧的，也是促进和维系中国历史发展的重要基础。现有的教育从整体上是近代以来学习西方的，但百余年来的中国教育实践证明，完全西化的发展思路是不合理，也是不切实的。办好中国的教育，走出中国的教育之路，为人类教育提供行之有效的中国经验，既是中国教育发展的理想追求，也是中国共产党和中国教育界的伟大使命。所以，在当下和未来的教育发展中，认真坚持"古为今用，洋为中用"和"百花齐放，推陈出新"的原则，是非常重要，也是势在必行的。

第十章

构建面向未来的高质量教育体系战略

第一节
提高落实立德树人根本任务的效度

"为谁培养人、培养什么人、怎样培养人"一直以来都是教育的根本问题，也是教育理论创新和实践探索的根本所在。新时代，我国教育改革的关键在于牢牢把握人才培养方向，从教育的全局出发，落实立德树人根本任务，为党育人、为国育才[①]。立德树人是我国新时期教育的根本任务，必须在教育的各个环节全面落实立德树人根本任务，以构建大中小幼一体化的思政工作体系为保障，以建设高素质的思政课教师队伍为抓手，以注重"五育并举"为目标，提高落实立德树人根本任务的效度。

一、构建大中小幼一体化的思政工作体系

在大中小幼循序渐进、螺旋上升地开设思想政治理论课。2019 年 3 月 18 日，习近平总书记主持召开学校思想政治理论课教师座谈会时指出："在大中小学循序渐进、螺旋上升地开设思想政治理论课非常必要"[②]。开

---

① 刘复兴. 把握新时代育人方向 落实立德树人根本任务 [J]. 现代教育，2020（11）：1.
② 习近平主持召开学校思想政治理论课教师座谈会强调：用新时代中国特色社会主义思想铸魂育人 贯彻党的教育方针落实立德树人根本任务 [N]. 人民日报，2019 - 03 - 19.

展可持续的螺旋式上升改革是大中小幼一体化的思政工作保质保量的重要保障。定准了方向，找到了着力点，接下来就是"撸起袖子加油干"，就是"一茬接着一茬干"，做到"功成不必在我"，久久为功。对立德树人实践而言，要做到"课程化"，尤应做好目标确立、内容设计、组织实施、学习评价等各环节的工作，形成完整、规范、有序的课程行动体系，通过完整的理解、系统的架构、协同的行动，充分发挥项目的育人功能，收到最大最佳的育人效益。在实践推进的过程中，要学会提炼哪些是立德树人核心的，哪些是我们不能丢的，哪些是可以舍弃的。要换一种思维方法、思维境界，在实践过程中由工作层面、实践层面、学校层面上升到经验层面、理论层面。

立足区域，着眼优质资源、学段特点、城乡差异以及配套措施，做好整体谋划，以本土化实践为载体，实现大中小幼一体化思政工作体系纵向连贯、横向协同。一方面要推进相关学术理论研究。要不断加强思政教学理论研究和思政工作体制机制研究，为开设丰富有效的思政课程提供理论支持，为思政工作的有序持续发展提供科学的体制机制设计。如加强德育一体化理论研究、思政课建设实践研究、新时代大中小幼一体化德育管理机制研究等。另一方面要实时追踪全国各地思政工作体系的实践动态，科学评价总结教育实践经验，持续优化思政课程建设。如：福建省厦门市试点了"建立一个体系，抓好两支队伍，建好三个平台，完善四个机制"的一体化德育体系。江西以革命老区丰富的红色文化资源为依托，在全省大中小幼开设红色文化课程，构建"目标一体，红色基因进教材；内容一体，螺旋上升入人心；标准一体，师资课时有保障"的大中小幼思政课一体化建设格局。河北省石家庄市积极构建"纵向衔接有序、横向融会贯通、优质资源共享、螺旋发展上升"的大中小幼一体化德育体系。山东省莱州市教育改革实验区开展学科立德树人"324"体系。

二、建设高素质的思政课教师队伍

思政课教师队伍建设要坚持"以政治情怀铸造精神基底，肩负立德树人之使命，勇于创新实践"的原则。思政课教师首先要提高政治站位。政治性是思政课的本质属性，是区别于其他课程的根本特性。思政课教师不仅是理想信念的坚守者，还是理想信念的播种者。思政课教师履行立德树人使命、把讲政治的要求落实到授课育人的全过程，必须把提高自身的政治站位作为首要功课，遵循思想政治工作规律，遵循教书育人规律，遵循学生成长规律，政治要强，理直气壮、大大方方讲政治。思政课教师队伍还要具有创新意识和创新能力，思维要新、视野要广，不断深化思政课改革创新。

思政课教师队伍建设要以"政治要强、情怀要深、思维要新、视野要广、自律要严、人格要正"为准绳，重点考核政治素质和岗位能力，化解制约思政课教师建设的突出问题。要聚焦提升思想政治理论课教师综合素质和专业化水平，践行立德树人使命，以培养教学名师、青年领军人才为重点，以提升教学质量和科研能力为抓手，努力建设一支结构合理、素质优良、治学严谨、富有活力和创造力的师资队伍。党的十八大以来，党和政府高度重视思政课教师队伍建设，建立起了一支可信、可敬、可靠、乐为、敢为、有为的思政课教师队伍，但地区与地区之间、学校与学校之间发展不平衡，一些地方和学校在教师职数、晋职晋级、待遇保障等方面政策落实尚有差距，要着眼从严管理和科学治理相结合，建立起更加科学更加严密更加有效的制度体系。

思政课教师队伍建设要搭建良好的教师成长平台，促进教师的专业发展以及储备后续师资力量。要发挥思政课教师的积极性、主动性、创造性，必须走出思政课自身的"小循环"、教育系统的"内循环"，融入社会的"大循环"。一方面，依托特有资源，对各地域中蕴含的丰富的人才资源、文化资源等进行充分挖掘及有效整合，如通过积极建设思政课教师实践研修基地、培训基地等，助推高校思政课教师队伍建设，满足高校思政课教师对优质多样培训资源的需求。另一方面，丰富教研形式，促进教师专业化发展。学校要着眼于提升思政课教师队伍的政治理论素养、创新思维和战略思维，精准定位教师培养的目标，加强对思政课教师专业技能的提升与考核，通过积极选派思政课教师参与各类思政课培训班、学术交流活动，开展学习贯彻习近平新时代中国特色社会主义思想专题轮训等方式，促进思政课教师专业化发展。注重思政课教学团队的发展和成长，形成学历、年龄、研究方向及重心等结构合理的多元思政课教师队伍。

三、注重"五育并举"

"五育并举"，就是要实施新时代立德树人工程，深入推动习近平新时代中国特色社会主义思想进教材进课堂进头脑，构建德智体美劳全面培养的教育体系和更高水平的人才培养体系，健全家庭、学校、政府、社会协同育人机制，形成全员育人、全过程育人、全方位育人的格局。要着力在坚定理想信念、厚植爱国主义情怀、加强品德修养、增长知识见识、培养奋斗精神、增强综合素质上下功夫，培养担当民族复兴大任的时代新人。要树立健康第一的教育理念，开齐开足体育课，帮助学生在体育锻炼中享受乐趣、增强体质、健全人格、锤炼意志。要全面加强和改进学校美育，坚持以美育人、以文化人，提高学生审美和人文素养。要弘扬劳动精神，教育引导学生崇尚劳动、尊重劳动。

"五育并举"，就是要在新技术条件下遵循教育规律，探索全面评价体系。一是教学评价中教与学评价的全面性。借助智能辅导系统，对教育质量进行全面监测，寻找提升教学质量的着力点成为现在智能辅导系统开发的主要驱动力。二是教学评价中教与学评价的全过程性。智能诊断性评价、预测性评价、即时形成性评价、个性化总结性评价将贯穿教学的全过程。智能诊断性评价可以在学生及监护人授权的情况下，采用多项指标，对学生进行智能诊断。三是不断利用反馈改进教学评价中教与学评价的科学性。教学评价中教与学评价的全面性和全过程性，可以有效地提高教与学评价的科学性。

第二节

推进基本公共教育服务体系更加公平普惠

一、推动义务教育优质均衡发展和城乡一体化

推动义务教育优质均衡发展和城乡一体化，是"十四五"时期建设高质量教育体系、形成基础教育新格局的基础工程。推动义务教育优质

均衡发展和城乡一体化，除了合理配置公共教育资源，改善薄弱学校办学条件，缩小校际办学条件差距，继续保障农村地区、民族地区以及经济困难家庭和残疾适龄儿童按规定接受义务教育外，还要推动互联网、大数据、人工智能和教育领域的深度融合，推动数字资源和教育装备的均衡发展。

2017年，国务院印发了《新一代人工智能发展规划》。人工智能的受关注度越来越高，对教育领域的影响也越来越大。人工智能在教育领域的应用，一方面是涌现出大规模的线上教育。出现了网校教育、大学MOOC、直播和知识付费等多种网上教育方式和教学平台，在教学模式上有一对一直播讲解、录播、视频会议等方式。另一方面是传统线下教育的变革。如教育装备和个性化教学定制，主要有校园网络环境、班级多媒体、网络数字中心等基础环境装备等。推动义务教育优质均衡发展和城乡一体化，首先要实现数字教学资源的融通共享，坚持以国家教学平台为基底，省（市）级平台为补充，校级平台为主、社会平台为辅的原则，找准各级各类线上教学平台的定位与功能，构建线上课程资源体系，实现平台间课程的融合互动，从而缩小城乡教育资源差距。其次是建立相对集中的教学资源统一规划和管理机制，积极构建线上教学资源的共享机制。可通过政府购买服务的方式购买成熟优质课程，资助薄弱领域课程资源开发，向社会提供普惠性公共教育产品。建立教育资源的统一标准。包括规范教学资源分类，统一各类数字教学资源的编码、数据标准和数据库系统等，实现各高校之间以及高校内部的教育数据统一标准，方便部门和机构之间的教育数据共享，实现不同资源的整合和互通。再次是教育装备的公平合理配置。包含电脑、大屏显示设备、书写设备、扩音系统、摄像系统、录课系统等六大系统的智慧教室等。最后是个性化教学的协同发展。目前试题 OCR 识别、辅助批改等应用已经从试点向规模化发展，推动教学管理向精准管理转变，助力个性化学习体系的建立。

二、提高高中教育普及率，促进高中学校多样化发展

高中阶段教育是国民学历教育体系的枢纽环节，是学生职业生涯发展的重要十字路口。一方面学生可以选择普通高中教育，为进一步接受理想中的高等教育做升学准备；另一方面学生可以选择中等职业教育，学习某种技能，为成为一名合格的劳动者或生产者做准备。高中阶段教育对于满足学生个性化发展的这种特殊功能，内在地要求高中阶段学校走多样化的发展道路。

一方面，高中学校多样化发展是办学类别的多样化，亦是课程设置的多样化、教学方式的多样化、培养方向的多样化和评价维度的多样化。发展多样化的高中，需要借鉴发达国家的成熟经验，积极探索构建新的高中阶段学校结构体系，包括建立普通高中、特色高中、职业高中、综合高中等多元并存的高中阶段学校。另一方面，要健全相关保障制度，落实"深化普职融通、产教融合、校企合作"的举措，开辟高中阶段普职融通层面多样化发展的新路。当前中职学校不仅面向应届初中毕业生，也为往届初中生、农民工、退役军人、个体户、专业户等提供注册就读机会。普职融通，是由中等职业教育与普通高中教育合作，双方共同设计课程、互派师资，实行学分互认、学籍互转的一种崭新的人才培养模式，普职融通是教育改革的重要内容，符合个性发展内心需求，符合普通高中多样性发展要求。

三、完善普惠性学前教育和特殊教育、专门教育保障机制

完善普惠性学前教育和特殊教育、专门教育保障机制是补齐教育公平短板的重大举措。学前教育、特殊教育和专门教育是国家基础教育体系中不可或缺的重要组成部分，关系到社会的文明和谐与稳定发展，也是体现社会主义制度优越性的本质要求。然而，与普通基础教育发展相比，这些教育长期未能得到社会的足够重视，难以满足部分社会群体的个性化、特殊化、专门化教育诉求，以致其成为教育公平的一个短板。

完善普惠性学前教育保障机制，重点是强化各级地方政府在普惠性学前教育制度建设和资源供给方面的主责，推行中西部农村"一村一园（或一站点）"策略，重视帮扶困难儿童。在确保公办园、民办园依法运作的同时，鼓励支持街道、村集体、有实力的国有企事业单位、普通高校等举办公办园，为员工和居民的子女提供入园便利，也向社会提供普惠性服务。学前教育普惠健康发展，还必须遵循幼儿身心发展规律，实施科学保育保教，摒弃小学化倾向，完善法律法规，健全治理体系，阻遏部分民办园过度逐利现象，将家庭的教育成本控制在合理区间。

特殊教育是基本公共教育服务制度体系的重要组成部分。完善特殊教育保障机制，重点是依靠各级政府依法建立健全特殊教育学校运作体系，同时落实好其他中小学幼儿园接收残疾儿童工作，全面推进融合教育，促进医教结合。完善专门教育保障机制，要明确政府主责，把专门学校建设纳入经济社会发展规划，与健全学校、家庭、社会协同育人机制相结合。

四、支持和规范民办教育发展，规范校外培训机构

民办教育涵盖了从学前教育到高等教育、从非学历教育到学历教育、从普通教育到职业教育的各个层次和类型。2021年，国务院发布了新修订的《民办教育促进法实施条例》（以下简称《实施条例》），这是"十四五"开局之年颁布实施的第一部教育法规，意义重大而深远。《实施条例》指出，当前我国教育进入了高质量发展阶段。随着社会主要矛盾的变化，民办教育的发展定位和目标任务也发生了历史性变化。一是在办学方向上，始终坚持和不断加强党对民办教育的全面领导，坚持教育的公益属性，落实立德树人的根本任务，确保党的教育方针在民办学校得到贯彻落实。二是在发展目标上，更加注重优质特色，着力引导民办学校提供差异化、多元化、特色化的教育供给，致力于解决好人民群众最关心最直接最现实的教育问题。三是在法律地位上，更加体现平等原则，充分保障民办学校师生的同等权利，依法维护民办学校的同等地位。四是在政策要求上，更加强调支持和规范并重，双轮驱动促进民办教育高质量发展。五是在动力机制上，更加依靠改革创新，充分发挥民办学校灵活、敏锐的优势，有效激发民办教育的内生动能。

规范校外培训机构。一是坚持从严审批机构。各地不再审批新的面向义务教育阶段学生的学科类校外培训机构，现有学科类培训机构统一登记为非营利性机构。对非学科类培训机构，各地要区分体育、文化艺术、科技等类别，明确相应主管部门，分类制定标准、严格审批。学科类培训机构一律不得上市融资，严禁资本化运作。二是规范培训服务行为。建立培训内容备案与监督制度，制定出台校外培训机构培训材料管理办法。严禁

超标超前培训，严禁非学科类培训机构从事学科类培训，严禁提供境外教育课程。依法依规坚决查处超范围培训、培训质量参差不齐、内容低俗违法、盗版侵权等突出问题。三是强化常态运营监管。2021 年 7 月 29 日，《教育部办公厅关于进一步明确义务教育阶段校外培训学科类和非学科类范围的通知》进一步明确了义务教育阶段校外培训学科类和非学科类范围。

第三节

构建适应"技能中国"建设需要的
职业技术教育体系

一、优化结构与布局，推动教育链、人才链与产业链融合发展

当前我国进入新的发展阶段，以数字化与智能化为核心特征的第四次工业革命已成必然趋势，并将成为高质量发展的重要引擎，产业结构的优化升级对高素质的复合型技术技能人才需求日益迫切，职业教育的高质量发展与专业结构优化升级、数字化改造等问题备受关注。

为提高职业教育的适应性，对接"十四五"规划并面向 2035 年进行前瞻性布局，以系统思维推进职业教育的专业升级与数字化改造，教育部

印发《职业教育专业目录（2021 年）》（以下简称"新版《目录》"）。新版《目录》坚持服务发展、促进就业的导向，全面体现职业教育专业升级与数字化改造理念，落实教育供给侧结构性改革新要求。重点体现在新版《目录》对接"十四五"时期新形势，重点服务制造业强国建设、破解"卡脖子"关键技术等，面向战略性新兴产业重点领域，面向生产性服务业向专业化和价值链高端延伸，面向生活性服务业向高品质和多样化升级等，系统梳理新职业场景、新职业岗位对技术技能人才的新需求，以目录为引领推进职业教育供给侧结构性改革。新版《目录》面向不同行业、不同区域的数据驱动、人机协同、跨界融合、共创分享的智能形态，面向数字化、网络化、智能化融合发展的数字化转型，全面系统推进专业升级改造，特别是设置了大数据技术应用、人工智能技术应用、嵌入式技术应用等前沿专业，着力培养能够适应 5G、人工智能、大数据、云计算、区块链、物联网、量子科技等新科技、新产业发展需求的技术技能人才，培养一批具备数字化素养，拥有数字化职业能力、数字化技术能力、数字化组织能力的新一代"强国工匠"[①]。

教育链、人才链、产业链融合发展是构建现代职业教育体系的必然要求，也是完善现代产业体系的客观需要，对我国人才强国和制造业强国战略的推进具有重要意义[②]。深化职业教育产教融合就要进一步推动教育链、人才链和产业链融合发展，推动校企联动。职业教育专业建设要契合产业升级发展的需求，实现专业动态优化调整与专业技能人才的有效培养，实

---

① 陈子季. 编好用好新版职业教育专业目录 服务"十四五"高质量发展 ［J］. 中国职业技术教育，2021（7）：5－8.

② 谢琪，谢志远. 人才链匹配产业链视域下高职院校专业群建设：要旨、机制与路径 ［J］. 中国职业技术教育，2020（8）：47－53.

现职业教育发展与产业转型升级的有效对接。例如面对新的发展形势，"互联网＋"、人工智能、大数据等技术飞速向传统产业渗透，新业态不断衍生，高等职业教育要对应实现专业设置与技能人才培养的有效供给。同时要兼顾产业发展与人才培养的双重价值取向，实现多元化、高质量的人力资本供给，提升人才链的职业素养水平，对接服务全民终身学习的教育体系，一体化设计中职、高职专科、高职本科专业目录，推动各层次技术技能人才培养目标更加明晰，教学内容、评价等相互衔接。此外，基于企业教育与干中学模型，要实现技术技能人才工学结合的教育培训路径，调和企业员工"工""学"的时间与空间冲突①，在教育链层面实现职业教育工学结合培训机制的融合与衔接，建构起多链互通和融合的产教融合逻辑框架，优化职业教育产业布局结构。

二、深化产教融合、校企合作，探索中国特色学徒制

新工业革命下，产教融合是我国产业转型升级的重要推动力。学徒制作为发达国家已应用多年的职业教育人才培养模式，被证明是推动行业企业全面参与职业教育人才培养过程，实现专业设置与产业需求对接、课程内容与职业标准对接、教学过程与生产过程对接、毕业证书与职业资格证书对接、职业教育与终身学习对接的"五对接"人才培养模式②。

全面推广中国特色现代学徒制必须综合考虑与协调各因素之间的利益

---

① 张弛. 高等职业教育产教融合的"四链"逻辑建构：基于经济与教育的论域考证 [J]. 职业技术教育，2019，40（7）：6-13.

② 韩旭，张俊竹. 中国特色现代学徒制的成效、困境与方向 [J]. 教育与职业，2020（24）：41-46.

关系，构建国家、企业、学校、学生与家庭多元参与、合作共赢的人才培养机制。政府要完善制度政策，为学徒制的推广提供有力保障，同时要加大宣传和资金扶持力度，鼓励校企合作实施现代学徒制，鼓励校企二元或多元参与办学，发挥企业在学徒制实施中的主体地位，尤其是在招工招生过程中的主体作用，针对学徒制学生也应给予相应优惠性引导政策，让学徒制学生有更多更深入的发展机会，创造良好的社会环境，提升人们对于学徒制的看法和观念意识，促进学生的全面发展与就业。

创新现代学徒制的教学管理机制与运行机制。创新校企"双师"团队教师选拔考核标准，建立规范统一的校企"双导师"制度，完善导师团队的评价体系和培训制度[①]。学校负责制定专业知识和教育教学标准，企业负责制定教师技能标准，"双师"评价标准和培训制度由校企双方共同研究协商制定，依托企业建设"双师型"教师培养培训基地，切实推进"双师"制发挥作用。

建立校企资源共享平台。优化校企人才培养资源，可以利用网络与人工智能等现代技术手段搭建校企合作资源共享平台，创新主体合作共享运行机制，构建校企双主体的人才培养模式，提高企业在人才培养工作中的积极性与参与度，尤其是在相关课程开发设计、人才培养标准制定、校企实训基地建设等方面要充分重视企业的主体作用；通过探索与推广中国特色学徒制，深化产教融合、校企合作，共建多元人才培养模式，构建适应技能中国建设需要的职业技术教育体系，推动人的全面发展。

---

① 顾志祥．我国职业教育现代学徒制改革的成效、反思与展望［J］．教育与职业，2020（1）：40－44.

三、深化普职融通，实现职业技术教育与普通教育双向互认、纵向流动

职业教育是现代国民教育体系的重要组成部分，培养了大批高素质技术技能人才。职业教育与普通教育是两种不同的教育类型，具有同等重要的地位，要建设高质量教育体系，促进人的全面发展就必须把职业教育摆在经济社会发展和教育改革中更加突出的位置。2019 年以来教育部批准开展本科层次职业教育试点，这就打破了职业教育止步于专科层次的"天花板"，发展职业本科教育的有效衔接就是深化普职融通，实现职业技术教育与普通教育双向互认、纵向流动的重点表现之一。

深化普职融通，实现职业技术教育与普通教育双向互认、纵向流动可以从课程体系建设、学分互认机制与完善相关政策制度等多方面着手：首先，课程是学校教育的核心，构建普通课程和职业课程之间的融通桥梁是普职融通实践路径中的首要目标①，以实现课程体系设置的互联互通，完善人才培养，促进人的全面发展。其次，学分互认是普职融通的重要途径，完善普职教育之间的学分转换、互认机制是重要前提，统一学分认证机制对于不同层级和类型的教育之间实现教学成果的互认和沟通具有重要意义，也有助于帮助学生更加直观认识到自身的学习情况，对于深化普职融通具有重要意义。最后，借鉴其他国家普职融通的有益做法。政策导向是普职融通的根本保障，必须将我国相关政策文件予以完善，强化相关政策制度对深化普职融通的推动力，通过政策文件明确课程设置、师资安

---

① 敖文娟.中国高中阶段普职融通的实践路径［J］.内江师范学院学报，2017，32（11）：103-106.

排、学籍学分转换等问题，以此提升相关文件的可操作性，有效保障普职融通的政策落实。

第四节

构建助力科技自立自强的高质量高等教育体系

一、建立特色发展引导机制，构建更加多元的高等教育体系

2019 年，我国高等教育毛入学率首次超过 50％，达到了 51.6％，实现了从大众化向普及化的历史性跨越。高等教育普及化后将具有大规模、多样性、个性化和社会化等四大特点[①]。新时代各类高等学校要瞄准 2035 年教育现代化目标，依托区位优势与专业特色，以"特色"引导发展，以"优势"提升人才培养水平，打造各具特色、多元共生的高质量高等教育体系。

一是充分发挥各类高校的学科特色，避免"千校一面"。21 世纪初的"去师范化"潮使得师范教育逐渐被边缘化，为争夺办学空间、提高办学层次，师范院校不得不通过转型、升格向综合院校靠近，甚至有许多师范

[①] 别敦荣，王严淞．普及化高等教育理念及其实践要求［J］．中国高教研究，2016（4）：1-8.

类院校干脆通过修改校名的方式，摇身一变为综合类院校①。特色类型高校向综合类高校转型已经引起了警惕。2019 年 4 月，教育部、科技部等 13 个部门联合启动"六卓越一拔尖"计划 2.0，正式全面推进新工科、新医科、新农科、新文科的建设，其主要目标即是推动高校以特色引导发展。"双一流"建设的一个基本导向也是坚持"以学科为基础"，鼓励不同类型高校紧密结合自身特色加强学科建设，发扬学科特色无疑成为构建高质量高等教育体系中的一个重要环节。

二是着眼科技发展与产业结构变革，大力发展复合性高、专业性强的现代职业教育，改善普职类型结构。近年来，高速发展的智能化生产系统对技术技能人才工作模式有五个根本性影响，即工作过程去分工化、人才结构去分层化、技能操作高端化、工作方式研究化及服务与生产一体化，这对职业教育培养高度复合性的专业人才提出了新的要求，不仅要将培养系统一贯化，更要在课程和实践上推陈出新，构建高端现代学徒制体系和教学与应用相统一的课程开发方法②。

三是高等教育布局结构要与区域人口结构、产业结构相适应，与国家战略和地方经济发展需求相适应。教育结构、人力资本积累、产业结构之间应该形成一个良性循环的闭环，即高等教育高质量发展快速形成人力资本积累，高水平人力资本积累促进经济结构优化，经济结构优化进一步提升人力资本积累，并对高等教育发展提出新的要求③。如粤港澳大湾区在

---

① 赵国祥，罗红艳，赵申苒. 论师范大学再师范化转型及价值重塑 [J]. 教育研究，2020，41（3）：143 - 151.

② 徐国庆. 智能化时代职业教育人才培养模式的根本转型 [J]. 职教论坛，2016（16）：61 - 62.

③ 李良华，杨姗姗，李雪. 人力资本积累、经济结构转型与高等教育发展 [J]. 财经科学，2020（11）：122 - 132.

产业结构快速优化和人才大量积聚的过程中就对高等教育提出了新的要求，致力于打造产教融合的高校集群发展新模式。同时，高等教育布局结构也要充分呼应国家战略及地方经济发展需求，如依托"一带一路"在沿线西部城市大力发展高等教育。

二、建立学科专业动态调整机制，增强高校学科设置针对性

纵观历史，高等教育使命的变化总是与一个国家的特定发展进程联系在一起[①]，高等教育要始终贴合时代脉搏，回应国家发展与社会进步对知识生产的需求，学科设置无疑是最能反映这一点的。然而，一方面当今社会的科学技术变革速率呈现指数级增长，对教育尤其是高等教育的反应时间提出了更高的要求，另一方面由于教育收益存在一定的滞后性，尤其高等教育在人才培养上更有四年甚至更长的滞后空间，因此在新时代的高质量高等教育体系建设中，必须建立动态、灵活的学科专业动态调整机制。

一是突出面向未来，学科设置与科技发展实现良性互动。当今世界，互联网、物联网、大数据、人工智能、区块链、新能源等众多前沿技术叠加发展，新技术革命正在渗透到人类社会的每一个角落，从根本上不断改变着社会结构。这更强调了高等教育的学科设置不能是一成不变的，要么领衔科技进步，要么吻合科技发展的现实，要么为科技进步奠定深厚理论基础，这尤其体现在了理工科学科门类设置中。在这一点上，国家、研究机构都可定期追踪世界科技前沿进展，并及时向社会公布，尤其要求高等

① 陆一. 教养，财富，技术革命：高等教育使命的扩容 [J]. 复旦教育论坛，2021，19（3）：1.

教育领域做出针对性反应，夯实基础学科、及时建设紧缺急需学科，超前布局关键核心技术领域人才培养①。

二是注重学科交叉，关注跨学科与人工智能融入教育。未来将会出现"大教育"的办学模式与办学格局，特征是一个"融"字——教育融入社会，人工智能融入教育，学科相互融合，专业融合产业。高等教育将越来越关注资源共享，关注世界性知识资源合作，高等学校将成为对各方开放的载体平台②。而随着科学技术进步，知识壁垒正在不断被打破，人们逐渐意识到只有实现学科交叉与融合，开展跨学科研究，才能生发出更多有趣、新颖的结论与成果，因此，学科交叉已经成为世界高等教育发展的重要路径。再者，在第四次工业革命中，我们必须正视万物互联条件下教育与学习实践的变化，必须正视伴随人工智能技术而来的新的教育与学习革命，高等教育学科结构更需要不断适应建立在人工智能技术革命基础之上的社会结构变革③。

三、加强研究生培养管理，提升研究生教育质量

高等教育进入普及化阶段后，除了加强本科生教育之外，研究生教育更成为建设高质量高等教育体系的关键。研究生教育在培养创新人才、提高创新能力、服务经济社会发展、推进国家治理体系和治理能力现代化方面具有重要作用，科技自立自强更是离不开研究生人才的培养。

---

① 解德渤，崔桐. 我国高校学科建设的制度意蕴、困境与创新［J］. 现代教育管理，2021（7）：54－61.

② 马陆亭. "十四五"时期高等教育发展的历史方位［J］. 江苏高教，2021（5）：1－7.

③ 刘复兴. 论教育与机器的关系［J］. 教育研究，2019，40（11）：28－38.

一是聚焦资源支撑、导师队伍建设、质量培养机制等关键性问题。2020 年 7 月 29 日，新中国成立以来第一次全国研究生教育会议在京召开，这是我国研究生教育史上的重要里程碑。长期以来，我国研究生教育已形成比较完整的体系，奠定了从大到强进一步发展的重要基础，但总体规模仍需进一步扩大，财政直接投入仍然偏少，拨款机制相对简单化，对优秀人才的激励力度不够，资源支撑机制尚需深化改革，因此我们更需要在这些关键性领域上下功夫[①]。此外，导师队伍建设是研究生培养的基础性工程，课程教学是研究生培养的核心抓手，因此，不仅要严格导师岗位选拔、培训、考核、调整和退出机制，更要在课程教学设计中充分体现研究性，从问题出发，引导学生自主探究和体验知识的发生过程，激发学生的学术志趣。

二是坚持研究生教育为社会服务，培养高层次拔尖创新人才，提高研究生教育国际影响力。过去常常有人将研究生教育看作远离现实的高深研究活动，然而在今天，研究生教育必须从"空中楼阁"落到实处，切实为社会发展进步服务，为人民需求服务。同时，在科教融合的背景下，高质量的研究生教育要对接科教兴国战略与人才强国战略，培养的正是高层次拔尖创新人才。此外，作为亚洲第一大、世界第三大留学生目的地的我国，应该切实通过质量提升提高研究生教育国际影响力，以更自信的姿态与世界上的其他高等教育机构展开合作，吸纳越来越多的国际留学生来到中国接受研究生教育。

---

① 翁铁慧. 全面落实全国研究生教育会议精神 推进新时代研究生教育高质量发展：在 2020 年省级学位委员会工作会议上的讲话［J］. 学位与研究生教育，2020（11）：1-6.

第五节

全面建设高素质专业化创新型教师队伍

一、加强师德师风建设，完善教师管理和发展政策体系

百年大计，教育为本；教育大计，教师为本。教师队伍建设水平关系到未来教育的发展质量，关系到国家和民族的未来发展，坚持把教师队伍建设作为基础工作，是办好我国教育事业的重要保障。习近平总书记在党的十九大报告中明确指出："加强师德师风建设，培养高素质教师队伍，倡导全社会尊师重教。"① 要培养教师的道德情操，引导广大教师以德立身、以德立学、以德施教，坚持教书和育人相统一，坚持言传和身教相统一，坚持潜心问道和关注社会相统一，坚持学术自由和学术规范相统一。要引导广大教师掌握扎实学识，怀有仁爱之心，贯彻落实"四有好老师"与"四个引路人"的重要标准，加强师德师风建设。

时代的加速发展对人才提出了更高的要求，现阶段我国教师队伍建设水平还不能满足人才的培养需求，存在优质教师资源不足且配置不均衡的

---

① 习近平. 决胜全面建成小康社会 夺取新时代中国特色社会主义伟大胜利：在中国共产党第十九次全国代表大会上的报告 [EB/OL]. (2017 - 10 - 27) [2021 - 07 - 20]. http：//news. cnr. cn/native/gd/20171027/t20171027 _ 524003098. shtml.

问题。建设高质量教育体系推动人的全面发展，就必须全面推进高质量的教师队伍建设，完善教师管理与发展的政策体系。首先，要建立健全师德师风建设长效机制，将师德师风建设作为教师队伍建设的首要任务，通过构建科学合理的激励机制、监督机制、问责机制、惩戒机制等，保障师德师风建设常态化、制度化。其次，协同推进思想政治建设、师德师风建设、业务能力建设等，依靠现代化治理手段推动教师队伍管理现代化。加强信息化建设，关注各级各类教育教师的现实需求与发展现状，科学管理与回应教师发展需求，进一步完善健全教师资格准入制度和教师职称评审制度，加强教师职前培养和职后发展的专业化、一体化程度，促进教师队伍的持续与高质量发展，助力高质量教育体系建设。

二、建立高水平现代教师教育体系，重点建设一批师范教育基地

教师教育作为促进教育公平、提高教育质量的重要支撑，是加快实现教育现代化的基础工程①。《中国教育现代化2035》明确提出要"培养高素质教师队伍，健全以师范院校为主体、高水平非师范院校参与、优质中小学（幼儿园）为实践基地的开放、协同、联动的中国特色教师教育体系"。中国特色高水平的现代教师教育体系应该具备"开放、协同、联动"的显著特征，现代教师教育体系本质上是一个开放的系统，由师范院校、高水平非师范院校、地方教育行政部门、优质中小学（幼儿园）等多元主体和教师培养、准入、培训、考核等多个环节组成。

---

① 赵英. 论中国特色教师教育体系的应然图景［J］. 教师教育学报，2021，8（3）：40-47.

协同性是建立健全教师教育体系最重要的核心理念之一，这是由教师教育所包含和关联的多主体、多环节、多领域所决定的①。我国目前已经基本形成了师范院校与非师范院校共同举办师范教育的格局和多元化的办学体制，但当前我国教师教育体系内部还存在各子系统之间联动不充分、不深入、不紧密的问题。要推动实现实质性联动，还需要推动实现制度化协同，需要建立师范专业招生"研判"制度、中小学（幼儿园）参与师范生培养的法定义务和绩效制度，完善教师编制政策，制定县级教师发展中心建设标准②。要积极推动高水平综合大学开展教师教育，通过开设教师教育课程等方式培养优秀教师。实施"互联网＋教师教育"创新行动，推动现代信息技术应用于教师教育，实现线上线下教育充分融合联动。

师范院校具有教师教育的师资、学科发展等方面的资源和优势，要承担起教师终身发展的责任，建设师范教育基地对于实现教育现代化和建设高质量教育体系具有关键作用。要明确师范院校建设标准和师范类专业办学标准，加大对师范院校发展的支持力度，各类师范院校要确保正确的办学方向，突出体现师范教育的特色。通过师范教育基地建设，推动教师职前培养与职后培训融通，并将师范生培养与教育教师队伍建设紧密结合，为师范生提供更多学习基层一线教学方法的机会，也让师范院校教师走进课堂了解教育发展实际，适时更新教育理念，创新师范生培育方式以适应教育改革发展需要，引导师范院校与中小学幼儿园等开展教师专业发展实践与研究。

---

① 赵英. 协同创新：教师教育改革有效推进的必然路径［J］. 贵州师范大学学报（社会科学版），2012（3）：143－147.

② 赵英. 论中国特色教师教育体系的应然图景［J］. 教师教育学报，2021，8（3）：40－47.

三、推动"互联网＋"条件下教师教育理念和教学方法的变革与创新

进入数字化智能化时代，工业化时代的教育形态已经无法满足数字化智能化社会经济发展的需要，教育正逐步发展为灵活、开放、终身、个性化的新生态。《中国教育现代化2035》提出要"利用现代技术加快推动人才培养模式改革，实现规模化教育与个性化培养的有机结合"，信息技术打破了原来封闭的学习空间，提供了新型的教学和学习工具，链接了更加丰富多样的学习资源，为重塑传统教学模式中的关键要素提供了可能。

面对新的教育时代发展特征，全面提升教师的信息化素养，将增强信息化意识、提升信息技术能力作为教师培训的基础性目标和内容，作为所有教师应具备的基本素养和能力[①]，是加快推进教育现代化和建设高质量教育体系的必然要求。传统的以教师为中心的课堂教学结构已发生根本性变革，互联网时代教师要对自身所承担的角色进行新的定位，更新教育理念和教学方法。教学活动要从"教"向促进"学"转变，教师不再是单一的知识传授者、灌输者，而应转变为学生课堂学习的帮助者、促进者，激发学生学习的主动性、积极性和创造性。教师的专业发展能力结构构成也将体现互联网时代特点，例如教师应具备信息技术知识、教学迁移能力、信息技术与学科整合能力、数字化交往能力、数字化教学评价能力、数字化协作能力等[②]。教师要利用现代信息技术，根据学生的不同情况实现个性化教学，通过相

---

① 教育部教师工作司，宋长远，王薇，等. 立足新阶段贯彻新理念加快构建高质量教师发展体系［J］. 教师发展研究，2021（2）：1-7.

② 余胜泉，王阿习. "互联网＋教育"的变革路径［J］. 中国电化教育，2016（10）：1-9.

关数据分析工具增进对于每个学生的了解，并以此来改进教学内容和整体的教学规划，增进与学生的沟通和互动，使教学工作更加高效。

构建中国特色世界水平的教育评价体系，增强教育领域综合改革的深度

一、建立健全教育评价制度和机制，构建中国特色世界水平的教育评价体系

教育评价是教育治理的重要环节，事关教育发展的方向和前途[1]。党的十八大以来，尤其是在全国教育大会上，习近平总书记强调，"健全立德树人落实机制，扭转不科学的教育评价导向，坚决克服唯分数、唯升学、唯文凭、唯论文、唯帽子的顽瘴痼疾"[2]。2020 年 10 月，中共中央、国务院印发《深化新时代教育评价改革总体方案》（以下简称《总体方案》)，根据我国教育改革发展的新形势新要求，对教育评价改革进行了系统部署，共设计了 5 个方面 22 项改革任务，提出了"改进结果评价，强化过程评价，探索增值评价，健全综合评价"四个评价原则，实现了我国

---

① 周洪宇. 以科学的教育评价推动新时代教育学发展 [J]. 中国教育学刊，2020 (12)：1-2.
② 习近平出席全国教育大会并发表重要讲话 [EB/OL].（2018-09-10）[2021-11-12]. http://www.gov.cn/xinwen/2018-09/10/content_5320835.htm.

评价制度与评价机制的思路创新、路径创新，体现了对教育规律和人才成长规律的尊重，强调了评价的动态性、诊断性、多元性[1]。

一是要改革党委和政府教育工作评价，推进科学履行职责，这是教育评价最容易忽略的内容。党委和政府在教育事业发展中起到统筹规划的作用，各级党委和政府在对教育事业进行统筹规划和指标安排时的政绩观会直接影响整体教育评价生态[2]。因此，《总体方案》中特别强调"各级党委和政府要坚持正确政绩观，不得下达升学指标或以中高考升学率考核下一级党委和政府、教育部门、学校和教师，不得将升学率与学校工程项目、经费分配、评优评先等挂钩，不得通过任何形式以中高考成绩为标准奖励教师和学生，严禁公布、宣传、炒作中高考'状元'和升学率"。

二是要改革学校评价，推进落实立德树人根本任务。对学校的评价是教育评价体系中的重要部分，在对学校进行教育评价的过程中要首先坚持把立德树人成效作为根本标准，其次，要针对各级各类学校的办学特点特色进行差异化、区分化、各有侧重的评价，不能以同一套评价体系对待不同类型的学校。

三是要改革教师评价，推进践行教书育人使命。教师是开展教育教学活动的主体，是教育评价中的关键对象，首先要坚持把师德师风作为教师评价的第一标准，坚决克服重科研轻教学、重教书轻育人等现象，同时，《总体方案》还提出要突出教育教学实绩和一线学生工作，推进人才称号回归学术性、荣誉性，这大大改善了之前教师评价中"唯论文""唯帽子"这

---

① 周洪宇. 指导深化新时代教育评价改革的纲领性文件：《深化新时代教育评价改革总体方案》解读［J］. 红旗文稿，2020（22）：8－12，1.

② 瞿振元，张炜，陈骏，等. 深化新时代教育评价改革研究（笔谈）［J］. 中国高教研究，2020（12）：7－14.

些由简单化、绝对化带来的不科学、不正确的评价导向。此外，还要改革用人评价，共同营造教育发展良好环境，这是对教育评价体系的进一步补充，强调要扭转"唯名校""唯学历"的用人导向，在就业过程中促进人岗相适。

四是要改革学生评价，促进德智体美劳全面发展。学生评价是教育评价中最核心、最受社会广泛关注的内容，《总体方案》对德智体美劳五育评价都做出了进一步的细化规定，并特别强调严格学业标准。针对社会普遍关注的升学问题，《总体方案》继续强调要打破"唯分数"论，深化考试招生制度改革，稳步推进中高考改革、加快完善初高中学生综合素质档案建设和使用办法、完善高等职业教育"文化素质＋职业技能"考试招生办法、深化研究生考试招生改革，"探索建立学分银行制度，推动多种形式学习成果的认定、积累和转换，实现不同类型教育、学历与非学历教育、校内与校外教育之间互通衔接，畅通终身学习和人才成长渠道"。此外，我们要格外注意，实现全面发展，可以以全面培养作为手段，但要进行全面培养，绝不能以全面考试为推进器。全面评价与全面考试是两个截然不同的概念，如果为了实现全面发展和全面培养就一定要把所有科目都纳入考试，那我们就会陷入全面培养的素质教育与全面考试的应试教育、减负与增负的怪圈中。在新时代全面发展、全面培养、全面评价不断得到有效推动之时，全面考试的导向是我们应当高度警惕的。

二、改革完善经费使用管理制度，提高经费使用效益

一是以制度规范保障政府的教育投入。继续扩大对各级各类教育的投入，确保国家财政性教育经费占 GDP 的比例在 4％的基础上稳步提升，与教育事业发达国家水平接轨，在测定供求均衡的基础上，确定各级各类教

育的生均经费标准和拨款标准，在确定各层级政府间教育事权与支出责任划分的基础上，明确中央与地方政府间的教育支出责任，通过改革完善经费使用管理制度、建立健全透明公开的经费投入与使用监督制度，提高经费使用效益，实现教育质量的提升①。

二是进一步完善中央转移支付制度。教育是具有明显外部性的准公共物品，人力资本流动和知识溢出决定了教育投入存在空间溢出效应，东部地区教育溢出效应要强于中西部地区，且由于现阶段我国教育经费的中央转移支付制度主要倾向于高等教育，使得中央教育经费主要拨付于东部地区，这就进一步拉大了中西部与东部之间的教育水平差距②。因此，应该进一步完善中央转移支付制度，建立健全区域教育政策协调制度，以实现区域之间教育资源的合理配置。

三是坚持分权取向的财政改革思路。稳妥坚定地推进"省直管县"财政体制改革，消除义务教育城乡不平等的财政体制障碍，同时注重防止县级政府失控，加快县级政府向公共服务型政府的职能转型。

四是努力实现《教育法》中规定的"教育财政拨款的增长应当高于财政经常性收入的增长"，"使按在校学生人数平均的教育费用逐步增长"，"保证教师工资和学生人均公用经费逐步增长"。特别是保证高等教育生均经费逐步增长，缓解高校扩招中办学经费紧张问题，同时为创新人才培养提供充足的经费保障③。

---

① 王善迈，赵婧. 教育经费投入体制的改革与展望：纪念改革开放 40 周年 [J]. 教育研究，2018，39（8）：4-10.

② 张同功，张隆，赵得志，等. 我国公共教育支出经济绩效空间溢出效应研究 [J]. 教育与经济，2021，37（3）：20-30.

③ 胡咏梅，唐一鹏. "后 4% 时代"的教育经费应该投向何处？：基于跨国数据的实证研究 [J]. 北京师范大学学报（社会科学版），2014（5）：13-24.

三、落实和扩大学校办学自主权，健全学校家庭社会协同的育人体系

学校缺乏办学自主权，既难以根据校情办学，也难以培育自身的优势和特色，不能更好地对接国家发展与社会进步需求，学校对扩大自主办学权的渴望从来不曾停歇[①]。改革开放以来，多项关于高校办学自主权的政策和法律文件得到落实，高校在学科专业设置、办学规模、组织机构、人事制度、教师管理等诸多方面都拥有了一定的自主权，办学的主体性和灵活性得到了显著增强。进一步扩大高校办学自主权，不仅需要政府有所作为，主动为高校松绑，更需要高校自身切实提高教育与管理水平，避免"一放就乱"，在充分的办学自主权下实现更好的发展。就义务教育阶段而言，进一步厘清政校边界以明确放权尺度是进一步讨论的焦点所在，国家必须牢牢把握住教材的选择、教育财政管理等刚性部分，在教学方式、校内规章制度等方面可以给予学校较大程度的自主权，而在教师招聘、薪酬等事宜上，有关政府部门可以采取充分听取学校意见"柔性放权"的手段，以确保在收和放之间寻找到一个利益弥合的平衡点[②]。

进入工业社会以来，原本寓于生产生活中的教育逐渐让渡给学校教育，由此，学校常常被认为是承担育人任务的主体，教育中出现任何问题都归咎于学校与教师的责任。但事实上，在推动实现个体全面、自由的发展时，每一个单位都休戚与共、命运相关，要实现教育高质量发展，就必

---

① 别敦荣. 必须进一步扩大高校办学自主权：我国高等教育发展 70 年的经验 [J]. 教育发展研究，2019，39（Z1）：1-5，83.

② 冯大鸣. 我国义务教育学校办学自主权的实证分析 [J]. 中国教育学刊，2018（10）：55-60.

须首先明确不同主体的责任与角色，整合一切社会力量，着力打造多元主
体参与的社会支持系统，并逐步形成全社会协同的育人体系①。一是形成
学校家庭社会协同的责任共同体。责任共同体强调合作，在合作中共赢、
共发展，因此必须率先树立责任意识，体系中的每一部分都要明确责任、
承担责任，在问题出现时及时反应，作为整体的一部分尽职尽责地行动。
二是形成学校家庭社会协同的生态共同体。良好的教育生态并不是靠单一
个体的努力就能实现，育人体系容纳着多元主体，每一个主体的任何行动
都是牵一发而动全身的，良好的全社会参与教育事业的氛围需要每一个主
体积极与融洽的实践，要破坏这个良性循环往往只需一个关节的纰漏。生
态共同体是比责任共同体更高一层的价值追求。三是形成学校家庭社会协
同的利益共同体。在教育活动中，每一个主体的活动都是为了去追求自身
利益，因此，教育活动往往成为一场场利益相关者的博弈，但一个科学完
善的学校家庭社会协同育人体系追求的是利益的统一，尽管不同主体有不
同的价值立场，但终极追求都是共同推动人的发展，这应该成为我们所有
工作的出发点和落脚点。

四、构建服务全民终身学习的教育体系，助力建设学习型社会

终身教育、终身学习和学习型社会是当今世界教育改革发展乃至社会建设
领域的重要指导思想之一。随着现代社会不断发展与进步，社会习俗的变迁、
世界人口的膨胀、民主进程的深入、科技发展的迅猛、传播媒介的扩容、闲暇
时间的增多、生活方式的嬗变、精神信仰的危机等，都迫使人们不得不面对一

---

① 杨雄，刘程. 关于学校、家庭、社会"三位一体"教育合作的思考［J］. 社会科学，2013
（1）：92-101.

系列新的问题和挑战，人们逐渐意识到，在短短十几年的学生生涯中所学到的知识已经不足以支撑起个人发展的需求，终身学习成为人类寻求自身进步的必然趋势。联合国教科文组织 1996 年发布的《教育：财富蕴藏其中》也指出，"虽然一个人正在不断地接受教育，但他越来越不成为对象，而是越来越成为主体了"①。这就强调了个人不仅仅是传统的知识传播中被动的接收方，而是兼具了一种主动性，终身学习使人有能力掌握自身的发展。

要将人的发展作为社会发展的根本目标，将以人为本、以人民为中心的思想融入社会建设的每一项实践中，使社会各界广泛参与到学习型社会建设中。首先，要改进现有的教育系统，将广泛的社会学习系统建立起来，不仅要关注均衡优质的基础教育、中等教育建设，更要为高等教育设置更加灵活的准入机制，将其作为学校教育与终身学习的联合点，同时着力扶持学习型组织和机构的发展，依托信息技术发展建立学分银行。其次，要重点开发学校外各种机构的教育功能，灵活地将新媒体打造成终身学习的平台，在建设旅游景区时融入更多的知识元素，唤醒城市建设、博物馆、文化馆、社区在全民终身学习中的关键作用②。最后，要在全社会弘扬终身学习的理念，事实上，现代社会中的每一个人已经自觉不自觉地成为学习型社会中的一分子，庞大的知识流已经使每个人将学习深度融入日常生活当中，我们需要做的是把无意识的知识接受变为有意识的、主动的知识学习，提高人的信息筛选能力和学习理解能力，帮助社会中的每一个人都能适应时代的快速发展，使教育和学习成为引领社会积极变迁的主导力量。

---

① 联合国教科文组织. 教育：财富蕴藏其中 [M]. 北京：教育科学出版社，1996.
② 朱敏，高志敏. 终身教育、终身学习与学习型社会的全球发展回溯与未来思考 [J]. 开放教育研究，2014，20（1）：50－66.

参考文献

［1］UNESCO. Education for all by 2015：will we make it？［R/OL］. (2007－05－20)［2022－02－12］. https：//unesdoc. unesco. org/ark：/ 48223/pf0000154743.

［2］敖文娟．中国高中阶段普职融通的实践路径［J］. 内江师范学院学报，2017，32（11）：103－106.

［3］包美霞．"探索中国特色学徒制"［N］. 光明日报，2020－12－04.

［4］本刊编辑部．破题"大教育"新格局［J］. 人民教育，2021 (8)：18.

［5］别敦荣，王严淞．普及化高等教育理念及其实践要求［J］. 中国高教研究，2016（4）：1－8.

［6］别敦荣．必须进一步扩大高校办学自主权：我国高等教育发展70 年的经验［J］. 教育发展研究，2019，39（Z1）：1－5，83.

［7］蔡群青，袁振国，贺文凯．西部高等教育全面振兴的现实困境、逻辑要义与破解理路［J］. 大学教育科学，2021（1）：26－35.

［8］陈宝生．建设高质量教育体系［J］. 中国民族教育，2020（12）： 4－6.

[9] 陈柳钦．现代化的内涵及其理论演进 [J]．经济研究参考，2011 (44)：15-31.

[10] 陈淑丽．社会文化环境对人才成长的影响探析 [J]．理论研究，2010 (6)：24-25.

[11] 陈文新，田静．西部人才流失问题分析 [J]．中国市场，2004 (40)：66-67.

[12] 陈子季．编好用好新版职业教育专业目录 服务"十四五"高质量发展 [J]．中国职业技术教育，2021 (7)：5-8.

[13] 程从柱．劳动教育何以促进人的自由全面发展：基于马克思主义劳动观和人的发展观的考察 [J]．南京师大学报（社会科学版），2020 (3)：16-26.

[14] 崔炳辉．面向 2035 中国职业教育现代化的时代背景、特征与实现路径 [J]．中国高等教育，2020 (Z1)：58-60.

[15] 邓小平．在全国教育工作会议上的讲话 [EB/OL]．(1978-04-22) [2021-11-12]．http：//www.jyb.cn/zyk/jyzcfg/200602/t20060227_55358.html.

[16] 豆书龙，叶敬忠．乡村振兴与脱贫攻坚的有机衔接及其机制构建 [J]．改革，2019 (1)：19-29.

[17] 窦开龙．西部民族地区青年人才资源流失状况及对策分析 [J]．西北第二民族学院学报（哲学社会科学版），2008 (2)：81-84.

[18] 杜尚荣，朱艳，游春蓉．从脱贫攻坚到乡村振兴：新时代乡村教育发展的机遇与挑战 [J]．现代教育管理，2021 (5)：1-8.

[19] 冯大鸣．我国义务教育学校办学自主权的实证分析 [J]．中国教

育学刊，2018（10）：55－60.

[20] 冯增俊. 比较教育学与教育现代化 [J]. 华南师范大学学报（社会科学版），1996（5）：65－72.

[21] 高杭，余雅风. 坚持深化教育改革创新 [J]. 中国高等教育，2019（7）：13－15.

[22] 高书国，王辉耀，杨晓明，等. 2018 人力资源强国报告：人力资源竞争力指数 [R]. 全球化智库，2018.

[23] 顾明远，滕珺. 《中国教育现代化 2035》与全球可持续发展教育目标实现 [J]. 比较教育研究，2019，41（5）：3－9.

[24] 顾明远. 实现教育现代化的宏伟蓝图：学习贯彻《国家中长期教育改革和发展规划纲要》[J]. 新华文摘，2010（24）：111－114.

[25] 顾志祥. 我国职业教育现代学徒制改革的成效、反思与展望 [J]. 教育与职业，2020（1）：40－44.

[26] 郭绍青. 教育信息化缔造教育新生态 [N]. 学习时报，2019－12－13.

[27] 联合国教科文组织. 教育：财富蕴藏其中 [M]. 北京：教育科学出版社，1996.

[28] 国家中长期教育改革和发展规划纲要工作小组办公室. 国家中长期教育改革和发展规划纲要（2010—2020 年）[EB/OL].（2017－07－29）[2021－07－20]. http：//www. moe. gov. cn/srcsite/A01/s7048/201007/t20100729 _ 171904. html.

[29] 国务院关于加快发展现代职业教育的决定 [EB/OL].（2014－05－02）[2021－07－31]. http：//www. scio. gov. cn/ztk/xwfb/2014/gx-

bjhzyjyggyfzqkxwfbh/xgbd31088/Document/1373573/1373573. htm.

[30] 国务院关于深化考试招生制度改革的实施意见 [EB/OL].
(2014 - 09 - 04) [2021 - 11 - 12]. http：//www. gov. cn/zhengce/con-
tent/2014 - 09/04/content _ 9065. htm.

[31] 国务院关于印发统筹推进世界一流大学和一流学科建设总体方
案的通知 [EB/OL]. (2015 - 10 - 24) [2021 - 07 - 30]. http：//www.
gov. cn/zhengce/content/2015 - 11/05/content _ 10269. htm.

[32] 韩旭，张俊竹. 中国特色现代学徒制的成效、困境与方向 [J].
教育与职业，2020 (24)：41 - 46.

[33] 郝克明. 当代中国教育结构体系研究 [M]. 广州：广东教育出
版社，2001.

[34] 核心素养研究课题组. 中国学生发展核心素养 [J]. 中国教育学
刊，2016 (10)：1 - 3.

[35] 胡锦涛. 在党的十七大上的报告（全文）[EB/OL]. (2007 - 10 -
15) [2021 - 11 - 12]. http：//www. scio. gov. cn/tp/Document/332591/
332591 _ 7. htm.

[36] 胡颖廉. "中国式"市场监管：逻辑起点、理论观点和研究重点
[J]. 中国行政管理，2019 (5)：22 - 28.

[37] 胡咏梅，唐一鹏. "后4％时代"的教育经费应该投向何处？：基
于跨国数据的实证研究 [J]. 北京师范大学学报（社会科学版），2014
(5)：13 - 24.

[38] 江泽民. 在庆祝北京师范大学建校一百周年大会上的讲话 [N].
人民日报，2002 - 09 - 09.

［39］江泽民．在庆祝中国共产党成立八十周年大会上的讲话（全文）［EB/OL］．（2001－07－02）［2021－11－12］．http：//www. chinanews. com. cn/2001－07－02/26/101847. html.

［40］江泽民．在中国共产党第十六次全国代表大会上的报告［EB/OL］．（2002－11－08）［2021－11－12］．http：//www. gov. cn/test/2008－08/01/content ＿ 1061490 ＿ 7. htm.

［41］教育部、国家统计局、财政部关于2019年全国教育经费执行情况统计公告［EB/OL］．（2020－10－28）［2021－07－20］．http：//www. moe. gov. cn/srcsite/A05/s3040/202011/t20201103 ＿ 497961. html.

［42］教育部．基本公共教育服务体系［EB/OL］．（2012－09－03）［2021－07－30］．http：//www. moe. gov. cn/jyb ＿ xwfb/moe ＿ 2082/s6236/s6811/201209/t20120903 ＿ 141491. html.

［43］教育部．教育部关于全面提高高等教育质量的若干意见［EB/OL］．（2012－03－16）［2021－07－29］．http：//www. moe. gov. cn/src-site/A08/s7056/201203/t20120316 ＿ 146673. html.

［44］教育部．关于2013年深化教育领域综合改革的意见［EB/OL］．（2013－01－29）［2021－11－12］．http：//www. moe. gov. cn/srcsite/A27/zhggs ＿ other/201301/t20130129 ＿ 148072. html.

［45］教育部．关于积极推进中小学评价与考试制度改革的通知［EB/OL］．（2002－12－18）［2021－11－12］．http：//www. moe. gov. cn/src-site/A26/s7054/200212/t20021218 ＿ 78509. html.

［46］教育部．关于加强和改进普通高中学生综合素质评价的意见［EB/OL］．（2018－08－07）［2021－11－12］．http：//www. moe. gov. cn/

srcsite/A06/s3732/201808/t20180807 _ 344612. html.

[47] 教育部 . 关于全面深化课程改革落实立德树人根本任务的意见 [EB/OL]. (2014 - 04 - 24) [2021 - 11 - 12]. http：//www. moe. gov. cn/ jyb _ xwfb/xw _ fbh/moe _ 2069/s7861/s8010/s8011/201404/t20140424 _ 167612. html.

[48] 教育部 . 关于深入推进教育管办评分离促进政府职能转变的若 干意见 [EB/OL]. (2015 - 05 - 06) [2021 - 11 - 12]. http：//www. moe. gov. cn/srcsite/A02/s7049/201505/t20150506 _ 189460. html.

[49] 教育部："十三五"规划确定的主要目标任务将如期实现 [EB/ OL]. (2020 - 12 - 01) [2021 - 11 - 12]. http：//www. moe. gov. cn/fbh/ live/2020/52692/mtbd/202012/t20201201 _ 502747. html.

[50] 教育部部长陈宝生：提升质量是基础教育面临最紧迫最核心的 任务 [EB/OL]. (2020 - 10 - 23) [2021 - 07 - 30]. http：//edu. people. com. cn/n1/2020/1023/c367001 - 31902633. html.

[51] 教育部发展规划司 ."数"看"十三五"：教育改革发展成就概 述 [EB/OL]. (2020 - 12 - 01) [2022 - 02 - 12]. http：//www. moe. gov. cn/fbh/live/2020/52692/sfcl/202012/t20201201 _ 502591. html.

[52] 教育部高教司司长吴岩："十三五"高等教育实现突破性进展 [EB/OL]. (2020 - 12 - 03) [2021 - 07 - 29]. http：//www. moe. gov. cn/ fbh/live/2020/52717/mtbd/202012/t20201203 _ 503290. html.

[53] 教育部教师工作司，宋长远，王薇，等 . 立足新阶段贯彻新理 念加快构建高质量教师发展体系 [J]. 教师发展研究，2021 (2)：1 - 7.

[54] 教育部中国特色社会主义理论体系研究中心 . 社会主义核心价

值观是历史传承和时代要求的统一 [J]. 红旗文稿，2014 (11)：13-15.

[55] 靳诺. 立德树人：高等教育的根本任务和时代使命 [J]. 中国高等教育，2017 (18)：8-12.

[56] 李力，金昕. 新时代高校立德树人的内涵、难点及实现路径 [J]. 东北师大学报 (哲学社会科学版)，2019 (2)：149-154.

[57] 李良华，杨姗姗，李雪. 人力资本积累、经济结构转型与高等教育发展 [J]. 财经科学，2020 (11)：122-132.

[58] 李松楠，杨兆山. 以人民为中心教育发展思想的百年审思 [J]. 国家教育行政学院学报，2021 (6)：27-34.

[59] 李伟涛. 以教育评价改革为牵引建设高质量教育体系 [N]. 中国教育报，2021-03-10.

[60] 李宜江. 提升教师教书育人能力素质 [J]. 教育发展研究，2021，41 (12)：3.

[61] 李玉兰. 职业教育体系距离"现代"还有多远？ [N]. 光明日报，2021-04-27.

[62] 刘飞. 脱贫攻坚与乡村振兴有效衔接下的职业教育 [J]. 教育科学论坛，2021 (9)：1.

[63] 刘复兴，朱月华. 教育是国之大计、党之大计 [J]. 中国高等教育，2019 (Z3)：21-23.

[64] 刘复兴. 论教育与机器的关系 [J]. 教育研究，2019，40 (11)：28-38.

[65] 刘复兴. 中国特色社会主义教育发展道路的几个基本问题 [J]. 教育研究，2014，35 (7)：4-8.

[66] 刘复兴. 把握新时代育人方向 落实立德树人根本任务 [J]. 现代教育，2020 (11)：1.

[67] 刘丽群. 乡村教师如何"下得去"和"留得住"：美国经验与中国启示 [J]. 教师教育研究，2019，31 (1)：120-127.

[68] 卢志勇. 家庭经济困难学生认定中的问题及其治理策略 [J]. 湖南农业大学学报 (社会科学版)，2015，16 (6)：90-93，99.

[69] 陆杰华，伍绪青. 人口年龄结构变迁：主要特点、多重影响及其应对策略 [J]. 青年探索，2021 (4)：28-40.

[70] 陆一. 教养，财富，技术革命：高等教育使命的扩容 [J]. 复旦教育论坛，2021，19 (3)：1.

[71] 骆郁廷，郭莉. "立德树人"的实现路径及有效机制 [J]. 思想教育研究，2013 (7)：45-49.

[72] 马克思恩格斯全集：第 1 卷 [M]. 2 版. 北京：人民出版社，1995：92.

[73] 马克思恩格斯全集：第 3 卷 [M]. 2 版. 北京：人民出版社，2002：354.

[74] 马陆亭. "十四五"时期高等教育发展的历史方位 [J]. 江苏高教，2021 (5)：1-7.

[75] 摩根索. 国家间政治：权力斗争与和平 [M]. 徐昕，郝望，李保平，译. 北京：北京大学出版社，2006：148-188.

[76] 牛瑞雪. 中小学如何构建劳动教育特色课程体系：落实《关于全面加强新时代大中小学劳动教育的意见》的实践策略 [J]. 课程·教材·教法，2020，40 (5)：11-15.

［77］钱俊瑞．当前教育建设的方针（下）［J］．天津教育，1950（2）：8－11.

［78］秦和．坚定公益方向 引领推动新时代民办教育持续健康发展［EB/OL］．（2021－06－30）［2021－07－31］．http：//www.moj.gov.cn/pub/sfbgw/fzgz/fzgzxzlf/fzgzlfgz/202106/t20210630＿429459.html.

［79］瞿振元，张炜，陈骏，等．深化新时代教育评价改革研究（笔谈）［J］．中国高教研究，2020（12）：7－14.

［80］冉华，高娅敏．中国教育现代化指标五大价值维度［J］．师资建设，2019（7）：14－15.

［81］申素平．对我国教育立法的思考［J］．中国教育学刊，2018（6）：62－66.

［82］申素平，等．从法制到法治：教育法治建设之路［M］．上海：华东师范大学出版社，2018：288.

［83］石家庄市教育局．石家庄市出台《关于加强大中小幼一体化德育体系建设的意见》［EB/OL］．（2020－07－10）［2021－11－12］．http：//sjzjyj.sjz.gov.cn/a/2020/07/10/1594371525855.html.

［84］孙春兰．深入学习贯彻习近平总书记关于教育的重要论述 奋力开创新时代教育工作新局面［J］．人民教育，2018（20）：7－10.

［85］孙锐．"十四五"时期人才发展规划的新思维［J］．人民论坛，2020（32）：44－47.

［86］孙霄兵，翟刚学．中国教育法治的历史回顾与未来展望［J］．课程·教材·教法，2017，37（5）：4－14.

［87］谈松华，王建．教育现代化区域发展模式研究［M］．北京：北

京师范大学出版社，2011：24 - 25.

[88] 田慧生. 落实立德树人根本任务全面深化课程教学改革 [J]. 课程·教材·教法，2015，35（1）：3 - 8.

[89] 童玉芬. 从人口大国走向人力资源强国：中国人力资源的现状和形势分析 [J]. 现代经济探讨，2008（1）：11 - 15.

[90] 王怀超，张瑞. 中国共产党领导中国革命与建设的基本经验 [J]. 华中师范大学学报（人文社会科学版），2021，60（3）：1 - 6.

[91] 王岚，王凯. 教育中的人工智能：应用、风险与治理研究 [J]. 黑龙江高教研究，2020，38（6）：45 - 49.

[92] 王玲. 我国西部地区人才引进问题研究：以甘肃省为例 [D]. 北京：首都经济贸易大学，2016.

[93] 王培洲. 充分认识全面深化改革的整体性、系统性、协同性 [J]. 求知，2015（7）：7 - 9.

[94] 王善迈，赵婧. 教育经费投入体制的改革与展望：纪念改革开放 40 周年 [J]. 教育研究，2018，39（8）：4 - 10.

[95] 王亚晶. 中国共产党教育方针的百年演进与时代精神的教育追求 [J]. 当代教育科学，2021（6）：3 - 14.

[96] 微镜头·习近平总书记两会"下团组"："我们来共同关心这些教育问题"[N]. 人民日报，2021 - 03 - 07.

[97] 翁铁慧. 全面落实全国研究生教育会议精神 推进新时代研究生教育高质量发展：在 2020 年省级学位委员会工作会议上的讲话 [J]. 学位与研究生教育，2020（11）：1 - 6.

[98] 乌云其其格. 国际人才竞争态势及我国的对策 [J]. 中国科学院

院刊，2010，25（6）：595－601.

［99］邬志辉．推行教育现代化的三个理论前提［J］．教育理论与实践，1998（6）：6.

［100］习近平．决胜全面建成小康社会 夺取新时代中国特色社会主义伟大胜利：在中国共产党第十九次全国代表大会上的报告［EB/OL］.（2017－10－27）［2021－07－20］．http：//news. cnr. cn/native/gd/20171027/t20171027＿524003098. shtml.

［101］习近平．青年要自觉践行社会主义核心价值观：在北京大学师生座谈会上的讲话［N］．人民日报，2014－05－05.

［102］习近平．在庆祝改革开放 40 周年大会上的讲话［EB/OL］.（2018－12－18）［2021－07－28］．http：//www. xinhuanet. com/politics/leaders/2018－12/18/c＿1123872025. htm.

［103］习近平．论坚持全面深化改革［M］．北京：中央文献出版社，2018：84－314.

［104］习近平．习近平向全国广大教师致慰问信［J］．人民教育，2013（18）：2.

［105］习近平．在纪念五四运动 100 周年大会上的讲话［M］．北京：人民出版社，2019.

［106］习近平出席全国教育大会并发表重要讲话［EB/OL］.（2018－09－10）［2021－11－12］．http：//www. gov. cn/xinwen/2018－09/10/content＿5320835. htm.

［107］习近平在北京师范大学考察时号召全国广大教师：做党和人民满意的好老师［N］．人民日报，2014－09－10.

[108] 习近平在北京市八一学校考察时强调：全面贯彻落实党的教育方针 努力把我国基础教育越办越好 [N]. 人民日报，2016 - 09 - 10.

[109] 习近平在参加上海代表团审议时强调：当好改革开放排头兵创新发展先行者 为构建开放型经济新体制探索新路 [N]. 人民日报，2015 - 03 - 06.

[110] 习近平. 在欧美同学会成立 100 周年庆祝大会上的讲话 [N]. 人民日报，2013 - 10 - 22.

[111] 习近平在清华大学考察时强调：坚持中国特色世界一流大学建设目标方向 为服务国家富强民族复兴人民幸福贡献力量 [N]. 人民日报，2021 - 04 - 20.

[112] 习近平在全国教育大会上强调：坚持中国特色社会主义教育发展道路 培养德智体美劳全面发展的社会主义建设者和接班人 [N]. 人民日报，2018 - 09 - 11.

[113] 习近平主持召开学校思想政治理论课教师座谈会强调：用新时代中国特色社会主义思想铸魂育人 贯彻党的教育方针落实立德树人根本任务 [N]. 人民日报，2019 - 03 - 19.

[114] 夏付斌，孙迪亮. 中国共产党关于人的全面发展思想的历史考察 [J]. 实事求是，2021 (2)：31 - 37.

[115] 解德渤，崔桐. 我国高校学科建设的制度意蕴、困境与创新 [J]. 现代教育管理，2021 (7)：54 - 61.

[116] 谢琪，谢志远. 人才链匹配产业链视域下高职院校专业群建设：要旨、机制与路径 [J]. 中国职业技术教育，2020 (8)：47 - 53.

[117] 徐国庆. 智能化时代职业教育人才培养模式的根本转型 [J].

职教论坛，2016（16）：61-62.

　　[118] 严瑾，黄绍华．脱贫攻坚与乡村振兴有机衔接的高校实践理路 [J]．湖北民族大学学报（哲学社会科学版），2020，38（5）：34-41.

　　[119] 杨天平，狄伟锋．中国共产党教育方针 100 年：一部马克思主义教育思想中国化的创新发展史 [J]．浙江师范大学学报（社会科学版），2021，46（3）：9-18.

　　[120] 杨晓慧．高等教育"三全育人"：理论意蕴、现实难题与实践路径 [J]．中国高等教育，2018（18）：4-8.

　　[121] 杨雄，刘程．关于学校、家庭、社会"三位一体"教育合作的思考 [J]．社会科学，2013（1）：92-101.

　　[122] 游旭群．重塑教师教育培养体系 着力打造优秀乡村教师 [J]．教育研究，2021，42（6）：23-28.

　　[123] 余胜泉，王阿习．"互联网＋教育"的变革路径 [J]．中国电化教育，2016（10）：1-9.

　　[124] 袁贵仁．深化教育领域综合改革（学习贯彻十八届三中全会精神）[N]．人民日报，2013-12-17.

　　[125] 袁振国，沈伟．立德树人的落实机制：现状、挑战与对策 [J]．苏州大学学报（教育科学版），2021（1）：1-8.

　　[126] 张弛．高等职业教育产教融合的"四链"逻辑建构：基于经济与教育的论域考证 [J]．职业技术教育，2019，40（7）：6-13.

　　[127] 张大良．课程思政：新时期立德树人的根本遵循 [J]．中国高教研究，2021（1）：5-9.

　　[128] 张焕庭．教育辞典 [M]．南京：江苏教育出版社，1989：764.

[129] 张力. 纵论立德树人：教育的根本任务 [J]. 人民教育，2013 (1)：10-13.

[130] 张力. 深化教育领域综合改革目标重点和主要任务 [N]. 人民日报，2014-06-04.

[131] 张立迁. 构建适应新发展格局的终身学习体系 [EB/OL]. (2020-12-09) [2021-07-29]. http：//www. moe. gov. cn/jyb_xwfb/moe_2082/zl_2020n/2020_zl62/202012/t20201209_504330. html.

[132] 张师超. 西部高校留人才还得靠政策 [N]. 中国教育报，2017-03-12.

[133] 张烁. 义务教育有保障 阻断贫困靠知识 [N]. 人民日报，2020-12-20.

[134] 张同功，张隆，赵得志，等. 我国公共教育支出经济绩效空间溢出效应研究 [J]. 教育与经济，2021，37 (3)：20-30.

[135] 张晓京. 培养担当民族复兴大任的时代新人 [J]. 中国高等教育，2019 (Z3)：67-69.

[136] 张新平，佘林茂. 对教育高质量发展的三重理解 [N]. 中国教育报，2021-03-18.

[137] 张占斌，杜庆昊. 把"需求侧管理"与供给侧结构性改革结合起来 [N]. 光明日报，2021-01-05.

[138] 赵婀娜，张烁，吴月. 确保实现义务教育有保障 [N]. 人民日报，2020-11-22.

[139] 赵国祥，罗红艳，赵申苒. 论师范大学再师范化转型及价值重塑 [J]. 教育研究，2020，41 (3)：143-151.

[140] 赵英. 论中国特色教师教育体系的应然图景 [J]. 教师教育学报，2021，8（3）：40-47.

[141] 赵英. 协同创新：教师教育改革有效推进的必然路径 [J]. 贵州师范大学学报（社会科学版），2012（3）：143-147.

[142] 中共天津市委党校课题组. 党的领导是中国特色社会主义制度的最大优势 [N]. 天津日报，2020-07-07.

[143] 中共中央国务院印发《"健康中国 2030"规划纲要》[EB/OL].（2016-10-25）[2021-11-12]. http：//www. gov. cn/zhengce/2016-10/25/content_5124174. htm.

[144] 中共中央办公厅、国务院办公厅印发《关于全面加强和改进新时代学校体育工作的意见》和《关于全面加强和改进新时代学校美育工作的意见》的通知 [EB/OL].（2020-10-15）[2021-11-12]. http：//www. moe. gov. cn/jyb_xxgk/moe_1777/moe_1778/202010/t20201015_494794. html.

[145] 中共中央国务院关于全面加强新时代大中小学劳动教育的意见 [EB/OL].（2020-03-26）[2021-11-12]. http：//www. gov. cn/zhengce/2020-03/26/content_5495977. htm.

[146] 中共中央国务院印发《深化新时代教育评价改革总体方案》[EB/OL].（2020-10-13）[2021-07-25]. http：//www. moe. gov. cn/jyb_xxgk/moe_1777/moe_1778/202010/t20201013_494381. html.

[147] 中共中央关于制定国民经济和社会发展第十四个五年规划和二〇三五年远景目标的建议 [EB/OL].（2020-11-03）[2021-07-15]. http：//www. qstheory. cn/yaowen/2020-11/03/c_1126693429. htm.

[148] 中共中央关于全面深化改革若干重大问题的决定 [EB/OL]. (2013 - 11 - 15) [2021 - 07 - 15]. http：//www. gov. cn/jrzg/2013 - 11/15/content _ 2528179. htm.

[149] 中共中央国务院关于深化教育改革全面推进素质教育的决定 [EB/OL]. (1999 - 06 - 13) [2021 - 11 - 12]. http：//www. moe. gov. cn/jyb _ sjzl/moe _ 177/tnull _ 2478. html.

[150] 中共中央、国务院印发《中国教育现代化 2035》[EB/OL]. (2019 - 02 - 23) [2021 - 11 - 21]. http：//www. gov. cn/xinwen/2019 - 02/23/content _ 5367987. htm.

[151] 中共中央文献研究室，中央档案馆. 建党以来重要文献选编 (1921—1942)：第 1 册 [M]. 北京：中央文献出版社，2011：1.

[152] 中国信通院，中国人工智能产业发展联盟. 人工智能核心技术产业白皮书 [R/OL]. (2021 - 04 - 19) [2021 - 11 - 12]. http：//www. caict. ac. cn/kxyj/qwfb/bps/202104/t20210419 _ 374019. htm.

[153] 中共中央文献研究室. 习近平关于科技创新论述摘编 [M]. 北京：中央文献出版社，2016.

[154] 中华人民共和国国民经济和社会发展第十四个五年规划和 2035 年远景目标纲要 [EB/OL]. (2021 - 03 - 12) [2021 - 07 - 20]. http：//www. gov. cn/xinwen/2021 - 03/13/content _ 5592681. html.

[155] 中华人民共和国国务院新闻办公室. 中国的人力资源状况 [EB/OL]. (2010 - 09 - 10) [2021 - 07 - 20]. http：//www. gov. cn/zwgk/2010 - 09/10/content _ 1700095. htm.

[156] 钟秉林. 贯彻实施条例 推进民办教育高质量发展 [EB/OL].

（2021 - 05 - 18）［2021 - 07 - 31］. https：//news. eol. cn/xueshu/hui/
202105/t20210518 _ 2110530. shtml.

［157］周洪宇 . 以科学的教育评价推动新时代教育学发展［J］. 中国
教育学刊，2020（12）：1 - 2.

［158］周洪宇 . 指导深化新时代教育评价改革的纲领性文件：《深化
新时代教育评价改革总体方案》解读［J］. 红旗文稿，2020（22）：8 -
12，1.

［159］朱德全，杨磊 . 职业教育服务乡村振兴的贡献测度：基于柯
布-道格拉斯生产函数的测算分析［J］. 教育研究，2021，42（6）：112 -
125.

［160］朱敏，高志敏 . 终身教育、终身学习与学习型社会的全球发展
回溯与未来思考［J］. 开放教育研究，2014，20（1）：50 - 66.

［161］朱旭东，蒋贞蕾 . 国家发展与教育发展模式探讨：教育现代化
的视角［J］. 比较教育研究，2001（1）：13 - 19.

［162］朱益明，王瑞德 . 中国教育现代化 2035：从规划到实践［M］.
上海：上海教育出版社，2020：1 - 4.

［163］诸宏启 . 教育现代化的性质与分析框架［J］. 教师教育研究，
1998（3）：9 - 13.

后　记

　　《高质量教育体系与人的全面发展》是中国人民大学组织研究撰写的"中国式现代化研究丛书"中的一本。党的十九届五中全会提出"建设高质量教育体系"的重大要求，本书紧紧围绕建设高质量教育体系主题，着重就新时代教育改革创新的新要求，中国教育现代化面临的机遇挑战与主要任务，建设高质量教育体系的基本内涵与根本任务，马克思主义的全面发展理论与新时代人的全面发展，坚持立德树人、培养时代新人，坚持创新驱动、培养创新人才，培养学生综合素质、推动人的全面发展，开发人力资源、建设人才强国，巩固拓展脱贫攻坚成果与乡村振兴有效衔接，传承中华优秀传统文化、树立文化自信，构建面向未来的高质量教育体系战略等方面进行了系统研究和阐释。

　　本书的研究与撰写在课题组统一领导下进行，具体分工如下：

　　前　言：刘复兴

　　第一章：高　杭

　　第二章：刘复兴　曹宇新

　　第三章：李立国　张海生

　　第四章：张晓京

第五章：胡　翔

第六章：俞国良　雷　雳　王鹏程

第七章：管　华　陈紫琪

第八章：潘昆峰　陈钰文

第九章：程方平　娄　雨

第十章：袁玉芝　惠文婕　李清煜

　　书稿最后由刘复兴统一审定。本书的撰写得到了中国人民大学科研处与教育学院的大力支持，得到了许多领导、同行专家学者以及中国人民大学出版社的关心和支持，在此一并表示衷心感谢！由于我们水平有限，书中不足之处敬请读者批评指正！

刘复兴

2022 年 7 月于国学馆

图书在版编目（CIP）数据

高质量教育体系与人的全面发展／刘复兴等著 . -- 北
京：中国人民大学出版社，2022.9
　（中国式现代化研究丛书／张东刚，刘伟总主编）
　ISBN 978-7-300-30973-6

　Ⅰ.①高… Ⅱ.①刘… Ⅲ.①教育体系-研究-中国
Ⅳ.①G521.9

中国版本图书馆 CIP 数据核字（2022）第 166625 号

中国式现代化研究丛书
张东刚　刘　伟　总主编

高质量教育体系与人的全面发展

刘复兴 等 著
Gao Zhiliang Jiaoyu Tixi yu Rende Quanmian Fazhan

出版发行	中国人民大学出版社		
社　　址	北京中关村大街 31 号	**邮政编码**	100080
电　　话	010 - 62511242（总编室）		010 - 62511770（质管部）
	010 - 82501766（邮购部）		010 - 62514148（门市部）
	010 - 62515195（发行公司）		010 - 62515275（盗版举报）
网　　址	http://www.crup.com.cn		
经　　销	新华书店		
印　　刷	涿州市星河印刷有限公司		
规　　格	165 mm×238 mm　16 开本	**版　　次**	2022 年 9 月第 1 版
印　　张	18.75 插页 2	**印　　次**	2022 年 9 月第 1 次印刷
字　　数	200 000	**定　　价**	65.00 元